高职高专财经类精品教材

审计基础
实训教程

SHENJI JICHU SHIXUN JIAOCHENG

主　编　赵明霞　李华荣

副主编　薛　进　刘云珊

苏州大学出版社
Soochow University Press

图书在版编目(CIP)数据

审计基础实训教程 / 赵明霞，李华荣主编. -- 苏州：苏州大学出版社，2024.8. -- ISBN 978-7-5672-4956-1

Ⅰ.F239

中国国家版本馆 CIP 数据核字第 2024TQ6301 号

内 容 简 介

本书以注册会计师财务报表审计业务为核心内容，以审计工作基本流程涉及的业务环节为主线，将审计基础理论知识点串联起来。本书以培养学生的审计执业能力为目标，在设计上充分体现了"教、学、做"一体化。全书贯穿"项目导向，任务驱动"的理念，共设计8个实训单元，每个实训单元下设若干实训项目，每个项目下设若干学习性工作任务。实训任务的框架设计包括"知识链接""实训目的""实训案例"等环节，旨在锻炼学生的职业分析、职业判断能力，激发学生的创造性思维，实现"理实一体，学做合一"。

本书既可作为高职高专院校财经类专业的教学用书，也可作为会计、审计等相关领域从业人员的自学参考用书。

书　　　名：	审计基础实训教程
主　　　编：	赵明霞　李华荣
责任编辑：	征　慧
装帧设计：	刘　俊
出版发行：	苏州大学出版社（Soochow University Press）
社　　　址：	苏州市十梓街1号　邮编：215006
印　　　刷：	镇江文苑制版印刷有限责任公司
邮购热线：	0512-67480030
销售热线：	0512-67481020
开　　　本：	787 mm×1 092 mm　1/16　印张：15.75　字数：384千
版　　　次：	2024年8月第1版
印　　　次：	2024年8月第1次印刷
书　　　号：	ISBN 978-7-5672-4956-1
定　　　价：	49.80元

若有印装错误，本社负责调换
苏州大学出版社营销部　电话：0512-67481020
苏州大学出版社网址　http://www.sudapress.com
苏州大学出版社邮箱　sdcbs@suda.edu.cn

前言

教育部发布的《关于全面提高高等职业教育教学质量的若干意见》(教高〔2006〕16号)文件指出,高等职业院校要积极与行业企业合作开发课程,根据技术领域和职业岗位(群)的任职要求,参照相关的职业资格标准,改革课程体系和教学内容。为此,结合项目化教学的要求,本书以注册会计师财务报表审计业务为核心内容,以审计工作基本流程涉及的业务环节为主线,将审计基础理论知识点串联起来,重点培养学生的审计执业能力。在理论讲授方面,力求重点突出、通俗易懂;在审计实务方面,以风险导向审计模式为主线,重视技能培养,力求实务与理论融会贯通。

本书具有以下特点:

1. 案例引入,学做合一

本书在各项目教学内容的编排上,按照"项目导向,任务驱动"模式来组织教学,将注册会计师的相关工作内容设计为对应的教学任务。为激发学生的学习兴趣,使学习过程成为学生主动、自觉的活动,各教学任务均有目的地引入了相关审计工作中具有典型业务特点的案例,通过教学过程中动态性的双向交流,将学生带入审计人员的典型工作场景中,体现了"教、学、做"一体化。

2. 内容最新,与时俱进

本书根据最新修订的注册会计师执业准则体系、最新的企业内部控制规范及最新的企业会计准则进行编写,内容准确、规范,具有鲜明的时代特征,符合不断变化的政策导向和政策要求。

3. 形式灵活,结构合理

本书本着"项目导向,任务驱动"的理念编写,共设计8个实训单元,每个实训单元下设若干实训项目,每个项目下设若干学习性工作任务。实训任务的框架设计包括"知识链接""实训目的""实训案例"等环节,旨在锻炼学生的职业分析、职业判断能力,激发学生的创造性思维,实现"理实一体,学做合一"。

书中所有企业信息和人员信息均为虚拟信息。

本书由赵明霞、李华荣担任主编,薛进、刘云珊担任副主编。具体分工如下:单元一由刘云珊编写,单元二、单元七由李华荣、刘云珊共同编写,单元三由薛进编写,单元四由李华荣编写，单元五、单元六、单元八由赵明霞编写。各单元编写人员负责初稿的撰写和初审，主编负责制定编写大纲、设计整体架构，对全书内容进行修改、校正，最后总纂定稿。

在本书的编写过程中，编者参考了本学科相关著作、教材，借鉴了厦门网中网软件有限公司的"审计实训教学平台"上的相关资料，在此向相关作者和平台设计者表示由衷的感谢。

本书既可作为高职高专院校财经类专业的教学用书，也可作为会计、审计等相关领域从业人员的自学参考用书。

由于相关准则、制度、法律、法规和规章仍然处于适时调整状态，随着经济的发展也会出现一些新情况，加之编者水平和精力有限，不足之处在所难免，敬请批评斧正。

目录

单元一 注册会计师职业道德规范

项目一 审计的独立性 …………………………………………………… 001
项目二 注册会计师职业道德其他原则 …………………………………… 009

单元二 注册会计师职业准则

项目一 鉴证业务类型 ……………………………………………………… 018
项目二 鉴证业务 …………………………………………………………… 047

单元三 审计目标

项目一 管理层认定 ………………………………………………………… 064
项目二 审计目标的确定 …………………………………………………… 073

单元四 审计证据和审计工作底稿

项目一 审计证据 …………………………………………………………… 084
项目二 审计工作底稿 ……………………………………………………… 097

单元五 计划审计工作

项目一 业务承接 …………………………………………………………… 102
项目二 审计计划的编制 …………………………………………………… 111

单元六　风险评估

- 项目一　风险评估程序 …………………………………………………… 126
- 项目二　了解被审计单位及其环境（不含内部控制）………………… 131
- 项目三　了解和评价被审计单位的内部控制 …………………………… 155
- 项目四　评估重大风险错报 ……………………………………………… 171

单元七　风险应对

- 项目一　风险应对 ………………………………………………………… 187
- 项目二　控制测试 ………………………………………………………… 199
- 项目三　实质性程序 ……………………………………………………… 212

单元八　审计报告

- 项目一　审计差异认知 …………………………………………………… 233
- 项目二　注册会计师审计报告 …………………………………………… 235

单元一 注册会计师职业道德规范

项目一 审计的独立性

任务一 经济利益与审计的独立性

知识链接

经济利益,是指从某一实体的股票、债券、其他证券以及贷款和其他债务工具中获取的利益。经济利益包括直接经济利益和间接经济利益。直接经济利益是指个人或实体直接拥有并控制(包括授权他人管理)的经济利益,或通过投资工具拥有的经济利益,并且有能力控制这些投资工具或影响其投资决策。间接经济利益是指个人或实体通过投资工具拥有的经济利益,但没有能力控制这些投资工具或影响其投资决策。

如果注册会计师在审计客户中拥有经济利益,可能产生自身利益威胁。威胁存在与否及其重要程度取决于下列事项:是否拥有经济利益人员的角色;经济利益是直接的还是间接的;经济利益的重要程度。

如果审计项目组成员或其近亲属获得经济利益,那么该人员应当立即处置全部直接经济利益,并处置足够数量的间接经济利益以使剩余经济利益不再重大,或者将该项目组成员调离项目组。如果会计师事务所、审计项目组成员或其近亲属和审计客户同时在某一实体拥有经济利益,那么可能产生自身利益威胁;但如果该利益并不重大,并且审计客户不能对该实体产生重大影响,那么可认为独立性未受到损害。

实训目的

熟悉经济利益威胁独立性的情形表现,掌握可以采取的防范措施。

实训案例

【案例资料1】 林小芝是负责审计立夏股份有限公司(以下简称"立夏公司")的审计小组成员,现持有立夏公司的股票1 000股,市值约6 000元。由于数额较小,林小芝未将该股票售出，也未予回避。

【实训要求】

（1）判断林小芝持有立夏公司的股票是否对独立性造成威胁。

判断结果：＿＿＿＿＿＿＿＿＿＿＿＿＿＿＿＿＿＿＿＿＿＿＿＿＿＿＿＿

简要说明理由：＿＿＿＿＿＿＿＿＿＿＿＿＿＿＿＿＿＿＿＿＿＿＿＿＿

＿＿＿＿＿＿＿＿＿＿＿＿＿＿＿＿＿＿＿＿＿＿＿＿＿＿＿＿＿＿＿＿＿＿

（2）若影响独立性，则会计师事务所可采用哪些措施消除这种威胁或将其降至可接受水平？

措施一：＿＿＿＿＿＿＿＿＿＿＿＿＿＿＿＿＿＿＿＿＿＿＿＿＿＿＿＿

措施二：＿＿＿＿＿＿＿＿＿＿＿＿＿＿＿＿＿＿＿＿＿＿＿＿＿＿＿＿

【案例资料2】 张一文持有天诚物业公司的小额共同基金，2023年年初，张一文加入山茶会计师事务所建立的对天诚物业公司实施审计的审计小组。

【实训要求】

（1）张一文与客户之间是否存在经济利益关系？

判断结果：＿＿＿＿＿＿＿＿＿＿＿＿＿＿＿＿＿＿＿＿＿＿＿＿＿＿＿＿

（2）经济利益是直接的还是间接的？

判断结果：＿＿＿＿＿＿＿＿＿＿＿＿＿＿＿＿＿＿＿＿＿＿＿＿＿＿＿＿

（3）这一情形是否损害独立性？

判断结果：＿＿＿＿＿＿＿＿＿＿＿＿＿＿＿＿＿＿＿＿＿＿＿＿＿＿＿＿

简要说明理由：＿＿＿＿＿＿＿＿＿＿＿＿＿＿＿＿＿＿＿＿＿＿＿＿＿

＿＿＿＿＿＿＿＿＿＿＿＿＿＿＿＿＿＿＿＿＿＿＿＿＿＿＿＿＿＿＿＿＿＿

任务二　贷款和担保与审计的独立性

知识链接

如果会计师事务所、审计项目组成员或其近亲属从银行或类似机构等审计客户取得贷款，或由这些客户作为贷款担保人，就可能产生独立性威胁。如果不按照正常的程序、条款和条件提供贷款或担保，将产生重大的自身利益威胁，没有任何防范措施可以消除这种威胁或将其降至可接受水平。

如果会计师事务所按照正常的贷款程序、条款和条件，从银行或类似机构等审计客户取得贷款，并且该贷款对审计客户或接受贷款的会计师事务所是重大的，那么可能产生独立性威胁。可以通过采取防范措施将因自身利益产生的不利影响降至可接受水平，防范措施包括由未参与审计业务且未接受该贷款的注册会计师复核所执行的工作等。

审计项目组成员或其近亲属从银行或类似机构等审计客户取得贷款，或由这些客户作为贷款担保人，只要按照正常的程序、条款和条件取得贷款或担保，就不会对独立性产生威胁。这类贷款包括房屋抵押贷款、银行透支、汽车贷款和信用卡透支等。

实训目的

熟悉贷款和担保威胁独立性的情形表现，掌握可以采取的防范措施。

实训案例

【案例资料】 山茶会计师事务所由于扩大业务规模，按照正常借款条件和程序于 2023 年向中国工商银行人民路支行借款 550 万元，且对公司具有重要性。2024 年 2 月，该所承接了中国工商银行人民路支行的审计业务。

【实训要求】
（1）这一情形是否损害独立性？
判断结果：_____

（2）可以采取"请山茶会计师事务所以外的其他注册会计师复核已做的工作"这一措施来消除这一威胁吗？
判断结果：_____
简要说明理由：_____
_____

任务三　商业关系与审计的独立性

知识链接

会计师事务所、审计项目组成员或其近亲属与审计客户或其管理层之间存在密切的商业关系，包括：① 与客户或其控股股东、董事、管理层或其他为该客户执行高级管理活动的人员在合营的企业中拥有经济利益；② 将会计师事务所的一种或多种产品或服务与客户的一种或多种产品或服务捆绑销售，并以双方名义进行；③ 按照协议，会计师事务所销售或配送客户的产品或服务，或客户销售或配送会计师事务所的产品或服务。

以上这些情形可能产生自身利益威胁和外在压力威胁。对会计师事务所而言，除非经济利益不重大且商业关系不重要，否则会计师事务所应当将商业关系降至不重要的程度或终止该商业关系，或者拒绝接受或终止审计业务。对于审计项目组成员而言，除非此类经济利益不重大且商业关系不重要，否则应当将该人员调离审计项目组。如果审计项目组成员的近亲属与审计客户或其管理层之间存在密切的商业关系，注册会计师应当评价威胁的重要程度，并在必要时采取防范措施以消除威胁或将其降至可接受水平。

实训目的

熟悉商业关系威胁独立性的情形表现,掌握可以采取的防范措施。

实训案例

【案例资料】 诚大会计师事务所的审计客户之一是蓝天销售公司,该会计师事务所自主开发的内部控制软件是由该销售公司代理销售的。

【实训要求】

(1) 诚大会计师事务所是否出现了威胁独立性的因素?

判断结果:_____

(2) 若独立性受到威胁,诚大会计师事务所采取下列哪些措施可以降低其影响?

A. 终止该经营业务

B. 降低经营关系的重要性,使经济利益不重大,经营关系明显不重要

C. 拒绝执行该鉴证业务

D. 出具非标准审计报告

判断结果:_____

简要说明理由:_____

任务四 家庭和个人关系与审计的独立性

知识链接

审计项目组成员与审计客户的董事、管理层或某些特定员工之间存在家庭和个人关系,可能产生自身利益威胁、密切关系威胁或外在压力威胁。威胁存在与否及其重要程度如何取决于多种因素,包括该成员在审计项目组内的职责,其家庭成员或相关人员在客户中的角色以及关系的密切程度等,会计师事务所应当根据具体情况评估威胁的重要程度,并在必要时采取防范措施消除此威胁或将其降至可接受水平。

第一,如果审计项目组成员的近亲属是审计客户的董事或高级管理人员,或是所处职位可以对客户会计记录或财务报表的编制施加重大影响的员工,或其曾在业务期间或财务报表所涵盖期间内处于上述职位,则会对独立性产生威胁。防范措施主要包括:将该成员调离审计项目组;合理安排审计项目组成员的职责,使该成员不处理其近亲属职责范围内的事项。

第二,如果审计项目组成员的其他近亲属在客户中所处职位可以对客户的财务状况、经营成果和现金流量施加重大影响,则会对独立性产生威胁。防范措施主要包括:将该成员调离审计项目组;合理安排审计项目组成员的职责,使该成员不处理其近亲属职责范围内的事项。

第三，审计项目组的成员与审计客户重要职位的人员具有亲密关系，对独立性产生威胁。防范措施主要包括：将该成员调离审计项目组；合理安排审计项目组成员的职责，使该成员不处理与其有密切关系的人员职责范围内的事项。

第四，如果审计项目组成员与审计客户重要职位的人员具有亲密关系，则会对独立性产生威胁。防范措施主要包括：将该成员调离审计项目组；合理安排审计项目组成员的职责，使该成员不处理与其有密切关系的人员职责范围内的事项。

● 实训目的

熟悉家庭和个人关系威胁独立性的情形表现，掌握可以采取的防范措施。

● 实训案例

【案例资料】 注册会计师金鑫于2024年2月接受山茶会计师事务所指派，参加中国银行新迎支行2023年度财务报表的审计项目。金鑫的弟弟在该银行担任财务经理。

【实训要求】

(1) 这一情形是否威胁独立性？

判断结果：＿＿＿＿＿＿＿＿＿＿＿＿＿＿＿＿＿＿＿＿＿＿＿＿＿＿＿＿＿＿＿＿

(2) 威胁主要来自哪个方面？

判断结果：＿＿＿＿＿＿＿＿＿＿＿＿＿＿＿＿＿＿＿＿＿＿＿＿＿＿＿＿＿＿＿＿

(3) 可采用下列哪种方式降低这种威胁？

A. 将金鑫调离该项目组　　　　　　B. 让金鑫不处理其弟弟负责的领域

C. 让其他人复核金鑫的工作　　　　D. 事务所拒绝承接该业务

判断结果：＿＿＿＿＿＿＿＿＿＿＿＿＿＿＿＿＿＿＿＿＿＿＿＿＿＿＿＿＿＿＿＿

简要说明理由：＿＿＿＿＿＿＿＿＿＿＿＿＿＿＿＿＿＿＿＿＿＿＿＿＿＿＿＿＿＿

任务五　与审计客户发生雇佣关系与审计的独立性

● 知识链接

审计客户的董事、管理层或是所处职位可以对客户会计记录或财务报表的编制施加重大影响的员工，曾经是审计项目组的成员或会计师事务所的合伙人，可能产生密切关系威胁或外在压力威胁，会计师事务所应当评估威胁的重要程度，并在必要时采取防范措施消除威胁或将其降至可接受水平。

如果会计师事务所的前任成员担任审计客户的重要职位且与事务所保持重要联系，则将产生重大威胁，没有任何防范措施可以消除这种威胁或将其降至可接受水平。如果会计师事务所的前任成员担任审计客户的重要职位但未与事务所保持重要联系，则可能产生威胁。防范措施主要包括：修改审计计划；向审计项目组委派经验更丰富的人员；由项目组之外的其他注册会计师复核前任审计项目组成员已执行的工作。

如果会计师事务所的合伙人或员工兼任审计客户的董事或高级管理人员或公司秘书，将产生重大的自我评价和自身利益威胁，没有任何防范措施可以消除这种威胁或将其降至可接受水平。如果会计师事务所提供日常性和行政事务性的服务以支持公司秘书职能，或提供与公司秘书行政事项有关的建议，只要所有相关决策均由客户管理层做出，通常不会损害独立性。

● **实训目的**

熟悉与审计客户发生雇佣关系威胁独立性的情形表现，掌握可以采取的防范措施。

● **实训案例**

【案例资料1】 李军原来是光达会计师事务所的项目经理，在事务所工作了5年以后，于2023年2月跳槽到海路公司任财务总监，光达会计师事务所考虑接受海路公司2023年财务报表的审计委托。

【实训要求】

（1）这一情形是否威胁独立性？

判断结果：_____

（2）威胁主要来自哪个方面？

判断结果：_____

（3）这一情形的防范措施可能有哪些？

A. 委派更有经验的人来进行该项审计　　B. 请其他注册会计师复核工作或提供建议

C. 进行业务质量控制复核　　D. 针对这一情况与公司管理层沟通

判断结果：_____

简要说明理由：_____

【案例资料2】 注册会计师王珂自2022年以来一直是南方银行年度财务报表审计业务的项目组成员，并于2023年5月1日兼任南方银行的董事。已知，王珂所在会计师事务所继续接受南方银行的年度财务报表审计业务。

【实训要求】

（1）这一情形是否威胁独立性？

判断结果：_____

（2）有何防范措施？若无防范措施，则事务所应采取何种方式？

判断结果：_____

简要说明理由：_____

任务六 为审计客户提供非鉴证服务与审计的独立性

> 知识链接

如果接受委托向审计客户提供非鉴证服务，注册会计师应当关注提供非鉴证服务可能对其独立性产生的威胁。最常见的威胁包括自我评价威胁、自身利益威胁和过度推介威胁。在决定是否接受委托向审计客户提供非鉴证服务之前，会计师事务所应当确定提供该服务是否将对独立性产生威胁。在评价某一特定的非鉴证服务产生威胁的重要程度时，会计师事务所还应当考虑提供其他相关非鉴证服务产生的全部威胁。如果没有防范措施可将威胁降至可接受水平，会计师事务所不应向审计客户提供该项非鉴证服务。

为审计客户提供非鉴证服务，通常包括以下几类：

（1）编制会计记录和财务报表。即会计师事务所向审计客户提供编制会计记录或财务报表等会计和记账服务。

（2）评估服务。通常包括对未来发展提出相关假设，运用适当的方法和技术，以确定资产、负债或者企业整体的价值或价值区间。

（3）税务服务。税务服务通常包括：编制纳税申报表；计算税额以作为财务报表中会计分录的基础；税务筹划和其他税务咨询服务；帮助解决税务纠纷。

（4）内部审计服务。通常是指协助审计客户开展内部审计活动，如在审计客户属于公众利益实体的情况下，会计师事务所提供与内部会计控制、财务系统或财务报表相关的内部审计服务。

（5）IT系统服务。与信息技术（Information Technology，IT）系统有关的服务涉及硬件或软件系统的设计或实施，可能用以积累原始数据，形成财务报告内部控制的组成部分或者生成影响会计记录或财务报表信息。

如果会计师事务所人员不承担管理层职责，则提供的下列IT系统服务不应被视为对独立性产生威胁：① 设计或实施与财务报告内部控制无关的IT系统服务；② 设计或实施并不生成构成会计记录或财务报表重要组成部分信息的IT系统服务；③ 实施并非由会计师事务所开发的现成的会计或财务信息报告软件（如果无须对软件进行较大改动就能满足客户的要求）；④ 对由其他服务提供者或客户自身设计、实施或运行的系统进行评价和提出建议。

（6）公司理财服务。公司理财服务可能包括：协助审计客户制定公司战略；为审计客户确定可能的并购目标；对资产处置等提供建议；协助融资；提供财务筹划方面的建议。

> 实训目的

熟悉为审计客户提供非鉴证服务威胁独立性的情形表现，掌握可以采取的防范措施。

实训案例

【案例资料】 姜小晖是腊梅会计师事务所的职员，同时兼职在明信证券公司做税务咨询顾问，主要职责是向明信证券公司提供最新税法变化、讲解税法知识及避税手段等，但是不参与该公司的管理决策过程。2023年腊梅会计师事务所成立了包括姜小晖在内的审计小组，对明信证券公司进行审计。

【实训要求】

(1) 姜小晖的存在是否损害独立性？

判断结果：_____

(2) 请选择理由：A. 两者是相容业务；B. 两者是不相容业务。

判断结果：_____

简要说明理由：_____

任务七　收费与审计的独立性

知识链接

收费对独立性的威胁主要表现在以下三个方面，会计师事务所应采取相应的防范措施消除威胁或将其降至可接受水平。

(1) 收费结构。

如果会计师事务所从某审计客户收取的全部费用占其收费总额的比重很大，或占某一合伙人从所有客户收取的费用总额的比重很大，将产生自身利益威胁。防范措施可能包括：① 降低对该客户的依赖性；② 就关键的审计判断向第三方咨询，例如向注册会计师协会或其他会计师事务所咨询；③ 由项目组之外的其他注册会计师复核所执行的工作或在必要时提出建议；④ 经常实施独立的内部或外部质量控制复核。

(2) 逾期收费。

如果审计客户长期未支付应付的审计费用，尤其是大部分费用在下一年度出具审计报告之前仍未支付，可能产生自身利益威胁。防范措施可能包括：由未参与审计业务的注册会计师提供建议，或复核已执行的工作。会计师事务所还应当考虑逾期收费是否可能被视同向客户贷款，并且基于逾期收费的重要程度考虑是否继续接受委托。

(3) 或有收费。

或有收费是一种按照预先确定的计费基础收取费用的方式。在这种方式下，收费与否或多少取决于交易的结果或所执行工作的结果。如果一项收费由法院或政府公共管理机构规定，则该项收费不属于或有收费。会计师事务所对审计业务以直接或间接形式的或有收费方式收取费用，将产生重大的自身利益威胁和过度推介威胁。没有防范措施可以消除这种威胁或将其降至可接受水平。

会计师事务所为审计客户提供非鉴证服务，如果以直接或间接形式的或有收费方式收取费用，可能产生自身利益威胁。防范措施可能包括：由项目组之外的其他注册会计师和专业人员复核相关审计工作，或在必要时提供建议；由审计项目组成员以外的专业人士执行非鉴证服务。

● 实训目的

熟悉收费威胁独立性的情形表现，掌握可以采取的防范措施。

● 实训案例

【案例资料】 2023年，山茶会计师事务所通过招投标接受委托，负责审计拟上市公司甲公司的年度财务报告，并委派注册会计师夏雨为审计项目组负责人。已知，山茶会计师事务所与甲公司签订的审计业务约定书约定：审计费用为1 800 000元，甲公司在山茶会计师事务所提交审计报告时支付50%的审计费用，剩余50%视股票能否上市来决定是否支付。

【实训要求】 此费用的支付是否损害独立性？
判断结果：_____
简要说明理由：_____

项目二　注册会计师职业道德其他原则

任务一　专业胜任能力

● 知识链接

根据《中国注册会计师职业道德规范指导意见》（以下简称《指导意见》），有关"第三章　专业胜任能力"的规定如下。

第十七条　注册会计师应当通过教育、培训和执业实践保持和提高专业胜任能力。

第十八条　注册会计师不得宣称自己具有本不具备的专业知识、技能或经验。

第十九条　注册会计师不得提供不能胜任的专业服务。

第二十条　在提供专业服务时，注册会计师可以在特定领域利用专家协助其工作。

第二十一条　在利用专家工作时，注册会计师应当对专家遵守职业道德的情况进行监督和指导。

● 实训目的

熟悉并掌握《指导意见》中对"专业胜任能力"的要求。

● 实训案例

【案例资料】 蓝光会计师事务所由于规模较小，人才不完备，所以尚未取得证券和期货从业资格，但是客户之一友华有限公司于2022年12月发行可转换公司债券。

【实训要求】

（1）蓝光会计师事务所在哪方面可能违反职业道德准则？

判断结果：_____

简要说明理由：_____

_____

（2）蓝光会计师事务所可采取什么措施来遵守职业道德准则？

判断结果：_____

简要说明理由：_____

_____

任务二 保密

● 知识链接

根据《指导意见》，有关"第四章 保密"的规定如下。

第二十二条 注册会计师应当对在执业过程中获知的客户信息保密，这一保密责任不因业务约定的终止而终止。

第二十三条 注册会计师应当采取措施，确保业务助理人员和专家遵守保密原则。

第二十四条 注册会计师不得利用在执业过程中获知的客户信息为自己或他人谋取不正当的利益。

第二十五条 注册会计师在以下情况下可以披露客户的有关信息：

（一）取得客户的授权；

（二）根据法规要求，为法律诉讼准备文件或提供证据，以及向监管机构报告发现的违反法规行为；

（三）接受同业复核以及注册会计师协会和监管机构依法进行的质量检查。

第二十六条 在决定披露客户的有关信息时，注册会计师应当考虑以下因素：

（一）是否了解和证实了所有相关信息；

（二）信息披露的方式和对象；

（三）可能承担的法律责任和后果。

● **实训目的**

熟悉并掌握《指导意见》中对"保密"的要求。

● **实训案例**

【案例资料】 天达会计师事务所于2023年负责审计大理三塔电子厂的财务会计报表年报，它的另一客户下关南方晶体管厂是大理三塔电子厂的长期供应商，但是电子厂以该厂供货质量残次，出现了很多废品为由拒不付款，下关南方晶体管厂就向天达会计师事务所索取大理三塔电子厂2022年年末的存货盘存表，天达会计师事务所答应了这一要求，并索取了追回货款12%的费用。

【实训要求】
(1) 该所在哪个方面违反了职业道德规范？
判断结果：＿＿＿＿＿＿＿＿＿＿＿＿＿＿＿＿＿＿＿＿＿＿＿＿＿＿＿＿＿＿＿＿＿
简要说明理由：＿＿＿＿＿＿＿＿＿＿＿＿＿＿＿＿＿＿＿＿＿＿＿＿＿＿＿＿＿＿
＿＿＿＿＿＿＿＿＿＿＿＿＿＿＿＿＿＿＿＿＿＿＿＿＿＿＿＿＿＿＿＿＿＿＿＿＿＿

(2) 注册会计师在下列哪些情况下出现上述状况不算是违反职业道德规范？
A. 取得客户的授权
B. 向监管机构报告发现的违反法律的行为
C. 接受同业复核
D. 在与客户相关的诉讼中将其作为法律依据
判断结果：＿＿＿＿＿＿＿＿＿＿＿＿＿＿＿＿＿＿＿＿＿＿＿＿＿＿＿＿＿＿＿＿＿
简要说明理由：＿＿＿＿＿＿＿＿＿＿＿＿＿＿＿＿＿＿＿＿＿＿＿＿＿＿＿＿＿＿
＿＿＿＿＿＿＿＿＿＿＿＿＿＿＿＿＿＿＿＿＿＿＿＿＿＿＿＿＿＿＿＿＿＿＿＿＿＿

任务三 收费与佣金

● **知识链接**

根据《指导意见》，有关"第五章 收费与佣金"的规定如下。

第二十七条 在确定收费时，会计师事务所应当考虑以下因素，以客观反映为客户提供专业服务的价值：

（一）专业服务所需的知识和技能；
（二）所需专业人员的水平和经验；
（三）每一专业人员提供服务所需的时间；
（四）提供专业服务所需承担的责任。

第二十八条 在专业服务得到良好的计划、监督及管理的前提下，收费通常以每一专业人员适当的小时费用率或日费用率为基础计算。

第二十九条 专业服务的收费依据、收费标准及收费结算方式与时间应在业务约定书中予以明确。

第三十条 如果收费报价明显低于前任注册会计师或其他会计师事务所的相应报价，会计师事务所应当确保：

（一）在提供专业服务时，工作质量不会受到损害，并保持应有的职业谨慎，遵守执业准则和质量控制程序；

（二）客户了解专业服务的范围和收费基础。

第三十一条 除法规允许外，会计师事务所不得以或有收费方式提供鉴证服务，收费与否或多少不得以鉴证工作结果或实现特定目的为条件。

第三十二条 会计师事务所和注册会计师不得为招揽客户而向推荐方支付佣金，也不得因向第三方推荐客户而收取佣金。

第三十三条 会计师事务所和注册会计师不得因宣传他人的产品或服务而收取佣金。

实训目的

熟悉并掌握《指导意见》中对"收费和佣金"的要求。

实训案例

【案例资料1】 沈凌以前和他的同事审计过许多国有企业。他计划与其他注册会计师联系，请他们帮忙介绍更多这种类型的工作，他打算付给每个介绍人2 100元的介绍费。

【实训要求】 判断沈凌的举动是否违反了注册会计师职业道德规范。

判断结果：_____

简要说明理由：_____

【案例资料2】 华天会计师事务所鉴证小组在讨论对其客户猛纶商贸有限公司收费时，出现了下列争议。

（1）李光认为：猛纶公司由于规模较小，大部分是手工记账，要查单据、核对报表、重新计算总账的正确性，花费人力较多，可以适当提高收费。

（2）张芳认为：猛纶公司存货的大部分是生鲜食品，其质量变动很快，资产负债表的存货项目有很大的不确定性，而猛纶公司的资产中存货占了60%，风险较大，承担责任较多，可以适当提高收费。

（3）钱风认为：猛纶公司审计主要是为取得银行贷款，若是顺利取得贷款，我们可以收取一部分服务费。

（4）王新认为：现在民营企业都在首发上市，事务所可以建议猛纶公司也尝试一下，如果事务所审计后，该公司达到了上市标准，可以收取100万元的额外服务费用。

【实训要求】 试判断这些看法正确与否，并简要阐述理由。

（1）针对李光的判断结果：＿＿＿＿＿＿＿＿＿＿＿＿＿＿＿＿

简要说明理由：＿＿＿＿＿＿＿＿＿＿＿＿＿＿＿＿＿＿＿＿＿

＿＿＿＿＿＿＿＿＿＿＿＿＿＿＿＿＿＿＿＿＿＿＿＿＿＿＿＿＿＿

（2）针对张芳的判断结果：＿＿＿＿＿＿＿＿＿＿＿＿＿＿＿＿

简要说明理由：＿＿＿＿＿＿＿＿＿＿＿＿＿＿＿＿＿＿＿＿＿

＿＿＿＿＿＿＿＿＿＿＿＿＿＿＿＿＿＿＿＿＿＿＿＿＿＿＿＿＿＿

（3）针对钱风的判断结果：＿＿＿＿＿＿＿＿＿＿＿＿＿＿＿＿

简要说明理由：＿＿＿＿＿＿＿＿＿＿＿＿＿＿＿＿＿＿＿＿＿

＿＿＿＿＿＿＿＿＿＿＿＿＿＿＿＿＿＿＿＿＿＿＿＿＿＿＿＿＿＿

（4）针对王新的判断结果：＿＿＿＿＿＿＿＿＿＿＿＿＿＿＿＿

简要说明理由：＿＿＿＿＿＿＿＿＿＿＿＿＿＿＿＿＿＿＿＿＿

＿＿＿＿＿＿＿＿＿＿＿＿＿＿＿＿＿＿＿＿＿＿＿＿＿＿＿＿＿＿

任务四　与执行鉴证业务不相容的工作

知识链接

根据《指导意见》，有关"第六章　与执行鉴证业务不相容的工作"的规定如下。

第三十四条　注册会计师不得从事有损于或可能有损于其独立性、客观性、公正性或职业声誉的业务、职业或活动。

第三十五条　注册会计师应当就其向鉴证客户提供的非鉴证服务与鉴证服务是否相容做出评价。

第三十六条　会计师事务所不得为上市公司同时提供编制会计报表和审计服务。

第三十七条　会计师事务所的高级管理人员或员工不得担任鉴证客户的董事（包括独立董事）、经理或其他关键管理职务。

不相容职务（或业务），是指那些如果由同一个人（或同一部门）担任，既可能发生错误和舞弊行为，又可能掩盖其错误和弊端行为的职务（或业务）。根据《企业内部控制规范》的基本要求，对不相容职务（或业务）应进行分离，以达到"内部牵制"。

实训目的

熟悉并掌握《指导意见》中对"与执行鉴证业务不相容的工作"的要求。

实训案例

【案例资料1】 昆仑货运公司在2023年4月进行了有限责任公司向股份有限公司

的转换，请齐达会计师事务所做了资产评估及验资证明，并于2023年11月首发上市，由于上次合作十分愉快，年底时又委托齐达会计师事务所进行年报的审计。

【实训要求】 判断齐达会计师事务所是否应该承接该业务。

判断结果：_____

简要说明理由：_____

【案例资料2】 康安保险公司于2023年11月聘请山茶会计师事务所为其做资产评估业务，张乐平为资产评估业务的项目负责人。2022年张乐平曾担任康安保险公司年度报表审计的项目负责人。

【实训要求】 判断资产评估业务与审计业务是否相容。

判断结果：_____

简要说明理由：_____

任务五　接任前任注册会计师的审计业务

知识链接

根据《指导意见》，有关"第七章　接任前任注册会计师的审计业务"的规定如下。

第三十八条　后任注册会计师在接任前任注册会计师的审计业务时不得蓄意侵害前任注册会计师的合法权益。

第三十九条　在接受审计业务委托前，后任注册会计师应当向前任注册会计师询问审计客户变更会计师事务所的原因，并关注前任注册会计师与审计客户之间在重大会计、审计等问题上可能存在的意见分歧。

第四十条　后任注册会计师应当提请审计客户授权前任注册会计师对其询问作出充分的答复。

如果审计客户拒绝授权，或限制前任注册会计师作出答复的范围，后任注册会计师应当向审计客户询问原因，并考虑是否接受业务委托。

第四十一条　前任注册会计师应当根据所了解的情况对后任注册会计师的询问作出及时、充分的答复。

如果受到审计客户的限制或存在法律诉讼的顾虑，决定不向后任注册会计师作出充分答复，前任注册会计师应当向后任注册会计师表明其答复是有限的。

第四十二条　如果审计客户委托注册会计师对已审计会计报表进行重新审计，接受委托的注册会计师应视为后任注册会计师，而之前已发表审计意见的注册会计师则视为前任注册会计师。

第四十三条　如果后任注册会计师发现前任注册会计师所审计的会计报表存在重大错报,应当提请审计客户告知前任注册会计师,并要求审计客户安排三方会谈,以便采取措施进行妥善处理。

实训目的

熟悉并掌握《指导意见》中对"接任前任注册会计师的审计业务"的要求。

实训案例

【案例资料】　新天地公司委托山茶会计师事务所对其 2023 年度财务报表实施审计,山茶会计师事务所在接受委托之前了解到该公司 2022 年度财务报表是由腊梅会计师事务所审计的,并出具了无保留意见的审计报告。

【实训要求】
(1) 山茶会计师事务所是否需要与腊梅会计师事务所进行沟通?
判断结果:＿＿＿＿＿＿＿＿＿＿＿＿＿＿＿＿＿＿＿＿＿＿＿＿
简要说明理由:＿＿＿＿＿＿＿＿＿＿＿＿＿＿＿＿＿＿＿＿＿

(2) 如果需要沟通,沟通的内容是否含有下列内容?
A. 是否发现管理层存在诚信方面的问题
B. 在重大会计、审计等问题上存在的意见分歧
C. 关于管理层舞弊、违反法规行为以及内部控制的重大缺陷等问题
D. 导致被审计单位变更事务所的原因
判断结果:＿＿＿＿＿＿＿＿＿＿＿＿＿＿＿＿＿＿＿＿＿＿＿＿
简要说明理由:＿＿＿＿＿＿＿＿＿＿＿＿＿＿＿＿＿＿＿＿＿

任务六　广告、业务招揽和宣传

知识链接

根据《指导意见》,有关"第八章　广告、业务招揽和宣传"的规定如下。

第四十四条　注册会计师应当维护职业形象,在向社会公众传递信息时,应当客观、真实、得体。

第四十五条　会计师事务所不得利用新闻媒体对其能力进行广告宣传,但刊登设立、合并、分立、解散、迁址、名称变更、招聘员工等信息以及注册会计师协会为会员所作的统一宣传不在此限。

第四十六条　会计师事务所和注册会计师不得采用强迫、欺诈、利诱或骚扰等方式

招揽业务。

第四十七条 会计师事务所和注册会计师在招揽业务时不得有以下行为：

（一）暗示有能力影响法院、监管机构或类似机构及其官员；

（二）作出自我标榜的陈述，且陈述无法予以证实；

（三）与其他注册会计师进行比较；

（四）不恰当地声明自己是某一特定领域的专家；

（五）作出其他欺骗性的或可能导致误解的声明。

第四十八条 会计师事务所和注册会计师进行宣传时，不得有以下行为：

（一）利用政府委托或特别奖励谋取不正当利益；

（二）当会计师事务所将其名称、地址、电话号码以及其他必要的联系信息载入电话簿、信纸或其他载体时，含有自我标榜的措辞；

（三）当注册会计师就专业问题参与演讲、访谈或广播、电视节目时，抬高自己及其会计师事务所；

（四）当会计师事务所通过新闻媒体发布招聘信息时，含有抬高自己的成分。

第四十九条 会计师事务所可以将印制的手册向客户发放，也可以应非客户的要求向非客户发放，但手册的内容应当真实、客观。

第五十条 注册会计师在名片上可以印有姓名、专业资格、职务及其会计师事务所的地址和标识等，但不得印有社会职务、专家称谓以及所获荣誉等。

● 实训目的

熟悉并掌握《指导意见》中对"广告、业务招揽和宣传"的要求。

● 实训案例

【案例资料】 下面是一些会计师事务所的宣传册中的部分语言。

（1）明发会计师事务所：明发会计师事务所，查账全靠我。

（2）捷达会计师事务所：本所与税务局、财政厅具有很好的关系，选择了本所，选择了便捷。

（3）旺达会计师事务所：本所现已正式更名为旺达会计师事务所，同时搬迁至北京路大厦，欢迎新老客户光临。

（4）正信会计师事务所：本所业务精良，人才丰富，博士18名，硕士百余名，是本地一流的会计师事务所。

【实训要求】 判断这些说法是否恰当得体。

（1）针对明发会计师事务所的判断结果：_____

简要说明理由：_____

_____

（2）针对捷达会计师事务所的判断结果：_____

简要说明理由：_____
_____

(3) 针对旺达会计师事务所的判断结果：_____
简要说明理由：_____
_____

(4) 针对正信会计师事务所的判断结果：_____
简要说明理由：_____
_____

注册会计师职业准则

项目一 鉴证业务类型

任务一 鉴证业务与其他相关服务

○ 知识链接

鉴证业务是指注册会计师对鉴证对象信息提出结论,以增强除责任方之外的预期使用者对鉴证对象信息信任程度的业务。

鉴证业务包括历史财务信息审计业务、历史财务信息审阅业务和其他鉴证业务。将鉴证业务的基本分类及其特点进行简单归纳,见表2-1。

表2-1 鉴证业务的基本分类及其特点

鉴证业务种类	鉴证对象	结论类型	提出结论方式
审计业务	历史财务信息	合理保证	积极方式
审阅业务	历史财务信息	合理保证	消极方式
其他鉴证业务	非历史财务信息	保证程度因准则、与客户约定不同而不同	因保证程度不同而不同

其他相关服务是指由注册会计师提供的,除鉴证业务以外的其他业务。

○ 实训目的

熟悉鉴证业务的定义及目标,掌握鉴证业务的基本分类。

○ 实训案例

【案例资料1】 已知下列原始单据的相关信息。
A. 无保留意见审计报告 B. 验资报告
C. 代编财务报表业务报告 D. 审阅报告

【资料A】无保留意见审计报告

云南兰中会计师事务所

兰中审字〔2024〕第0001号

审计报告

静安股份有限公司全体股东：

一、对财务报表出具的审计报告

（一）审计意见

我们审计了静安股份有限公司（以下简称"静安公司"）的财务报表，包括2023年12月31日的资产负债表，2023年度的利润表、现金流量表和所有者权益变动表以及财务报表附注。

我们认为静安公司财务报表在所有重大方面按照企业会计准则的规定编制，公允反映了公司2023年12月31日的财务状况以及2023年度的经营成果和现金流量。

（二）形成审计意见的基础

我们按照中国注册会计师审计准则的规定执行了审计工作。审计报告的"注册会计师对财务报表审计的责任"部分进一步阐述了我们在这些准则下的责任。按照中国注册会计师职业道德守则，我们独立于静安公司，并履行了职业道德方面的其他责任。我们相信，我们获取的审计证据是充分、适当的，为发表审计意见提供了基础。

（三）关键审计事项

2023年度，静安公司销售家用电器产品确认的主营业务收入为人民币50 000.00万元，主要为国内销售产生的收入。静安公司对于国内销售的家用电器产品产生的收入是在商品所有权上的风险和报酬已转移至客户时确认的，根据销售合同约定，通常以家用电器产品运离静安公司仓库作为销售收入的确认时点。由于收入是静安公司的关键业绩指标之一，从而存在管理层为了达到特定目标或期望而操纵收入确认时点的固有风险，我们将静安公司收入确认识别为关键审计事项。

（四）管理层和治理层对财务报表的责任

管理层负责按照企业会计准则的规定编制财务报表，使其实现公允反映，并设计、执行和维护必要的内部控制，以使财务报表不存在由于舞弊或错误导致的重大错报。在编制财务报表时，管理层负责评估静安公司的持续经营能力，披露与持续经营相关的事项（如适用），并运用持续经营假设，除非管理层计划清算静安公司、终止营运或别无其他现实的选择。

治理层负责监督静安公司的财务报告过程。

（五）注册会计师对财务报表审计的责任

我们的目标是对财务报表整体是否不存在由于舞弊或错误导致的重大错报获取合理保证，并出具包含审计意见的审计报告。合理保证是高水平的保证，但并不能保证按照审计准则执行的审计在某一重大错报存在时总能发现。错报可能由舞弊或错误所导致，如果合理预期错报单独或汇总起来可能影响财务报表使用者依据财务报表做出的经济决策，则通常认为错报是重大的。

在按照审计准则执行审计的过程中，我们运用了职业判断，保持了职业怀疑。我们同时：

（1）识别和评估由于舞弊或错误导致的财务报表重大错报风险；对这些风险有针对性地设计和实施审计程序；获取充分、适当的审计证据，作为发表审计意见的基础。由于舞弊可能涉及串通、伪造、故意遗漏、虚假陈述或凌驾于内部控制之上，未能发现由于舞弊导致的重大错报的风险高于未能发现由于错误导致的重大错报的风险。

（2）了解与审计相关的内部控制，以设计恰当的审计程序，但目的并非对内部控制的有效性发表意见。

（3）评价管理层选用会计政策的恰当性和做出会计估计及相关披露的合理性。

（4）对管理层使用持续经营假设的恰当性得出结论。同时，根据获取的审计证据，就可能导致对静安公司持续经营能力产生重大疑虑的事项或情况是否存在重大不确定性得出结论。如果我们得出结论认为存在重大不确定性，审计准则要求我们在审计报告中提请报表使用者注意财务报表中的相关披露。如果披露不充分，我们应当发表非无保留意见。我们的结论基于审计报告日可获得的信息。然而，未来的事项或情况可能导致静安公司不能持续经营。

（5）评价财务报表的总体列报、结构和内容（包括披露），并评价财务报表是否公允反映相关交易和事项。

我们与治理层就计划的审计范围、时间安排和重大审计发现等事项进行沟通，包括沟通我们在审计中识别出的值得关注的内部控制缺陷。

我们还就遵守关于独立性的相关职业道德要求向治理层提供声明，并就可能被合理认为影响我们独立性的所有关系和其他事项，以及相关的防范措施（如适用）与治理层进行沟通。

从与治理层沟通的事项中，我们确定哪些事项对本期财务报表审计最为重要，因而构成关键审计事项。我们在审计报告中描述这些事项，除非法律法规禁止公开披露这些事项，或在极其罕见的情形下，如果合理预期在审计报告中沟通某事项造成的负面后果超过在公众利益方面产生的益处，我们确定不应在审计报告中沟通该事项。

二、按照相关法律法规的要求报告的事项

无

云南定中会计师事务所

（盖章）

中国·昆明

中国注册会计师：王一梅

（签名盖章）

中国注册会计师 王一梅 41285025566

中国注册会计师：薛林立

（签名盖章）

中国注册会计师 薛林立 21385028403

2024 年 2 月 13 日

【资料 B】验资报告

验资报告

仁和财产管理股份有限公司（筹）：

我们接受委托，审验了贵公司（筹）截至 2023 年 5 月 5 日申请设立登记的注册资本实收情况。按照相关法律、法规以及协议、章程的要求出资，提供真实、合法、完整的验资资料，保护资产的安全、完整是全体股东及贵公司（筹）的责任。我们的责任是对贵公司（筹）注册资本的实收情况发表审验意见。我们的审验是依据《中国注册会计师审计准则第 1602 号——验资》进行的。在审验过程中，我们结合贵公司（筹）的实际情况，实施了检查等必要的审验程序。

根据协议、章程的规定，贵公司（筹）申请登记的注册资本为人民币 5 000 万元整，全体股东于 2023 年 5 月 5 日之前一次缴足。经我们审验，截至 2023 年 5 月 5 日，贵公司（筹）已收到全体股东缴纳的注册资本（实收资本）合计伍仟万元整（大写）。各股东以货币出资 5 000 万元。

本验资报告仅供贵公司（筹）申请办理设立登记及据以向全体股东签发出资证明时使用，不应被视为是对贵公司（筹）验资报告日后资本保全、偿债能力和持续经营能力等的保证。因使用不当造成的后果，与本所及执行本验资业务的注册会计师无关。

附件：1. 注册资本实收情况明细表；
　　　2. 验资事项说明。

云南亚中会计师事务所
（盖章）

中国·昆明

中国注册会计师：林洋
（签名盖章）

中　国
注册会计师
林洋
41385028403

中国注册会计师：舍四海
（签名盖章）

中　国
注册会计师
舍四海
41385028408

2023 年 5 月 6 日

【资料 C】代编财务报表业务报告

代编财务报表业务报告

仁和股份有限公司：

在仁和股份有限公司管理层提供信息的基础上，我们按照《中国注册会计师相关服务准则第 4111 号——代编财务信息》的规定，代编了仁和股份有限公司 2023 年 12 月 31 日的资产负债表、2023 年度的利润表、股东权益变动表和现金流量表以及财务报表附注。

管理层对这些财务报表负责。我们未对这些财务报表进行审计或审阅，因此不对其提出鉴证结论。

云南莛中会计师事务所
（盖章）

中国注册会计师：林一峰
（签名盖章）

中国注册会计师
林一峰
41385025563

2024 年 1 月 3 日

中国·昆明

【资料 D】审阅报告

审阅报告

诚意股份有限公司全体股东：

我们审阅了后附的诚意股份有限公司（以下简称"诚意公司"）财务报表，包括 2023 年 12 月 31 日的资产负债表、2023 年度的利润表、股东权益变动表和现金流量表以及财务报表附注。这些财务报表的编制是诚意公司管理层的责任，我们的责任是在实施审阅工作的基础上对这些财务报表出具审阅报告。

我们按照《中国注册会计师审阅准则第 2101 号——财务报表审阅》的规定执行了审阅业务。该准则要求我们计划和实施审阅工作，以对财务报表是否不存在重大错报获取有限保证。审阅主要限于询问公司有关人员和对财务数据实施分析程序，提供的保证程度低于审计。我们没有实施审计，因而不发表审计意见。

根据我们的审阅，我们没有注意到任何事项使我们相信财务报表没有按照《企业会计准则》和《旅游、饮食服务企业会计制度》的规定编制，未能在所有重大方面公允反映被审阅单位的财务状况、经营成果和现金流量。

云南莛中会计师事务所
（盖章）

中国注册会计师：陈启
（签名盖章）

中国注册会计师
陈启
41635025569

中国注册会计师：赵毅
（签名盖章）

中国注册会计师
赵毅
42635025661

中国·昆明

2024 年 2 月 3 日

【实训要求】 判断上述背景单据所列示的报告中，哪些属于鉴证业务报告。

判断结果：＿＿＿＿＿＿＿＿＿＿＿＿＿＿＿＿＿＿＿＿＿＿＿＿＿＿＿＿＿＿＿＿

简要说明理由：＿＿＿＿＿＿＿＿＿＿＿＿＿＿＿＿＿＿＿＿＿＿＿＿＿＿＿＿＿

【案例资料2】 已知下列原始单据的相关信息。

A. 审计报告（保留意见）　　　B. 审阅报告

C. 内部控制审核报告　　　　　D. 审计报告（专项）

【资料A】保留意见审计报告（非标报告）

云南兰中会计师事务所

兰中审字〔2024〕第0003号

审计报告

天康股份有限公司全体股东：

一、对财务报表出具的审计报告

（一）保留意见

我们审计了天康股份有限公司（以下简称"天康公司"）财务报表，包括2023年12月31日的资产负债表，2023年度的利润表、现金流量表、股东权益变动表以及相关财务报表附注。

我们认为，除"形成保留意见的基础"部分所述事项的影响外，后附的财务报表在所有重大方面按照企业会计准则的规定编制，公允反映了天康公司2023年12月31日的财务状况以及2023年度的经营成果和现金流量。

（二）形成保留意见的基础

天康公司2023年12月31日的一笔长期股权投资500万元，由于天康公司要对该项长期股权投资进行转让而未进行计提投资减值准备。如果计提减值准备，天康公司的长期股权投资账面价值将减少50万元，净利润将减少37.50万元。

我们按照中国注册会计师审计准则的规定执行了审计工作。审计报告的"注册会计师对财务报表审计的责任"部分进一步阐述了我们在这些准则下的责任。按照中国注册会计师职业道德守则，我们独立于天康公司，并履行了职业道德方面的其他责任。我们相信，我们获取的审计证据是充分、适当的，为发表审计意见提供了基础。

（三）其他信息

天康公司管理层对其他信息负责。其他信息包括年度报告中除财务报表和本审计报告以外的信息。

我们对财务报表发表的审计意见不涵盖其他信息，我们也不对其他信息发表任何形式的鉴证结论。

结合我们对财务报表的审计，我们的责任是阅读其他信息，在此过程中，考虑其他信息是否与财务报表或我们在审计过程中了解到的情况存在重大不一致或者似乎存在重大错报。

(四）关键审计事项

天康公司拟进行转让的长期股权投资的减值准备的计提。如果计提减值准备，天康公司的长期股权投资账面价值将减少 50 万元，净利润将减少 37.50 万元。

(五）管理层和治理层对财务报表的责任

管理层负责按照企业会计准则的规定编制财务报表，使其实现公允反映，并设计、执行和维护必要的内部控制，以使财务报表不存在由于舞弊或错误导致的重大错报。

在编制财务报表时，管理层负责评估天康公司的持续经营能力，披露与持续经营相关的事项（如适用），并运用持续经营假设，除非管理层计划清算天康公司、停止营运或别无其他现实的选择。

治理层负责监督天康公司的财务报告过程。

(六）注册会计师对财务报表审计的责任

我们的目标是对财务报表整体是否不存在由于舞弊或错误导致的重大错报获取合理保证，并出具包含审计意见的审计报告。合理保证是高水平的保证，但并不能保证按照审计准则执行的审计在某一重大错报存在时总能发现。错报可能由舞弊或错误所导致，如果合理预期错报单独或汇总起来可能影响财务报表使用者依据财务报表做出的经济决策，则通常认为错报是重大的。

在按照审计准则执行审计的过程中，我们运用了职业判断，保持了职业怀疑。我们同时：

（1）识别和评估由于舞弊或错误导致的财务报表重大错报风险；对这些风险有针对性地设计和实施审计程序；获取充分、适当的审计证据，作为发表审计意见的基础。由于舞弊可能涉及串通、伪造、故意遗漏、虚假陈述或凌驾于内部控制之上，未能发现由于舞弊导致的重大错报的风险高于未能发现由于错误导致的重大错报的风险。

（2）了解与审计相关的内部控制，以设计恰当的审计程序，但目的并非对内部控制的有效性发表意见。

（3）评价管理层选用会计政策的恰当性和做出会计估计及相关披露的合理性。

（4）对管理层使用持续经营假设的恰当性得出结论。同时，根据获取的审计证据，就可能导致对天康公司持续经营能力产生重大疑虑的事项或情况是否存在重大不确定性得出结论。如果我们得出结论认为存在重大不确定性，审计准则要求我们在审计报告中提请报表使用者注意财务报表中的相关披露。如果披露不充分，我们应当发表非无保留意见。我们的结论基于审计报告日可获得的信息。然而，未来的事项或情况可能导致天康公司不能持续经营。

（5）评价财务报表的总体列报、结构和内容（包括披露），并评价财务报表是否公允反映相关交易和事项。

我们与治理层就计划的审计范围、时间安排和重大审计发现（包括我们在审计中识别的值得关注的内部控制缺陷）进行沟通。我们还就遵守关于独立性的相关职业道德要求向治理层提供声明，并就可能被合理认为影响我们独立性的所有关系和其他事项，以及相关的防范措施（如适用）与治理层进行沟通。

从与治理层沟通的事项中，我们确定哪些事项对本期财务报表审计最为重要，因而构成关键审计事项。我们在审计报告中描述这些事项，除非法律法规禁止公开披露这些事项，或在极其罕见的情形下，如果合理预期在审计报告中沟通某事项造成的负面后果超过在公众利益方面产生的益处，我们确定不应在审计报告中沟通该事项。

二、按照相关法律法规的要求报告的事项

无

云南注中会计师事务所
（盖章）

中国·昆明

中国注册会计师：李明启
（签名盖章）

中国注册会计师
李明启
41635025667

中国注册会计师：李国立
（签名盖章）

中国注册会计师
李国立
41635025659

报告日期：2024 年 3 月 10 日

【资料B】审阅报告

审阅报告

天龙股份有限公司全体股东：

我们审阅了后附的天龙股份有限公司（以下简称"天龙公司"）财务报表，包括2023年12月31日的资产负债表，2023年度的利润表、股东权益变动表和现金流量表以及财务报表附注。这些财务报表的编制是天龙公司管理层的责任，我们的责任是在实施审阅工作的基础上对这些财务报表出具审阅报告。

我们按照《中国注册会计师审阅准则第2101号——财务报表审阅》的规定执行了审阅业务。该准则要求我们计划和实施审阅工作，以对财务报表是否不存在重大错报获取有限保证。审阅主要限于询问公司有关人员和对财务数据实施分析程序，提供的保证程度低于审计。我们没有实施审计，因而不发表审计意见。

如财务报表附注所述，天龙公司在编制财务报表时对各合营企业的长期股权投资以成本法核算。根据企业会计准则的规定，天龙公司应当对各合营企业的长期股权投资采用权益法核算。

根据我们的审阅，由于受到前段所述事项的重大影响，财务报表未能按照《企业会计准则》和《企业会计制度》的规定编制。

腾达会计师事务所
（盖章）

中国·昆明

中国注册会计师：王天赐
（签名并盖章）

中国注册会计师
王天赐
47035025670

中国注册会计师：李永一
（签名并盖章）

中国注册会计师
李永一
47035025679

2024 年 2 月 12 日

【资料C】内部控制审核报告

内部控制审核报告

海威股份有限公司：

我们接受委托，审核了贵公司管理层对2023年9月20日与财务报表相关的内部控制有效性的认定。贵公司管理层的责任是建立健全内部控制并保持其有效性，我们的责任是对贵公司内部控制的有效性发表意见。

我们的审核是依据《内部控制审核指导意见》进行的。在审核过程中，我们实施了包括了解、测试和评价内部控制设计的合理性及运行的有效性，以及我们认为必要的其他程序。我们相信，我们的审核为发表意见提供了合理的基础。

内部控制具有固有限制，存在由于错误或舞弊而导致错报发生和未被发现的可能性。此外，由于情况的变化可能导致内部控制变得不恰当，或降低对控制政策、程序遵循的程度，根据内部控制评价结果推测未来内部控制有效性具有一定的风险。

在现金控制方面，贵公司只派一人同时负责了现金、银行日记账及应收应付的核销，极为容易导致现金的舞弊现象发生，而贵公司是零售行业，现金以及流动资金的控制是极为重要的。有效的内部控制能够为企业及时防止或发现财务报表中的重大错报提供合理保证，而上述重大缺陷使贵公司内部控制失去这一功能。

我们认为，由于上述内部控制的重大缺陷及其对实现控制目标的影响，贵公司未能按照《企业内部控制规范——基本规范》标准于2023年9月20日保持与财务报表相关的有效的内部控制。

仁信会计师事务所（公章）

中国注册会计师：赵正阳
（签名并盖章）

中国注册会计师
赵正阳
41035025609

中国注册会计师：曹东晓
（签名并盖章）

中国注册会计师
曹东晓
43035025679

地　　址：昆明市西山区前平南路19号

2023年10月14日

【资料D】审计报告

云南兰中会计师事务所

兰中审字〔2023〕第0022号

审计报告

清扬股份有限公司全体股东：

我们审计了清扬股份有限公司（以下简称"清扬公司"）2022年4月2日与图腾技术咨询服务有限公司（以下简称"图腾公司"）签订的《专利技术转让合同》所涉及的财务与会计规定的遵循情况。遵循这些财务与会计规定是清扬公司的责任，我们的责任是在实施审计工作的基础上对清扬公司是否遵循了上述《专利技术转让合同》所涉及的财务与会计规定发表审计意见。

我们按照中国注册会计师审计准则的规定执行了审计工作。中国注册会计师审计准则要求我们遵守职业道德规范，计划和实施审计工作以对清扬公司遵循该《专利技术转让合同》所涉及的财务与会计规定的遵循情况获取合理保证。审计工作涉及实施审计程序，以获取清扬公司遵循有关财务与会计规定的审计证据。我们相信，我们获取的审计证据是充分、适当的，为发表审计意见提供了基础。

根据清扬公司与图腾公司签订的《专利技术转让合同》的约定，我们获悉，清扬公司应当按当年 W 产品销售收入总额的 6%向图腾公司支付专利技术使用费。

我们认为，截至 2022 年 12 月 31 日，清扬公司在所有重大方面遵守了 2022 年 4 月 2 日与图腾公司签订的《专利技术转让合同》所涉及的财务与会计的规定。

本报告仅供清扬公司与图腾公司使用，不得用于其他目的。

云南兰中会计师事务所
（签章）

中国注册会计师：李明启
（签名盖章）

中　国
注册会计师
李明启
41635025667

中国注册会计师：李国立
（签名盖章）

中　国
注册会计师
李国立
41635025659

中国·昆明

2023 年 2 月 2 日

【实训要求】　判断上述背景单据所列示的报告中，哪些属于鉴证业务报告。

判断结果：＿＿＿＿＿＿＿＿＿＿＿＿＿＿＿＿＿＿＿＿＿＿＿＿＿＿＿＿＿＿＿＿＿＿＿

简要说明理由：＿＿＿＿＿＿＿＿＿＿＿＿＿＿＿＿＿＿＿＿＿＿＿＿＿＿＿＿＿＿＿＿

任务二　审计业务与非审计业务

知识链接

我国注册会计师执业准则建设经历了起步阶段（1980—1993 年）、制定准则阶段（1994—2004 年）和国际趋同阶段（2005 年至今）。中国注册会计师执业准则（2010 版）于 2010 年 11 月 1 日进行修订，标志着我国与国际惯例趋同的注册会计师执业准则体系正式建立。

中国注册会计师执业准则体系受注册会计师职业道德守则统御，包括注册会计师业务准则和会计师事务所质量控制准则。注册会计师业务准则包括鉴证业务准则和相关服务准则。

鉴证业务准则由鉴证业务基本准则统领，按照鉴证业务提供的保证程度和鉴证对象的不同，分为中国注册会计师审计准则、中国注册会计师审阅准则和中国注册会计师其他鉴证业务准则（以下分别简称"审计准则"、"审阅准则"和"其他鉴证业务准则"）。其中，审计准则是整个执业准则体系的核心。

审计准则，用以规范注册会计师执行历史财务信息的审计业务。在提供审计服务时，注册会计师对所审计信息是否不存在重大错报提供合理保证，并以积极方式提出结论。审计业务包括：审查企业会计报表，出具审计报告；验证企业资本，出具验资报告；办理企业合并、分立、清算事宜中的审计业务，出具有关的报告；法律、行政法规规定的其他审计业务。

审阅准则，用以规范注册会计师执行历史财务信息的审阅业务。在提供审阅服务时，注册会计师对所审阅信息是否不存在重大错报提供有限保证，并以消极方式提出结论。

其他鉴证业务准则，用以规范注册会计师执行历史财务信息审计或审阅以外的其他鉴证业务，根据鉴证业务的性质和业务约定的要求，提供有限保证或合理保证。如内部控制审核、预测性财务信息审核、网域认证和系统鉴证等。

实训目的

了解中国注册会计师执业准则体系的构成，能正确区分审计业务与非审计业务。

实训案例

【案例资料1】 已知下列原始单据的相关信息。

A. 验资报告　　　　　　　　　　B. 审计报告

C. 审阅报告　　　　　　　　　　D. 基本建设工程决算审核报告

【资料A】 验资报告

验资报告

图安有限责任公司（筹）：

　　我们接受委托，审验了贵公司（筹）截至2023年9月23日申请设立登记的注册资本实收情况。按照相关法律、法规以及协议、章程的要求出资，提供真实、合法、完整的验资资料，保护资产的安全、完整是全体股东及贵公司（筹）的责任。我们的责任是对贵公司（筹）注册资本的实收情况发表审验意见。我们的审验是依据《中国注册会计师审计准则第1602号——验资》进行的。在审验过程中，我们结合贵公司（筹）的实际情况，实施了检查等必要的审验程序。

　　根据协议、章程的规定，贵公司（筹）申请登记的注册资本为500万元，全体股东于2023年9月23日之前一次缴足。经我们审验，截至2023年9月23日，贵公司（筹）已收到全体股东缴纳的注册资本（实收资本）合计伍佰万元整（大写）。各股东以货币出资440万元，实物出资60万元。

　　本验资报告仅供贵公司（筹）申请办理设立登记及据以向全体股东签发出资证明时使用，不应被视为是对贵公司（筹）验资报告日后资本保全、偿债能力和持续经营能力等的保证。因使用不当造成的后果，与本所及执行本验资业务的注册会计师无关。

附件：1. 注册资本实收情况明细表；
2. 验资事项说明。

云南兰中会计师事务所
（签章）

中国·昆明

中国注册会计师：李明启
（签名盖章）

中　国
注册会计师
李明启
41635025667

中国注册会计师：李国立
（签名盖章）

中　国
注册会计师
李国立
41635025659

2023 年 9 月 26 日

【资料 B】审计报告

云南兰中会计师事务所

兰中审字〔2023〕第 0002 号

审计报告

诚和股份有限公司全体股东：

一、对财务报表出具的审计报告

（一）审计意见

我们审计了诚和股份有限公司（以下简称"诚和公司"）的财务报表，包括 2022 年 12 月 31 日的资产负债表，2022 年度的利润表、现金流量表和所有者权益变动表以及财务报表附注。

我们认为诚和公司财务报表在所有重大方面按照企业会计准则的规定编制，公允反映了诚和公司 2022 年 12 月 31 日的财务状况以及 2022 年度的经营成果和现金流量。

（二）形成审计意见的基础

我们按照中国注册会计师审计准则的规定执行了审计工作。审计报告的"注册会计师对财务报表审计的责任"部分进一步阐述了我们在这些准则下的责任。按照中国注册会计师职业道德守则，我们独立于诚和公司，并履行了职业道德方面的其他责任。我们相信，我们获取的审计证据是充分、适当的，为发表审计意见提供了基础。

（三）关键审计事项

2019 年度，诚和公司销售日化用品确认的主营业务收入为人民币 8 000.00 万元，主要为国内销售产生的收入。诚和公司对于国内销售的日化用品产生的收入是在商品所有权上的风险和报酬已转移至客户时确认的，根据销售合同约定，通常以日化用品运离诚和公司仓库作为销售收入的确认时点。由于收入是诚和公司的关键业绩指标之一，从而存在管理层为了达到特定目标或期望而操纵收入确认时点的固有风险，我们将诚和公司收入确认识别为关键审计事项。

（四）管理层和治理层对财务报表的责任

管理层负责按照企业会计准则的规定编制财务报表，使其实现公允反映，并设计、执行和维护必要的内部控制，以使财务报表不存在由于舞弊或错误导致的重大错报。在编制财务报表时，管理层负责评估诚和公司的持续经营能力，披露与持续经营相关的事项（如适用），并运用持续经营假设，除非管理层计划清算诚和公司、终止营运或别无其他现实的选择。

治理层负责监督诚和公司的财务报告过程。

（五）注册会计师对财务报表审计的责任

我们的目标是对财务报表整体是否不存在由于舞弊或错误导致的重大错报获取合理保证，并出具包含审计意见的审计报告。合理保证是高水平的保证，但并不能保证按照审计准则执行的审计在某一重大错报存在时总能发现。错报可能由舞弊或错误所导致，如果合理预期错报单独或汇总起来可能影响财务报表使用者依据财务报表做出的经济决策，则通常认为错报是重大的。

在按照审计准则执行审计的过程中，我们运用了职业判断，保持了职业怀疑。我们同时：

（1）识别和评估由于舞弊或错误导致的财务报表重大错报风险；对这些风险有针对性地设计和实施审计程序；获取充分、适当的审计证据，作为发表审计意见的基础。由于舞弊可能涉及串通、伪造、故意遗漏、虚假陈述或凌驾于内部控制之上，未能发现由于舞弊导致的重大错报的风险高于未能发现由于错误导致的重大错报的风险。

（2）了解与审计相关的内部控制，以设计恰当的审计程序，但目的并非对内部控制的有效性发表意见。

（3）评价管理层选用会计政策的恰当性和作出会计估计及相关披露的合理性。

（4）对管理层使用持续经营假设的恰当性得出结论。同时，根据获取的审计证据，就可能导致对诚和公司持续经营能力产生重大疑虑的事项或情况是否存在重大不确定性得出结论。如果我们得出结论认为存在重大不确定性，审计准则要求我们在审计报告中提请报表使用者注意财务报表中的相关披露。如果披露不充分，我们应当发表非无保留意见。我们的结论基于审计报告日可获得的信息。然而，未来的事项或情况可能导致诚和公司不能持续经营。

（5）评价财务报表的总体列报、结构和内容（包括披露），并评价财务报表是否公允反映相关交易和事项。

我们与治理层就计划的审计范围、时间安排和重大审计发现等事项进行沟通，包括沟通我们在审计中识别出的值得关注的内部控制缺陷。

我们还就遵守关于独立性的相关职业道德要求向治理层提供声明，并就可能被合理认为影响我们独立性的所有关系和其他事项，以及相关的防范措施（如适用）与治理层进行沟通。

从与治理层沟通的事项中，我们确定哪些事项对本期财务报表审计最为重要，因而构成关键审计事项。我们在审计报告中描述这些事项，除非法律法规禁止公开披露这些事项，或在极其罕见的情形下，如果合理预期在审计报告中沟通某事项造成的负面后果超过在公众利益方面产生的益处，我们确定不应在审计报告中沟通该事项。

二、按照相关法律法规的要求报告的事项

无

云南正中会计师事务所
（盖章）

中国·昆明

中国注册会计师：陈启
（签名并盖章）

中 国
注册会计师
陈启
41635025569

中国注册会计师：赵毅
（签名并盖章）

中 国
注册会计师
赵毅
42635025661

2023 年 2 月 14 日

【资料 C】审阅报告

审阅报告

天宜股份有限公司全体股东：

　　我们审阅了后附的天宜股份有限公司（以下简称"天宜公司"）财务报表，包括 2023 年 12 月 31 日的资产负债表，2023 年度的利润表、股东权益变动表和现金流量表以及财务报表附注。这些财务报表的编制是天宜公司管理层的责任，我们的责任是在实施审阅工作的基础上对这些财务报表出具审阅报告。

　　我们按照《中国注册会计师审阅准则第 2101 号——财务报表审阅》的规定执行了审阅业务。该准则要求我们计划和实施审阅工作，以对财务报表是否不存在重大错报获取有限保证。审阅主要限于询问公司有关人员和对财务数据实施分析程序，提供的保证程度低于审计。我们没有实施审计，因而不发表审计意见。

　　根据我们的审阅，我们没有注意到任何事项使我们相信财务报表没有按照《企业会计准则》和《企业会计制度》的规定编制，未能在所有重大方面公允反映被审阅单位的财务状况、经营成果和现金流量。

云南正中会计师事务所
（盖章）

中国·昆明

中国注册会计师：李明启
（签名并盖章）

中 国
注册会计师
李明启
41635025667

中国注册会计师：李国立
（签名并盖章）

中 国
注册会计师
李国立
41635025659

2024 年 2 月 4 日

【资料 D】基本建设工程决算审核报告

基本建设工程决算审核报告

腾达股份有限公司全体股东：

　　我们接受委托，对昆建三局于 2022 年至 2023 年组织建设、云南第五建设基建公司承建的厂房改建工程的《基本建设项目竣工财务决算表》进行了审核。该工程由腾达股份有限公司验收质量合格。上述《基本建设项目竣工财务决算表》由云南第五建设基建公司负责，我们的责任是对其发表审核意见。我们的审核是依据财政部《会计师事务所从事基本建设工程预算、结算、决算审核暂行办法》进行的。在审核过程中，我们结合云南第五建设基建公司实际情况，实施了包括抽查会计记录、决算编制资料等我们认为必要的审核程序。

厂房改建工程建设资金 790 万元，由云南省财政厅拨入，工程总支出 830 万元。资金超支 40 万元，与概算 820 万元相比，超支 10 万元，已拨付施工单位工程价款 630 万元，无尾留工程，交付使用资产 830 万元。

天诚会计师事务所（公章）

地址：安宁市人民路 18 号

中国注册会计师（签章）：李路珊

造价工程师（签章）：王亮

2024 年 1 月 2 日

中国注册会计师 李路珊 440350256761

中国注册会计师 王亮 440350256661

【实训要求】 判断上述背景单据所列示的报告中，哪一项属于财务报表审计业务报告。

判断结果：_____

简要说明理由：_____

【案例资料 2】 已知下列原始单据的相关信息为三家会计师事务所出具的业务报告。

A. 审核报告　　　B. 验资报告　　　C. 审计报告

【资料 A】审核报告

审核报告

天兴股份有限公司：

我们审核了后附的天兴股份有限公司（以下简称"天兴公司"）编制的预测（预测 2023 年度销售收入额）。我们的审核依据是《中国注册会计师其他鉴证业务准则第 3111 号——预测性财务信息的审核》。天兴公司管理层对该预测及其所依据的各项假设负责。这些假设已在附注中披露。

如预测性财务信息附注"编制所依据的重要假设"所述，贵公司管理层预测 2023 年度的销售收入额将在 2 000 万元和 3 000 万元之间，而没有对 2023 年度的销售收入额做出一个单点估计。该预测区间是基于天兴公司管理层关于天兴公司的产品市场占有率处于 15% 和 22% 之间的估计而得出的。相应地，本报告后附的 2023 年度预测财务报表也反映了当天兴公司产品的预期市场占有率处于该区间内时，贵公司 2023 年 12 月 31 日的预期财务状况以及 2023 年度的预期经营成果和现金流量。但是，我们对于天兴公司产品 2023 年度的实际市场占有率是否处于 15% 至 22% 之间不提供任何保证。

根据我们对支持这些假设的证据的审核，我们没有注意到任何事项使我们认为这些假设没有为预测提供合理基础。而且，我们认为，该预测是在这些假设的基础上恰当编制的，并按照预测性财务信息编制基础的规定进行了列报。

由于预期事项通常并非如预期那样发生，并且变动可能重大，实际结果可能与预测性财务信息存在差异。

中国·昆明

中国注册会计师：陈思函

（签名并盖章）

中 国
注册会计师
陈思函
400350256763

中国注册会计师：王明刚

（签名并盖章）

中 国
注册会计师
王明刚
430350256765

2024年3月12日

【资料B】验资报告

验资报告

福莱有限责任公司（筹）：

我们接受委托，审验了贵公司（筹）截至2023年9月3日申请设立登记的注册资本实收情况。按照相关法律、法规以及协议、章程的要求出资，提供真实、合法、完整的验资资料，保护资产的安全、完整是全体股东及贵公司的责任。我们的责任是对贵公司注册资本的实收情况发表审验意见。我们的审验是依据《中国注册会计师审计准则第1602号——验资》进行的。在审验过程中，我们结合贵公司的实际情况，实施了检查等必要的审验程序。

根据协议、章程的规定，贵公司申请登记的注册资本为人民币3 000万元，全体股东于2023年9月3日之前一次缴足。经我们审验，截至2023年9月3日，贵公司（筹）已收到全体股东缴纳的注册资本（实收资本）合计人民币叁仟万元整（大写）。各股东以货币出资人民币2 400万元，实物出资人民币500万元，知识产权出资人民币50万，土地使用权出资人民币50万元。

本验资报告仅供贵公司申请办理设立登记及据以向全体股东签发出资证明时使用，不应被视为是对贵公司验资报告日后资本保全、偿债能力和持续经营能力等的保证。因使用不当造成的后果，与本所及执行本验资业务的注册会计师无关。

附件：1. 注册资本实收情况明细表；
　　　2. 验资事项说明。

中国·昆明

中国注册会计师：李根基

（签名盖章）

中 国
注册会计师
李根基
460350256778

中国注册会计师：王强

（签名盖章）

中 国
注册会计师
王强
460350256778

2023年9月4日

【资料C】 审计报告

正达会计师事务所

正达审字〔2024〕第 0012 号

审计报告

沧源股份有限公司全体股东：

一、对财务报表出具的审计报告

（一）审计意见

我们审计了沧源股份有限公司（以下简称"沧源公司"）的财务报表，包括 2023 年 12 月 31 日的资产负债表，2023 年度的利润表、现金流量表和所有者权益变动表以及财务报表附注。

我们认为沧源公司财务报表在所有重大方面按照企业会计准则的规定编制，公允反映了沧源公司 2023 年 12 月 31 日的财务状况以及 2023 年度的经营成果和现金流量。

（二）形成审计意见的基础

我们按照中国注册会计师审计准则的规定执行了审计工作。审计报告的"注册会计师对财务报表审计的责任"部分进一步阐述了我们在这些准则下的责任。按照中国注册会计师职业道德守则，我们独立于沧源公司，并履行了职业道德方面的其他责任。我们相信，我们获取的审计证据是充分、适当的，为发表审计意见提供了基础。

（三）关键审计事项

2023 年度，沧源公司销售医疗器械确认的主营业务收入为人民币 8 000.00 万元，主要为国内销售产生的收入。沧源公司对于国内销售的医疗器械产生的收入是在商品所有权上的风险和报酬已转移至客户时确认的，根据销售合同约定，通常以医疗器械运离沧源公司仓库作为销售收入的确认时点。由于收入是沧源公司的关键业绩指标之一，从而存在管理层为了达到特定目标或期望而操纵收入确认时点的固有风险，我们将沧源公司收入确认识别为关键审计事项。

（四）管理层和治理层对财务报表的责任

管理层负责按照企业会计准则的规定编制财务报表，使其实现公允反映，并设计、执行和维护必要的内部控制，以使财务报表不存在由于舞弊或错误导致的重大错报。在编制财务报表时，管理层负责评估沧源公司的持续经营能力，披露与持续经营相关的事项（如适用），并运用持续经营假设，除非管理层计划清算沧源公司、终止营运或别无其他现实的选择。

治理层负责监督沧源公司的财务报告过程。

（五）注册会计师对财务报表审计的责任

我们的目标是对财务报表整体是否不存在由于舞弊或错误导致的重大错报获取合理保证，并出具包含审计意见的审计报告。合理保证是高水平的保证，但不能保证按照审计准则执行的审计在某一重大错报存在时总能发现。错报可能由舞弊或错误所导致，如果合理预期错报单独或汇总起来可能影响财务报表使用者依据财务报表做出的经济决策，则通常认为错报是重大的。

在按照审计准则执行审计的过程中，我们运用了职业判断，保持了职业怀疑。我们同时：

（1）识别和评估由于舞弊或错误导致的财务报表重大错报风险；对这些风险有针对性地设计和实施审计程序；获取充分、适当的审计证据，作为发表审计意见的基础。由于舞弊可能涉及串通、伪造、故意遗漏、虚假陈述或凌驾于内部控制之上，未能发现由于舞弊导致的重大错报的风险高于未能发现由于错误导致的重大错报的风险。

（2）了解与审计相关的内部控制，以设计恰当的审计程序，但目的并非对内部控制的有效性发表意见。

（3）评价管理层选用会计政策的恰当性和做出会计估计及相关披露的合理性。

（4）对管理层使用持续经营假设的恰当性得出结论。同时，根据获取的审计证据，就可能导致对沧源公司持续经营能力产生重大疑虑的事项或情况是否存在重大不确定性得出结论。如果我们得出结论认为存在重大不确定性，审计准则要求我们在审计报告中提请报表使用者注意财务报表中的相关披露。如果披露不充分，我们应当发表非无保留意见。我们的结论基于审计报告日可获得的信息。然而，未来的事项或情况可能导致沧源公司不能持续经营。

（5）评价财务报表的总体列报、结构和内容（包括披露），并评价财务报表是否公允反映相关交易和事项。

我们与治理层就计划的审计范围、时间安排和重大审计发现等事项进行沟通，包括沟通我们在审计中识别出的值得关注的内部控制缺陷。

我们还就遵守关于独立性的相关职业道德要求向治理层提供声明，并就可能被合理认为影响我们独立性的所有关系和其他事项，以及相关的防范措施（如适用）与治理层进行沟通。

从与治理层沟通的事项中，我们确定哪些事项对本期财务报表审计最为重要，因而构成关键审计事项。我们在审计报告中描述这些事项，除非法律法规禁止公开披露这些事项，或在极其罕见的情形下，如果合理预期在审计报告中沟通某事项造成的负面后果超过在公众利益方面产生的益处，我们确定不应在审计报告中沟通该事项。

二、按照相关法律法规的要求报告的事项

无

正达会计师事务所
（盖章）

中国·安宁

中国注册会计师：张清
（签名并盖章）

中国
注册会计师
张清
470350256733

中国注册会计师：李孟
（签名并盖章）

中国
注册会计师
李孟
470350256734

2024年2月19日

【实训要求】 相对而言，试问哪一家会计师事务所出具的报告，注册会计师承担的风险最小？

判断结果：

简要说明理由：_____

任务三　基于责任方认定的业务与直接报告业务

知识链接

鉴证业务分为基于责任方认定的业务和直接报告业务。

在基于责任方认定的业务中，责任方对鉴证对象进行评价或计量，鉴证对象信息以责任方认定的形式为预期使用者获取。例如，在财务报表审计中，被审计单位管理层（责任方）对财务状况、经营成果和现金流量（鉴证对象）进行确认、计量和列报（评价或计量）而形成的财务报表（鉴证对象信息）即为责任方的认定，该财务报表可为预期使用者获取。注册会计师针对财务报表出具审计报告，这种业务属于基于责任方认定的业务。

在直接报告业务中，注册会计师直接对鉴证对象进行评价或计量，或者从责任方获取对鉴证对象评价或计量的认定，而该认定无法为预期使用者获取，预期使用者只能通过阅读鉴证报告获取鉴证对象信息。例如，在内部控制鉴证业务中，注册会计师可能无法从管理层（责任方）获取其对内部控制有效性的评价报告（责任方认定），或虽然注册会计师能够获取该报告，但预期使用者无法获取该报告，注册会计师直接对内部控制的有效性（鉴证对象）进行评价并出具鉴证报告，预期使用者只能通过阅读该鉴证报告获得内部控制有效性的信息（鉴证对象信息）。

通过对比基于责任方认定的业务和直接报告业务，二者的区别主要表现在以下四个方面。

（1）预期使用者获取鉴证对象信息的方式不同。

在基于责任方认定的业务中，预期使用者可以直接获取鉴证对象信息（责任方认定），而不一定要通过阅读鉴证报告；在直接报告业务中，可能不存在责任方认定，即便存在，该认定也无法为预期使用者所获取。

（2）注册会计师提出结论的对象不同。

在基于责任方认定的业务中，注册会计师提出结论的对象可能是责任方认定，也可能是鉴证对象。此类业务的逻辑顺序是：首先，责任方按照标准对鉴证对象进行评价和计量，形成责任方认定，注册会计师获取该认定；然后，注册会计师根据适当的标准对鉴证对象再次进行评价和计量，并将结果与责任方认定进行比较；最后，注册会计师针对责任方认定提出鉴证结论或直接针对鉴证对象提出结论。在直接报告业务中，无论责任方认定是否存在、注册会计师能否获取该认定，注册会计师在鉴证报告中都将直接对鉴证对象提出结论。

（3）责任方的责任不同。

在基于责任方认定的业务中，由于责任方已经将既定标准应用于鉴证对象，形成了鉴证对象信息（责任方认定），因此，责任方应当对鉴证对象信息负责。责任方可能同时也要对鉴证对象负责。例如，在财务报表审计中，被审计单位管理层既要对财务报表（鉴证对象信息）负责，也要对财务状况、经营成果和现金流量（鉴证对象）负责。在直接报告业务中，无论注册会计师是否获取了责任方认定，鉴证报告中都不体现责任方的认定，责任方仅需要对鉴证对象负责。

（4）鉴证报告的内容和格式不同。

在基于责任方认定的业务中，鉴证报告的引言段通常会提供责任方认定的相关信息，进而说明其所执行的鉴证程序并提出鉴证结论。在直接报告业务中，注册会计师直接说明鉴证对象、执行的鉴证程序并提出鉴证结论。

实训目的

能正确区分基于责任方认定的业务和直接报告业务。

实训案例

【案例资料1】 注册会计师王平认为，社会公众、政府等关于企业的信息几乎都是通过会计师事务所出具的业务报告获得的，而没有其他的渠道了解企业的信息，该看法虽然具有片面性，但是有些直接报告业务确实符合该注册会计师的看法。已知下列原始单据信息。

A. 验资报告　　　　B. 审计报告　　　　C. 审阅报告

【资料A】验资报告

验资报告

科新有限责任公司（筹）：

  我们接受委托，审验了贵公司（筹）截至2023年9月20日申请设立登记的注册资本首次实收情况。按照法律、法规以及协议、章程的要求出资，提供真实、合法、完整的验资资料，保护资产的安全、完整是全体股东及贵公司（筹）的责任。我们的责任是对贵公司（筹）注册资本的首次实收情况发表审验意见。我们的审验是依据《中国注册会计师审计准则第1602号——验资》进行的。在审验过程中，我们结合贵公司（筹）的实际情况，实施了检查等必要的审验程序。

  根据协议、章程的规定，贵公司（筹）申请登记的注册资本为人民币600万元，由全体股东分3期于2023年12月31日之前缴足。本次出资为首次出资，出资额为人民币300万元，应由王芳和李宁于2023年9月20日之前缴纳。经我们审验，截至2023年9月20日，贵公司（筹）已收到王强和李武首次缴纳的注册资本（实收资本）合计人民币叁佰万元。各股东以货币出资180万元，实物出资120万元。

  本验资报告仅供贵公司（筹）申请设立登记及据以向全体股东签发出资证明时使用，不应被视为是对贵公司（筹）验资报告日后资本保全、偿债能力和持续经营能力等的保证。因使用不当造成的后果，与执行本验资业务的注册会计师及本会计师事务所无关。

附件：1. 本期注册资本实收情况明细表；
　　　2. 验资事项说明。

中国·安宁

中国注册会计师：郑华

（签名并盖章）

中国
注册会计师
郑华
420350256739

中国注册会计师：张华昌

（签名并盖章）

中国
注册会计师
张华昌
420350256636

2023 年 9 月 31 日

【资料 B】 审计报告

佳全会计师事务所

佳全审字〔2024〕第 0003 号

审计报告

天勤合伙企业全体合伙人：

　　我们审计了后附的天勤合伙企业按照所得税基础编制的财务报表，包括 2023 年 12 月 31 日的以所得税为基础编制的资产负债表、2023 年度的以所得税为基础编制的收入和费用表以及财务报表附注。这些财务报表的编制是天勤合伙企业管理层的责任，我们的责任是在实施审计工作的基础上对这些财务报表发表审计意见。

　　我们按照中国注册会计师审计准则的规定执行了审计工作。中国注册会计师审计准则要求我们遵守职业道德规范，计划和实施审计工作以对这些财务报表是否不存在重大错报获取合理保证。审计工作涉及实施审计程序，以获取有关财务报表金额和披露的证据。选择的审计程序取决于我们的判断，包括对由于舞弊或错误导致的财务报表重大错报风险的评估。在进行风险评估时，我们考虑与财务报表编制相关的内部控制，以设计恰当的审计程序，但目的并非对内部控制的有效性发表意见。审计工作还包括评价管理层选用会计政策的恰当性和做出会计估计的合理性，以及评价财务报表的总体列报。我们相信，我们获取的审计证据是充分、适当的，为发表审计意见提供了基础。

　　我们认为，天勤合伙企业上述财务报表已经按照所得税基础编制，在所有重大方面公允反映了天勤合伙企业 2023 年 12 月 31 日的财务状况以及 2023 年度的收入和费用情况。

　　天勤合伙企业上述财务报表是为了满足纳税申报的需要按照所得税基础编制的，不适用于其他目的。因此，本报告仅供天勤合伙企业以及税务机关使用，不得用于其他目的。

中国·昆明

中国注册会计师：王飞

（签名并盖章）

中国
注册会计师
王飞
432350256768

中国注册会计师：张天海

（签名并盖章）

中国
注册会计师
张天海
436350256765

2024 年 2 月 20 日

【资料C】 审阅报告

审阅报告

丽宣股份有限公司全体股东：

  我们审阅了后附的丽宣股份有限公司（以下简称"丽宣公司"）财务报表，包括2023年12月31日的资产负债表，2023年度的利润表、股东权益变动表和现金流量表以及财务报表附注。这些财务报表的编制是丽宣公司管理层的责任，我们的责任是在实施审阅工作的基础上对这些财务报表出具审阅报告。

  我们按照《中国注册会计师审阅准则第2101号——财务报表审阅》的规定执行了审阅业务。该准则要求我们计划和实施审阅工作，以对财务报表是否不存在重大错报获取有限保证。审阅主要限于询问公司有关人员和对财务数据实施分析程序，提供的保证程度低于审计。我们没有实施审计，因而不发表审计意见。

  如财务报表附注所述，丽宣公司在编制财务报表时对各合营企业的长期股权投资以成本法核算。根据企业会计准则的规定，丽宣公司应当对各合营企业的长期股权投资采用权益法核算。

  根据我们的审阅，由于受到前段所述事项的重大影响，财务报表未能按照《企业会计准则》和《企业会计制度》的规定编制。

亚达会计师事务所
（盖章）

中国·昆明

中国注册会计师：夏汪洋
（签名并盖章）

中　国
注册会计师
夏汪洋
481350256790

中国注册会计师：陈永和
（签名并盖章）

中　国
注册会计师
陈永和
430350256333

2024年2月12日

【实训要求】

上述3份报告中，哪一份验证了注册会计师王平的看法？

判断结果：＿＿＿＿＿＿＿＿＿＿＿＿＿＿＿＿＿＿＿＿＿＿＿＿＿＿＿＿＿＿＿＿＿＿

简要说明理由：＿＿＿＿＿＿＿＿＿＿＿＿＿＿＿＿＿＿＿＿＿＿＿＿＿＿＿＿＿＿＿

【案例资料2】 下面是天星会计师事务所出具的一份关于美邦股份有限公司的内部控制审核报告，美邦股份有限公司原来并未自行对本公司的内部控制进行评估。

内部控制审核报告

美邦股份有限公司：

  我们接受委托，审核了贵公司管理层对2023年10月19日与财务报表相关的内部控制有效性的认定。贵公司管理层的责任是建立健全内部控制并保持其有效性，我们的责任是对贵公司内部控制的有效性发表意见。

我们的审核是依据《内部控制审核指导意见》进行的。在审核过程中，我们实施了包括了解、测试和评价内部控制设计的合理性及执行的有效性，以及我们认为必要的其他程序。我们相信，我们的审核为发表意见提供了合理的基础。

内部控制具有固有限制，存在由于错误或舞弊而导致错报发生和未被发现的可能性。此外，由于情况的变化可能导致内部控制变得不恰当，或降低对控制政策、程序遵循的程度，根据内部控制评价结果推测未来内部控制有效性具有一定的风险。

我们认为，贵公司按照《企业内部控制基本规范》标准于 2023 年 10 月 19 日在所有重大方面保持了与会计报表相关的有效的内部控制。

南田会计师事务所
（盖章）

中国注册会计师：吴一信
（签名并盖章）

中国
注册会计师
吴一信
437350256339

中国注册会计师：张太康
（签名并盖章）

中国
注册会计师
张太康
637350256328

中国·昆明

2023 年 10 月 20 日

【实训要求】　根据该报告内容，你认为对该公司内部控制有效性负责的是（　　）。

A. 天星会计师事务所　　　　　　　B. 美邦股份有限公司管理层

判断结果：_____

简要说明理由：_____

任务四　合理保证与有限保证

知识链接

鉴证业务按保证程度分为合理保证和有限保证。合理保证的保证水平要高于有限保证的保证水平。

合理保证的鉴证业务的目标是注册会计师将鉴证业务风险降至该业务环境下可接受的低水平，以此作为以积极方式提出结论的基础。例如历史财务信息审计。在合理保证的鉴证业务中，注册会计师应当以积极方式提出结论，通常在报告中的表述形式为："我们认为，根据××标准，内部控制在所有重大方面是有效的"或"我们认为，责任方做出的'根据××标准，内部控制在所有重大方面是有效的'这一认定是公允的"。

有限保证的鉴证业务的目标是注册会计师将鉴证业务风险降至该业务环境下可接受的水平，以此作为以消极方式提出结论的基础。例如历史财务信息审阅。在有限保证的鉴证业务中，注册会计师应当以消极方式提出结论，通常在报告中的表述形式为："基于本报告所述的工作,我们没有注意到任何事项使我们相信,根据××标准,××系统在任何重大方面是无效的"或"基于本报告所述的工作,我们没有注意到任何事项使我们相信,责任方做出的'根据××标准,××系统在所有重大方面是有效的'这一认定是不公允的"。

● 实训目的

正确理解合理保证和有限保证的保证程度。

● 实训案例

【案例资料1】 王强是中信证券的基金经理,他刚刚看上两家公司的股票,由于初次接触这两家公司,他对二者的财务状况和经营状况都不了解,他决定信赖会计师事务所的报告来决定投资于哪家公司。已知来自会计师事务所的两份报告。

A. 审计报告　　　　　　　　B. 审阅报告

【资料A】审阅报告

山茶会计师事务所

山茶审字〔2024〕第 0003 号

审计报告

华源股份有限公司全体股东:

一、对财务报表出具的审计报告

(一)审计意见

我们审计了华源股份有限公司(以下简称"华源公司")的财务报表,包括 2023 年 12 月 31 日的资产负债表,2023 年度的利润表、现金流量表和所有者权益变动表以及财务报表附注。

我们认为华源公司财务报表在所有重大方面按照企业会计准则的规定编制,公允反映了华源公司 2023 年 12 月 31 日的财务状况以及 2023 年度的经营成果和现金流量。

(二)形成审计意见的基础

我们按照中国注册会计师审计准则的规定执行了审计工作。审计报告的"注册会计师对财务报表审计的责任"部分进一步阐述了我们在这些准则下的责任。按照中国注册会计师职业道德守则,我们独立于华源公司,并履行了职业道德方面的其他责任。我们相信,我们获取的审计证据是充分、适当的,为发表审计意见提供了基础。

(三)关键审计事项

2023 年度,华源公司销售家用电器确认的主营业务收入为人民币 10 000.00 万元,主要为国内销售产生的收入。华源公司对国内销售的家用电器产生的收入是在商品所有权上的风险和报酬已转移至客户时确认的,根据销售合同约定,通常以家用电器运离华源公司仓库作为销售收入的确认时点。由于收入是华源公司的关键业绩指标之一,从而存在管理层为了达到特定目标或期望而操纵收入确认时点的固有风险,我们将华源公司收入确认识别为关键审计事项。

（四）管理层和治理层对财务报表的责任

管理层负责按照企业会计准则的规定编制财务报表，使其实现公允反映，并设计、执行和维护必要的内部控制，以使财务报表不存在由于舞弊或错误导致的重大错报。在编制财务报表时，管理层负责评估华源公司的持续经营能力，披露与持续经营相关的事项（如适用），并运用持续经营假设，除非管理层计划清算华源公司、终止营运或别无其他现实的选择。

治理层负责监督华源公司的财务报告过程。

（五）注册会计师对财务报表审计的责任

我们的目标是对财务报表整体是否不存在由于舞弊或错误导致的重大错报获取合理保证，并出具包含审计意见的审计报告。合理保证是高水平的保证，但并不能保证按照审计准则执行的审计在某一重大错报存在时总能发现。错报可能由舞弊或错误所导致，如果合理预期错报单独或汇总起来可能影响财务报表使用者依据财务报表做出的经济决策，则通常认为错报是重大的。

在按照审计准则执行审计的过程中，我们运用了职业判断，保持了职业怀疑。我们同时：

（1）识别和评估由于舞弊或错误导致的财务报表重大错报风险；对这些风险有针对性地设计和实施审计程序；获取充分、适当的审计证据，作为发表审计意见的基础。由于舞弊可能涉及串通、伪造、故意遗漏、虚假陈述或凌驾于内部控制之上，未能发现由于舞弊导致的重大错报的风险高于未能发现由于错误导致的重大错报的风险。

（2）了解与审计相关的内部控制，以设计恰当的审计程序，但目的并非对内部控制的有效性发表意见。

（3）评价管理层选用会计政策的恰当性和做出会计估计及相关披露的合理性。

（4）对管理层使用持续经营假设的恰当性得出结论。同时，根据获取的审计证据，就可能导致对华源公司持续经营能力产生重大疑虑的事项或情况是否存在重大不确定性得出结论。如果我们得出结论认为存在重大不确定性，审计准则要求我们在审计报告中提请报表使用者注意财务报表中的相关披露。如果披露不充分，我们应当发表非无保留意见。我们的结论基于审计报告日可获得的信息。然而，未来的事项或情况可能导致华源公司不能持续经营。

（5）评价财务报表的总体列报、结构和内容（包括披露），并评价财务报表是否公允反映相关交易和事项。

我们与治理层就计划的审计范围、时间安排和重大审计发现等事项进行沟通，包括沟通我们在审计中识别出的值得关注的内部控制缺陷。

我们还就遵守关于独立性的相关职业道德要求向治理层提供声明，并就可能被合理认为影响我们独立性的所有关系和其他事项，以及相关的防范措施（如适用）与治理层进行沟通。

从与治理层沟通的事项中，我们确定哪些事项对本期财务报表审计最为重要，因而构成关键审计事项。我们在审计报告中描述这些事项，除非法律法规禁止公开披露这些事项，或在极其罕见的情形下，如果合理预期在审计报告中沟通某事项造成的负面后果超过在公众利益方面产生的益处，我们确定不应在审计报告中沟通该事项。

二、按照相关法律法规的要求报告的事项

无

山茶会计师事务所
（盖章）

中国·昆明

中国注册会计师：马一蒙

（签名并盖章）

中国
注册会计师
马一蒙
537350256311

中国注册会计师：杨虹钦

（签名并盖章）

中国
注册会计师
杨虹钦
567350256381

2024 年 2 月 19 日

【资料 B】 审阅报告

审阅报告

长朋股份有限公司全体股东：

我们审阅了后附的长朋股份有限公司（以下简称"长朋公司"）财务报表，包括 2023 年 12 月 31 日的资产负债表，2023 年度的利润表、股东权益变动表和现金流量表以及财务报表附注。这些财务报表的编制是长朋公司管理层的责任，我们的责任是在实施审阅工作的基础上对这些财务报表出具审阅报告。

我们按照《中国注册会计师审阅准则第 2101 号——财务报表审阅》的规定执行了审阅业务。该准则要求我们计划和实施审阅工作，以对财务报表是否不存在重大错报获取有限保证。审阅主要限于询问长朋公司有关人员和对财务数据实施分析程序，提供的保证程度低于审计。我们没有实施审计，因而不发表审计意见。

根据我们的审阅，我们没有注意到任何事项使我们相信财务报表没有按照《企业会计准则》和《企业会计制度》的规定编制，未能在所有重大方面公允反映被审阅单位的财务状况、经营成果和现金流量。

山茶会计师事务所
（盖章）

中国·昆明

中国注册会计师：夏明

（签名并盖章）

中国
注册会计师
夏明
530350256366

中国注册会计师：林波

（签名并盖章）

中国
注册会计师
林波
530350256322

2024 年 2 月 26 日

【实训要求】 假设在同等条件下，你认为王强选择哪家公司承担的风险较小（哪家的会计师事务所报告给予的保证程度较高）？

A. 华源股份有限公司　　　　　　B. 长朋股份有限公司

判断结果：_____

简要说明理由：_____

【案例资料 2】 已知下列两份报告的相关资料。

A. 审阅报告 B. 审计报告

【资料 A】 审阅报告

审阅报告

新兴股份有限公司全体股东：

我们审阅了后附的新兴股份有限公司（以下简称"新兴公司"）财务报表，包括 2023 年 12 月 31 日的资产负债表，2023 年度的利润表、股东权益变动表和现金流量表以及财务报表附注。这些财务报表的编制是新兴公司管理层的责任，我们的责任是在实施审阅工作的基础上对这些财务报表出具审阅报告。

我们按照《中国注册会计师审阅准则第 2101 号——财务报表审阅》的规定执行了审阅业务。该准则要求我们计划和实施审阅工作，以对财务报表是否不存在重大错报获取有限保证。审阅主要限于询问公司有关人员和对财务数据实施分析程序，提供的保证程度低于审计。我们没有实施审计，因而不发表审计意见。

新兴公司管理层告知我们，存货以高于可变现净值的成本计价。由新兴公司管理层编制并经过我们审阅的计算表显示，如果根据《企业会计准则》规定的成本与可变现净值孰低法计价，存货的账面价值将减少 18 万元，净利润和股东权益将减少 13 万元。

根据我们的审阅，除了上述存货价值高估所造成的影响外，我们没有注意到任何事项使我们相信财务报表没有按照适用的会计准则和相关会计制度的规定编制，未能在所有重大方面公允反映被审阅单位的财务状况、经营成果和现金流量。

山茶会计师事务所
（盖章）

中国注册会计师：王战锋
（签名并盖章）

中国注册会计师
王战锋
630350256327

中国注册会计师：李昭
（签名并盖章）

中国注册会计师
李昭
330350256321

中国·昆明

2024 年 2 月 4 日

【资料 B】审计报告

山茶会计师事务所

山茶审字〔2024〕第 0003 号

审计报告

新安股份有限公司全体股东：

一、对财务报表出具的审计报告

（一）保留意见

我们审计了新安股份有限公司（以下简称"新安公司"）财务报表，包括 2023 年 12 月 31 日的资产负债表，2023 年度的利润表、现金流量表、股东权益变动表以及相关财务报表附注。

我们认为，除"形成保留意见的基础"部分所述事项的影响外，后附的财务报表在所有重大方面按照企业会计准则的规定编制，公允反映了新安公司 2023 年 12 月 31 日的财务状况以及 2023 年度的经营成果和现金流量。

（二）形成保留意见的基础

新安公司 2023 年 12 月 31 日的应收账款余额 370 万元，占资产总额的 20%。由于新安公司未能提供债务人地址，我们无法实施函证以及其他替代审计程序，以获取充分、适当的审计证据。

我们按照中国注册会计师审计准则的规定执行了审计工作。审计报告的"注册会计师对财务报表审计的责任"部分进一步阐述了我们在这些准则下的责任。按照中国注册会计师职业道德守则，我们独立于新安公司，并履行了职业道德方面的其他责任。我们相信，我们获取的审计证据是充分、适当的，为发表审计意见提供了基础。

（三）其他信息

新安公司管理层对其他信息负责。其他信息包括年度报告中除财务报表和本审计报告以外的信息。

我们对财务报表发表的审计意见不涵盖其他信息，我们也不对其他信息发表任何形式的鉴证结论。

结合我们对财务报表的审计，我们的责任是阅读其他信息，在此过程中，考虑其他信息是否与财务报表或我们在审计过程中了解到的情况存在重大不一致或者似乎存在重大错报。

（四）关键审计事项

新安公司 2023 年 12 月 31 日的应收账款余额 370 万元，占资产总额的 20%。由于新安公司未能提供债务人地址，我们无法实施函证以及其他替代审计程序，以获取充分、适当的审计证据。

（五）管理层和治理层对财务报表的责任

管理层负责按照企业会计准则的规定编制财务报表，使其实现公允反映，并设计、执行和维护必要的内部控制，以使财务报表不存在由于舞弊或错误导致的重大错报。

在编制财务报表时，管理层负责评估新安公司的持续经营能力，披露与持续经营相关的事项（如适用），并运用持续经营假设，除非管理层计划清算新安公司、停止营运或别无其他现实的选择。

治理层负责监督新安公司的财务报告过程。

（六）注册会计师对财务报表审计的责任

我们的目标是对财务报表整体是否不存在由于舞弊或错误导致的重大错报获取合理保证，并出具包含审计意见的审计报告。合理保证是高水平的保证，但并不能保证按照审计准则执行的审计在某一重大错报存在时总能发现。错报可能由舞弊或错误所导致，如果合理预期错报单独或汇总起来可能影响财务报表使用者依据财务报表做出的经济决策，则通常认为错报是重大的。

在按照审计准则执行审计的过程中，我们运用了职业判断，保持了职业怀疑。我们同时：

（1）识别和评估由于舞弊或错误导致的财务报表重大错报风险；对这些风险有针对性地设计和实施审计程序；获取充分、适当的审计证据，作为发表审计意见的基础。由于舞弊可能涉及串通、伪造、故意遗漏、虚假陈述或凌驾于内部控制之上，未能发现由于舞弊导致的重大错报的风险高于未能发现由于错误导致的重大错报的风险。

（2）了解与审计相关的内部控制，以设计恰当的审计程序，但目的并非对内部控制的有效性发表意见。

（3）评价管理层选用会计政策的恰当性和做出会计估计及相关披露的合理性。

（4）对管理层使用持续经营假设的恰当性得出结论。同时，根据获取的审计证据，就可能导致对新安公司持续经营能力产生重大疑虑的事项或情况是否存在重大不确定性得出结论。如果我们得出结论认为存在重大不确定性，审计准则要求我们在审计报告中提请报表使用者注意财务报表中的相关披露。如果披露不充分，我们应当发表非无保留意见。我们的结论基于审计报告日可获得的信息。然而，未来的事项或情况可能导致新安公司不能持续经营。

（5）评价财务报表的总体列报、结构和内容（包括披露），并评价财务报表是否公允反映相关交易和事项。

我们与治理层就计划的审计范围、时间安排和重大审计发现（包括我们在审计中识别的值得关注的内部控制缺陷）进行沟通。我们还就遵守关于独立性的相关职业道德要求向治理层提供声明，并就可能被合理认为影响我们独立性的所有关系和其他事项，以及相关的防范措施（如适用）与治理层进行沟通。

从与治理层沟通的事项中，我们确定哪些事项对本期财务报表审计最为重要，因而构成关键审计事项。我们在审计报告中描述这些事项，除非法律法规禁止公开披露这些事项，或在极其罕见的情形下，如果合理预期在审计报告中沟通某事项造成的负面后果超过在公众利益方面产生的益处，我们确定不应在审计报告中沟通该事项。

二、按照相关法律法规的要求报告的事项

无

山东会计师事务所
（盖章）

中国注册会计师：吴一波

（签名并盖章）

中国
注册会计师
吴一波
630350256732

中国注册会计师：张立新

（签名并盖章）

中国
注册会计师
张立新
630350256737

中国·昆明

2024 年 2 月 13 日

【实训要求】 根据这两份报告的性质，请指出哪一份保证程度较低。

A. 审阅报告　　　　　　　　　　　B. 审计报告

判断结果：_____

简要说明理由：_____

项目二　鉴证业务

任务一　鉴证业务要素之一——三方关系

知识链接

鉴证业务的三方关系是鉴证业务的构成要素之一，这三方关系人分别是注册会计师、责任方和预期使用者。

（1）注册会计师，是指取得注册会计师证书并在会计师事务所执业的人员，有时也指其所在的会计师事务所。如果鉴证业务涉及的特殊知识和技能超出了注册会计师的能力，注册会计师可以利用专家协助执行鉴证业务。在这种情况下，注册会计师应当确信包括专家在内的项目组整体已具备执行该项鉴证业务所需的知识和技能，并充分参与该项鉴证业务和了解专家所承担的工作。

（2）责任方，是指在直接报告业务中，对鉴证对象负责的组织或人员，也指在基于责任方认定的业务中，对鉴证对象信息负责并可能同时对鉴证对象负责的组织或人员。责任方可能是鉴证业务的委托人，也可能不是委托人。

（3）预期使用者，是指预期使用鉴证报告的组织或人员。责任方可能是预期使用者，但不是唯一的预期使用者。如果鉴证业务服务于特定的使用者或具有特殊目的，注册会计师可以很容易地识别预期使用者。注册会计师可能无法识别使用鉴证报告的所有组织和人员，尤其在各种可能的预期使用者对鉴证对象存在不同的利益需求时。

鉴证业务三方之间的关系是：注册会计师对由责任方负责的鉴证对象或鉴证对象信息提出结论，以增强除责任方之外的预期使用者对鉴证对象信息的信任程度。责任方与预期使用者可能是同一方，也可能不是同一方。

实训目的

明确鉴证业务三方关系人的构成，掌握鉴证业务三方关系人之间的关系。

实训案例

【案例资料】 凌风股份有限公司为其分公司编制了报表，云南海棠会计师事务所对其报表出具的审计报告如下所示。

【资料】 审计报告

云南海棠会计师事务所

海棠审字〔2024〕第 0003 号

审计报告

凌风股份有限公司全体股东：

一、对财务报表出具的审计报告

（一）审计意见

我们审计了凌风股份有限公司（以下简称"凌风公司"）的财务报表，包括 2023 年 12 月 31 日的资产负债表，2023 年度的利润表、现金流量表和所有者权益变动表以及财务报表附注。

我们认为凌风公司财务报表在所有重大方面按照企业会计准则的规定编制，公允反映了凌风公司 2023 年 12 月 31 日的财务状况以及 2023 年度的经营成果和现金流量。

（二）形成审计意见的基础

我们按照中国注册会计师审计准则的规定执行了审计工作。审计报告的"注册会计师对财务报表审计的责任"部分进一步阐述了我们在这些准则下的责任。按照中国注册会计师职业道德守则，我们独立于凌风公司，并履行了职业道德方面的其他责任。我们相信，我们获取的审计证据是充分、适当的，为发表审计意见提供了基础。

（三）关键审计事项

2023 年度，凌风公司销售家用电器确认的主营业务收入为人民币 20 000.00 万元，主要为国内销售产生的收入。凌风公司对于国内销售的家用电器产生的收入是在商品所有权上的风险和报酬已转移至客户时确认的，根据销售合同约定，通常以家用电器运离凌风公司仓库作为销售收入的确认时点。由于收入是凌风公司的关键业绩指标之一，从而存在管理层为了达到特定目标或期望而操纵收入确认时点的固有风险，我们将凌风公司收入确认识别为关键审计事项。

（四）管理层和治理层对财务报表的责任

管理层负责按照企业会计准则的规定编制财务报表，使其实现公允反映，并设计、执行和维护必要的内部控制，以使财务报表不存在由于舞弊或错误导致的重大错报。在编制财务报表时，管理层负责评估凌风公司的持续经营能力，披露与持续经营相关的事项（如适用），并运用持续经营假设，除非管理层计划清算凌风公司、终止营运或别无其他现实的选择。

治理层负责监督凌风公司的财务报告过程。

（五）注册会计师对财务报表审计的责任

我们的目标是对财务报表整体是否不存在由于舞弊或错误导致的重大错报获取合理保证，并出具包含审计意见的审计报告。合理保证是高水平的保证，但并不能保证按照审计准则执行的审计在某一重大错报存在时总能发现。错报可能由舞弊或错误所导致，如果合理预期错报单独或汇总起来可能影响财务报表使用者依据财务报表做出的经济决策，则通常认为错报是重大的。

在按照审计准则执行审计的过程中，我们运用了职业判断，保持了职业怀疑。我们同时：

（1）识别和评估由于舞弊或错误导致的财务报表重大错报风险；对这些风险有针对性地设计和实施审计程序；获取充分、适当的审计证据，作为发表审计意见的基础。由于舞弊可能涉及串通、伪造、故意遗漏、虚假陈述或凌驾于内部控制之上，未能发现由于舞弊导致的重大错报的风险高于未能发现由于错误导致的重大错报的风险。

（2）了解与审计相关的内部控制，以设计恰当的审计程序，但目的并非对内部控制的有效性发表意见。

（3）评价管理层选用会计政策的恰当性和做出会计估计及相关披露的合理性。

（4）对管理层使用持续经营假设的恰当性得出结论。同时，根据获取的审计证据，就可能导致对凌风公司持续经营能力产生重大疑虑的事项或情况是否存在重大不确定性得出结论。如果我们得出结论认为存在重大不确定性，审计准则要求我们在审计报告中提请报表使用者注意财务报表中的相关披露。如果披露不充分，我们应当发表非无保留意见。我们的结论基于审计报告日可获得的信息。然而，未来的事项或情况可能导致凌风公司不能持续经营。

（5）评价财务报表的总体列报、结构和内容（包括披露），并评价财务报表是否公允反映相关交易和事项。

我们与治理层就计划的审计范围、时间安排和重大审计发现等事项进行沟通，包括沟通我们在审计中识别出的值得关注的内部控制缺陷。

我们还就遵守关于独立性的相关职业道德要求向治理层提供声明，并就可能被合理认为影响我们独立性的所有关系和其他事项，以及相关的防范措施（如适用）与治理层进行沟通。

从与治理层沟通的事项中，我们确定哪些事项对本期财务报表审计最为重要，因而构成关键审计事项。我们在审计报告中描述这些事项，除非法律法规禁止公开披露这些事项，或在极其罕见的情形下，如果合理预期在审计报告中沟通某事项造成的负面后果超过在公众利益方面产生的益处，我们确定不应在审计报告中沟通该事项。

二、按照相关法律法规的要求报告的事项

无

云南海棠会计师事务所
（盖章）

中国注册会计师：黄一光
（签名并盖章）

中国注册会计师
黄一光
430350256788

中国注册会计师：蔡昆
（签名并盖章）

中国注册会计师
蔡昆
430350256756

中国·昆明

2024 年 2 月 1 日

【实训要求】 上述报告中涉及的鉴证业务三方关系人为（　　）。
A. 云南海棠会计师事务所　　　　　　B. 凌风股份有限公司
C. 凌风股份有限公司分公司　　　　　D. 凌风股份有限公司全体股东
判断结果：_____
简要说明理由：_____

任务二　鉴证业务要素之二——鉴证对象

知识链接

鉴证对象是指鉴证对象信息所反映的内容，鉴证对象信息是指按照标准对鉴证对象进行评价和计量的结果。鉴证对象具有多种不同的表现形式，如财务或非财务的业绩或状况、物理特征、系统与过程、行为等。不同的鉴证对象具有不同的特征，主要包括：

（1）当鉴证对象为财务业绩或状况（如历史或预测的财务状况、经营成果和现金流量）时，鉴证对象信息是财务报表；

（2）当鉴证对象为非财务业绩或状况（如企业的运营情况）时，鉴证对象信息可能是反映效率或效果的关键指标；

（3）当鉴证对象为物理特征（如设备的生产能力）时，鉴证对象信息可能是有关鉴证对象物理特征的说明文件；

（4）当鉴证对象为某种系统和过程（如企业的内部控制或信息技术系统）时，鉴证对象信息可能是关于其有效性的认定；

（5）当鉴证对象为一种行为（如遵守法律法规的情况）时，鉴证对象信息可能是对法律法规遵守情况或执行效果的声明。

鉴证对象具有不同的特征，可能表现为定性或定量、客观或主观、历史或预测、时点或期间。这些特征对按照标准对鉴证对象进行评价或计量的准确性和证据的说服力产生影响。鉴证对象是否适当是注册会计师能否将一项业务作为鉴证业务予以承接的前提条件。适当的鉴证对象应当同时具备下列条件：鉴证对象可以识别；不同的组织或人员对鉴证对象按照既定标准进行评价或计量的结果合理一致；注册会计师能够收集与鉴证对象有关的信息，获取充分、适当的证据，以支持其提出适当的鉴证结论。

实训目的

掌握鉴证对象与鉴证对象信息之间的关系。

> **实训案例**

【案例资料】 云南盛夏会计师事务所出具了一份审计报告，如下列资料所示。

【资料】 审计报告

云南盛夏会计师事务所

盛夏审字〔2024〕第 0003 号

审计报告

立科股份有限公司全体股东：

一、对财务报表出具的审计报告

（一）审计意见

我们审计了立科股份有限公司（以下简称"立科公司"）的财务报表，包括 2023 年 12 月 31 日的资产负债表，2023 年度的利润表、现金流量表和所有者权益变动表以及财务报表附注。

我们认为立科公司财务报表在所有重大方面按照企业会计准则的规定编制，公允反映了立科公司 2023 年 12 月 31 日的财务状况以及 2023 年度的经营成果和现金流量。

（二）形成审计意见的基础

我们按照中国注册会计师审计准则的规定执行了审计工作。审计报告的"注册会计师对财务报表审计的责任"部分进一步阐述了我们在这些准则下的责任。按照中国注册会计师职业道德守则，我们独立于立科公司，并履行了职业道德方面的其他责任。我们相信，我们获取的审计证据是充分、适当的，为发表审计意见提供了基础。

（三）关键审计事项

2023 年度，立科公司销售家用电器确认的主营业务收入为人民币 30 000.00 万元，主要为国内销售产生的收入。立科公司对于国内销售的家用电器产生的收入是在商品所有权上的风险和报酬已转移至客户时确认的，根据销售合同约定，通常以家用电器运离立科公司仓库作为销售收入的确认时点。由于收入是立科公司的关键业绩指标之一，从而存在管理层为了达到特定目标或期望而操纵收入确认时点的固有风险，我们将立科公司收入确认识别为关键审计事项。

（四）管理层和治理层对财务报表的责任

管理层负责按照企业会计准则的规定编制财务报表，使其实现公允反映，并设计、执行和维护必要的内部控制，以使财务报表不存在由于舞弊或错误导致的重大错报。在编制财务报表时，管理层负责评估立科公司的持续经营能力，披露与持续经营相关的事项（如适用），并运用持续经营假设，除非管理层计划清算立科公司、终止营运或别无其他现实的选择。

治理层负责监督立科公司的财务报告过程。

（五）注册会计师对财务报表审计的责任

我们的目标是对财务报表整体是否不存在由于舞弊或错误导致的重大错报获取合理保证，并出具包含审计意见的审计报告。合理保证是高水平的保证，但并不能保证按照审计准则执行的审计在某一重大错报存在时总能发现。错报可能由舞弊或错误所导致，如果合理预期错报单独或汇总起来可能影响财务报表使用者依据财务报表做出的经济决策，则通常认为错报是重大的。

在按照审计准则执行审计的过程中，我们运用了职业判断，保持了职业怀疑。我们同时：

（1）识别和评估由于舞弊或错误导致的财务报表重大错报风险；对这些风险有针对性地设计和实施审计程序；获取充分、适当的审计证据，作为发表审计意见的基础。由于舞弊可能涉及串通、伪造、故意遗漏、虚假陈述或凌驾于内部控制之上，未能发现由于舞弊导致的重大错报的风险高于未能发现由于错误导致的重大错报的风险。

（2）了解与审计相关的内部控制，以设计恰当的审计程序，但目的并非对内部控制的有效性发表意见。

（3）评价管理层选用会计政策的恰当性和做出会计估计及相关披露的合理性。

（4）对管理层使用持续经营假设的恰当性得出结论。同时，根据获取的审计证据，就可能导致对立科公司持续经营能力产生重大疑虑的事项或情况是否存在重大不确定性得出结论。如果我们得出结论认为存在重大不确定性，审计准则要求我们在审计报告中提请报表使用者注意财务报表中的相关披露。如果披露不充分，我们应当发表非无保留意见。我们的结论基于审计报告日可获得的信息。然而，未来的事项或情况可能导致立科公司不能持续经营。

（5）评价财务报表的总体列报、结构和内容（包括披露），并评价财务报表是否公允反映相关交易和事项。

我们与治理层就计划的审计范围、时间安排和重大审计发现等事项进行沟通，包括沟通我们在审计中识别出的值得关注的内部控制缺陷。

我们还就遵守关于独立性的相关职业道德要求向治理层提供声明，并就可能被合理认为影响我们独立性的所有关系和其他事项，以及相关的防范措施（如适用）与治理层进行沟通。

从与治理层沟通的事项中，我们确定哪些事项对本期财务报表审计最为重要，因而构成关键审计事项。我们在审计报告中描述这些事项，除非法律法规禁止公开披露这些事项，或在极其罕见的情形下，如果合理预期在审计报告中沟通某事项造成的负面后果超过在公众利益方面产生的益处，我们确定不应在审计报告中沟通该事项。

二、按照相关法律法规的要求报告的事项

无

云南盛夏会计师事务所
（盖章）

中国注册会计师：沈卫东
中国 注册会计师 沈卫东 630350256777
（签名并盖章）

中国注册会计师：何光阴
中国 注册会计师 何光阴 630350256789
（签名并盖章）

中国·昆明

2024 年 2 月 15 日

【实训要求】 下列各项为该业务的鉴证对象的是（　　）。
A. 立科公司的财务报表
B. 立科公司的财务状况、经营成果和现金流量
C. 立科公司的管理层
D. 立科公司的内部控制
判断结果：＿＿＿＿＿＿＿＿＿＿＿＿＿＿＿＿＿＿＿＿＿＿＿＿＿＿
简要说明理由：＿＿＿＿＿＿＿＿＿＿＿＿＿＿＿＿＿＿＿＿＿＿＿＿＿＿
＿＿＿＿＿＿＿＿＿＿＿＿＿＿＿＿＿＿＿＿＿＿＿＿＿＿＿＿＿＿＿＿＿＿

任务三　鉴证业务要素之三——证据

知识链接

审计是一个获取证据的过程，取得充分、适当的证据是注册会计师提出鉴证结论的基础。注册会计师应当以职业怀疑态度来计划和执行鉴证业务，获取有关鉴证对象信息是否不存在重大错报的充分、适当的证据。注册会计师应当及时对制订的计划、实施的程序、获取的相关证据以及得出的结论做出记录。在计划和执行鉴证业务，尤其在确定证据收集程序的性质、时间和范围时，应当考虑重要性、鉴证业务风险以及可获取证据的数量和质量。所谓职业怀疑态度是指注册会计师以质疑的思维方式评价所获取证据的有效性，并对相互矛盾的证据，以及引起对文件记录或责任方提供的信息的可靠性产生怀疑的证据保持警觉。如果在执行业务过程中识别出的情况使其认为文件记录可能是伪造的或文件记录中的某些条款已发生变动，注册会计师应当做出进一步调查，包括直接向第三方询证，或考虑利用专家的工作，以评价文件记录的真伪。

实训目的

明确获取证据的过程中应保持的职业谨慎态度。

实训案例

【案例资料】　李之洋在审计华林股份有限公司过程中发现一张记账凭证无后附销售发票和发运凭证，但李之洋未对之加以重视，会计师事务所出具了无保留意见审计报告。相关资料如下。但事后公司破产，得知对方企业大田股份有限公司是虚构的。

【资料1】记账凭证

记 账 凭 证

2023 年 11 月 11 日

记字第 47 号

摘 要	总账科目	明细科目	借方 千 百 十 万 千 百 十 元 角 分	贷方 千 百 十 万 千 百 十 元 角 分	
出售甲商品	应收账款	大田股份有限公司	1 1 6 0 0 0 0 0		附单据 0 张
	主营业务收入	甲商品		1 0 0 0 0 0 0 0	
	应交税费	应交增值税（销项税额）		1 6 0 0 0 0 0	
	合 计		¥ 1 1 6 0 0 0 0 0	¥ 1 1 6 0 0 0 0 0	

会计主管：××   记账：××   复核：××   制单：××

【资料2】审计报告

立冬会计师事务所

立冬审字〔2024〕第 0003 号

审计报告

华林股份有限公司全体股东：

一、对财务报表出具的审计报告

（一）审计意见

我们审计了华林股份有限公司（以下简称"华林公司"）的财务报表，包括2023年12月31日的资产负债表、2023年度的利润表、现金流量表和所有者权益变动表以及财务报表附注。

我们认为华林公司财务报表在所有重大方面按照企业会计准则的规定编制，公允反映了华林公司2023年12月31日的财务状况以及2023年度的经营成果和现金流量。

（二）形成审计意见的基础

我们按照中国注册会计师审计准则的规定执行了审计工作。审计报告的"注册会计师对财务报表审计的责任"部分进一步阐述了我们在这些准则下的责任。按照中国注册会计师职业道德守则，我们独立于华林公司，并履行了职业道德方面的其他责任。我们相信，我们获取的审计证据是充分、适当的，为发表审计意见提供了基础。

（三）关键审计事项

2023年度，华林公司销售家用电器确认的主营业务收入为人民币15 000.00万元，主要为国内销售产生的收入。华林公司对于国内销售的家用电器产生的收入是在商品所有权上的风险和报酬已转移至客户时确认的，根据销售合同约定，通常以家用电器运离华林公司仓库作为销售收入的确认时点。由于收入是华林公司的关键业绩指标之一，从而存在管理层为了达到特定目标或期望而操纵收入确认时点的固有风险，我们将华林公司收入确认识别为关键审计事项。

(四) 管理层和治理层对财务报表的责任

管理层负责按照企业会计准则的规定编制财务报表,使其实现公允反映,并设计、执行和维护必要的内部控制,以使财务报表不存在由于舞弊或错误导致的重大错报。在编制财务报表时,管理层负责评估华林公司的持续经营能力,披露与持续经营相关的事项(如适用),并运用持续经营假设,除非管理层计划清算华林公司、终止营运或别无其他现实的选择。

治理层负责监督华林公司的财务报告过程。

(五) 注册会计师对财务报表审计的责任

我们的目标是对财务报表整体是否不存在由于舞弊或错误导致的重大错报获取合理保证,并出具包含审计意见的审计报告。合理保证是高水平的保证,但并不能保证按照审计准则执行的审计在某一重大错报存在时总能发现。错报可能由舞弊或错误所导致,如果合理预期错报单独或汇总起来可能影响财务报表使用者依据财务报表做出的经济决策,则通常认为错报是重大的。

在按照审计准则执行审计的过程中,我们运用了职业判断,保持了职业怀疑。我们同时:

(1) 识别和评估由于舞弊或错误导致的财务报表重大错报风险;对这些风险有针对性地设计和实施审计程序;获取充分、适当的审计证据,作为发表审计意见的基础。由于舞弊可能涉及串通、伪造、故意遗漏、虚假陈述或凌驾于内部控制之上,未能发现由于舞弊导致的重大错报的风险高于未能发现由于错误导致的重大错报的风险。

(2) 了解与审计相关的内部控制,以设计恰当的审计程序,但目的并非对内部控制的有效性发表意见。

(3) 评价管理层选用会计政策的恰当性和做出会计估计及相关披露的合理性。

(4) 对管理层使用持续经营假设的恰当性得出结论。同时,根据获取的审计证据,就可能导致对华林公司持续经营能力产生重大疑虑的事项或情况是否存在重大不确定性得出结论。如果我们得出结论认为存在重大不确定性,审计准则要求我们在审计报告中提请报表使用者注意财务报表中的相关披露。如果披露不充分,我们应当发表非无保留意见。我们的结论基于审计报告日可获得的信息。然而,未来的事项或情况可能导致华林公司不能持续经营。

(5) 评价财务报表的总体列报、结构和内容(包括披露),并评价财务报表是否公允反映相关交易和事项。

我们与治理层就计划的审计范围、时间安排和重大审计发现等事项进行沟通,包括沟通我们在审计中识别出的值得关注的内部控制缺陷。

我们还就遵守关于独立性的相关职业道德要求向治理层提供声明,并就可能被合理认为影响我们独立性的所有关系和其他事项,以及相关的防范措施(如适用)与治理层进行沟通。

从与治理层沟通的事项中,我们确定哪些事项对本期财务报表审计最为重要,因而构成关键审计事项。我们在审计报告中描述这些事项,除非法律法规禁止公开披露这些事项,或在极其罕见的情形下,如果合理预期在审计报告中沟通某事项造成的负面后果超过在公众利益方面产生的益处,我们确定不应在审计报告中沟通该事项。

二、按照相关法律法规的要求报告的事项

无

立冬会计师事务所
（盖章）

中国·昆明

中国注册会计师：李之洋
（签名并盖章）

中　国
注册会计师
李之洋
530350256746

中国注册会计师：沈成新
（签名并盖章）

中　国
注册会计师
沈成新
530350256566

2024 年 2 月 25 日

【实训要求】 李之洋在审计过程中违反了执行鉴证业务的哪项要求？

判断结果：＿＿＿＿＿＿＿＿＿＿＿＿＿＿＿＿＿＿＿＿＿＿＿＿＿＿＿＿＿＿＿＿＿

简要说明理由：＿＿＿＿＿＿＿＿＿＿＿＿＿＿＿＿＿＿＿＿＿＿＿＿＿＿＿＿＿＿

＿＿＿＿＿＿＿＿＿＿＿＿＿＿＿＿＿＿＿＿＿＿＿＿＿＿＿＿＿＿＿＿＿＿＿＿＿＿

任务四　项目复核

知识链接

项目复核，就是对审计工作过程中形成的工作底稿进行复核。审计工作底稿复核是指对审计工作底稿的内容完整情况、规范化程序、审计证据，引用相关法律、法规等规范性法律文件进行复核。

通常，根据中国会计师事务所的组织规模和业务范围，可以实行对审计工作底稿的三级复核制度。审计工作底稿三级复核制度是指以主任会计师、部门经理（或签字注册会计师）和项目负责人（或项目经理）为复核人，依照规定的程序和要点对审计工作底稿进行逐级复核的制度。三级复核制度目前已成为较为普遍采用的形式，对于提高审计工作质量、加强质量控制发挥着重要作用。第一级复核称为详细复核，指由项目经理（或项目负责人）负责的对下属各类注册会计师编制或取得的审计工作底稿逐张进行复核。其目的在于按照准则的规范要求，发现并指出问题，及时加以修正完善。第二级复核称为一般复核，指由部门经理（或签字注册会计师）负责的，在详细复核的基础上，对审计工作底稿中重要会计账项的审计程序实施情况、审计调整事项和审计结论进行复核。一般复核实质上是对项目经理负责的详细复核的再监督，其目的在于按照有关准则的要求对重要审计事项进行把关、监督。第三级复核也称重点复核，是由主任会计师或指定代理人负责的，在一般复核的基础上对审计过程中的重大会计问题、重大审计调整事项和重要的审计工作底稿进行复核。其复核的重点是对详细复核结果的第三次监督，同时也是对一般复核的再监督。重点复核的目的在于使整个审计工作的计划、进度、实施、结论和质量全面达到审计准则的要求。通过重点复核后的审计工作底稿，方可作为发表审计意见的基础，然后再归类管理。

实训目的

掌握审计工作底稿复核的基本内容和要点。

实训案例

【案例资料】 已知下列 3 份审计工作底稿（表 2-2、表 2-3 和表 2-4），它们分别由项目负责经理、项目负责合伙人、项目质量控制复核人根据各自的复核工作编制完成。

表 2-2 审计工作底稿一

复核事项	是/否/不适用	备注
1. 是否已复核已完成的审计计划，以及导致对审计计划做出重大修改的事项？	是	
2. 是否已复核重要的财务报表项目？	是	
3. 是否已复核特殊交易或事项，包括债务重组、关联方交易、非货币性交易、或有事项、期后事项、持续经营能力等？	是	
4. 是否已复核重要会计政策、会计估计的变更？	是	
5. 是否已复核重大事项概要？	是	
6. 是否已复核建议调整事项？	是	
7. 是否已复核管理层声明书，股东大会、董事会相关会议纪要，与客户的沟通记录及重要会议记录，律师询证函复函？	是	
8. 是否已复核审计小结？	是	
9. 是否已复核已审计财务报表和拟出具的审计报告？	是	
10. 实施上述复核后，是否可以确定下列事项： （1） 审计工作底稿提供了充分、适当的记录，作为审计报告的基础； （2） 已经按照中国注册会计师审计准则的规定执行了审计工作； （3） 对重大错报风险的评估及采取的应对措施是恰当的，针对存在特别风险的审计领域，设计并实施了针对性的审计程序，且得出了恰当的审计结论； （4） 做出的重大判断恰当合理； （5） 提出的建议调整事项恰当，相关调整分录正确； （6） 未更正错报无论是单独还是汇总起来，对财务报表整体均不具有重大影响； （7） 已审计财务报表的编制符合企业会计准则的规定，在所有重大方面公允反映了被审计单位的财务状况、经营成果和现金流量； （8） 拟出具的审计报告措辞恰当，已按照中国注册会计师审计准则的规定发表了恰当的审计意见。	是	

表 2-3　审计工作底稿二

复核事项	是/否/不适用	备注
1. 是否已复核已完成的审计计划,以及导致对审计计划做出重大修改的事项?	是	
2. 是否已复核重大事项概要?	是	
3. 是否已复核存在特别风险的审计领域,以及项目组采取的应对措施?	是	
4. 是否已复核项目组做出的重大判断?	是	
5. 是否已复核建议调整事项?	是	
6. 是否已复核管理层声明书、股东大会、董事会相关会议纪要,与客户的沟通记录及重要会议记录,律师询证函复函?	是	
7. 是否已复核审计小结?	是	
8. 是否已复核已审计财务报表和拟出具的审计报告?	是	
9. 实施上述复核后,是否可以确定下列事项: (1) 对项目负责经理实施的复核结果满意; (2) 对重大错报风险的评估及采取的应对措施是恰当的,针对存在特别风险的审计领域,设计并实施了针对性的审计程序,且得出了恰当的审计结论; (3) 项目组做出的重大判断恰当合理; (4) 提出的建议调整事项恰当合理,未更正错报无论是单独还是汇总起来对财务报表整体均不具有重大影响; (5) 已审计财务报表的编制符合企业会计准则的规定,在所有重大方面公允反映了被审计单位的财务状况、经营成果和现金流量; (6) 拟出具的审计报告措辞恰当,已按照中国注册会计师审计准则的规定发表了恰当的审计意见。	是	

表 2-4　审计工作底稿三

复核事项 (由独立的项目质量控制复核人员进行复核。项目质量控制复核适用于上市公司财务报表审计或会计师事务所规定的其他类型审计业务。)	是/否/不适用	备注
1. 项目质量控制复核之前进行的复核是否均已得到满意的执行?	是	
2. 是否已复核项目组针对本业务对本所独立性做出的评价,并认为该评价是恰当的?	是	
3. 是否已复核项目组在审计过程中识别的特别风险以及采取的应对措施,包括项目组对舞弊风险的评估及采取的应对措施,认为项目组做出的判断和应对措施是恰当的?	是	
4. 是否已复核项目组做出的判断,包括关于重要性和特别风险的判断,认为这些判断恰当合理?	是	
5. 是否确定项目组已就存在的意见分歧、其他疑难问题或争议事项进行适当咨询,且咨询得出的结论是恰当的?	是	

续表

复核事项 (由独立的项目质量控制复核人员进行复核。项目质量控制复核适用于上市公司财务报表审计或会计师事务所规定的其他类型审计业务。)	是/否/不适用	备注
6. 是否已复核项目组与管理层和治理层沟通的记录以及拟与其沟通的事项,对沟通情况表示满意?	是	
7. 是否认为所复核的审计工作底稿反映了项目组针对重大判断执行的工作,能够支持得出的结论?	是	
8. 是否已复核已审计财务报表和拟出具的审计报告,认为已审计财务报表符合企业会计准则的规定,拟出具的审计报告已按照中国注册会计师审计准则的规定发表了恰当的审计意见?	是	

【实训要求】 请问上述工作底稿与各层次人员复核工作相对应吗?
判断结果:＿＿＿＿＿＿＿＿＿＿＿＿＿＿＿＿＿＿＿＿＿＿＿＿＿＿＿＿＿＿＿＿
简要说明理由:＿＿＿＿＿＿＿＿＿＿＿＿＿＿＿＿＿＿＿＿＿＿＿＿＿＿＿＿＿

任务五　审计工作底稿归档时间

知识链接

审计工作底稿,是指审计人员在审计工作过程中形成的全部审计工作记录和获取的资料。它是审计证据的载体,可作为审计过程和结果的书面证明,也是形成审计结论的依据。

在我国,审计师不能独立于审计组织来承揽并完成审计业务,必须以审计组织的名义统一承揽和执行业务。因此,审计师在审计工作中编制的审计工作底稿属于职务成果,其所有权属于审计组织,即承接具体审计业务的会计师事务所,而非审计师个人。

审计工作底稿的归档期限为审计报告日后的 60 天内。如果审计师未能完成审计业务,审计工作底稿的归档期限为审计业务中止后的 60 天内。

审计组织应当自审计报告日起,对审计工作底稿至少保存 10 年。如果审计师未能完成审计业务,则自审计业务中止日起至少保存 10 年。

实训目的

掌握审计工作底稿的归档期限。

实训案例

【案例资料】 下列原始单据为各工作底稿的封面,分别用 A、B、C、D 表示。

封面 A

光华会计师事务所审计工作底稿

审计工作档案封面

被审计单位：　悟思股份有限公司　

财务报表截止日期间：　2023 年 12 月 31 日/2023 年　

审计工作档案编号：　昆会光华审字〔2024〕第 48 号　

审计档案类别：　（当期档案/永久档案）　

审计项目类型：　财务报表审计　

审计意见类型：　标准无保留意见　

项目负责人：　张天一　

审计报告日期：　2024 年 2 月 21 日　

审计工作档案页码：　236 页　

送档人：　王俊　　　　送档时间：　2024 年 2 月 24 日　

收档人：　乔静　　　　收档时间：　2024 年 7 月 19 日

封面 B

光华会计师事务所审计工作底稿

审计工作档案封面

被审计单位：___悟思股份有限公司___

财务报表截止日期间：___2023 年 12 月 31 日/2023 年___

审计工作档案编号：___昆会光华审字〔2024〕第 48 号___

审计档案类别：___（当期档案/永久档案）___

审计项目类型：___财务报表审计___

审计意见类型：___标准无保留意见___

项目负责人：___张天一___

审计报告日期：___2024 年 2 月 21 日___

审计工作档案页码：___236 页___

送档人：___王俊___　　送档时间：___2024 年 2 月 24 日___

收档人：___乔静___　　收档时间：___2024 年 5 月 24 日___

封面 C

光华会计师事务所审计工作底稿

审计工作档案封面

被审计单位： 悟思股份有限公司

财务报表截止日期间： 2023 年 12 月 31 日/2023 年

审计工作档案编号： 昆会光华审字〔2024〕第 48 号

审计档案类别： （当期档案/永久档案）

审计项目类型： 财务报表审计

审计意见类型： 标准无保留意见

项目负责人： 张天一

审计报告日期： 2024 年 2 月 21 日

审计工作档案页码： 236 页

送档人： 王俊　　　　送档时间： 2024 年 2 月 24 日

收档人： 乔静　　　　收档时间： 2024 年 3 月 19 日

封面 D

审计工作档案封面

光华会计师事务所审计工作底稿

被审计单位：__悟思股份有限公司__

财务报表截止日期间：__2023 年 12 月 31 日/2023 年__

审计工作档案编号：__昆会光华审字〔2024〕第 48 号__

审计档案类别：__（当期档案/永久档案）__

审计项目类型：__财务报表审计__

审计意见类型：__标准无保留意见__

项目负责人：__张天一__

审计报告日期：__2024 年 2 月 21 日__

审计工作档案页码：__236 页__

送档人：__王俊__　　　送档时间：__2024 年 2 月 24 日__

收档人：__乔静__　　　收档时间：__2024 年 4 月 30 日__

【实训要求】 请判断工作底稿的归档时间正确的选项。
A. 封面 A　　　B. 封面 B　　　C. 封面 C　　　D. 封面 D
判断结果：_____
简要说明理由：_____

审计目标

项目一 管理层认定

任务一 管理层认定

● 知识链接

管理层认定是指管理层对财务报表组成要素的确认、计量、列报做出的明确或隐含的表达。管理层认定与审计目标密切相关,管理层对财务报表各组成要素做出的认定后,注册会计师的审计工作就是要确定管理层的认定是否恰当,因此管理层认定与审计目标密切相关。

● 实训目的

掌握管理层认定的含义。

● 实训案例

【案例资料1】 已知管理层在资产负债表中记录固定资产1 500万元。
【实训要求】 请指出管理层认定的内容。

【案例资料2】 已知管理层在利润表中记录营业外收入10万元。
【实训要求】 请指出管理层认定的内容。

任务二 与所审计期间各类交易和事项相关的认定

知识链接

注册会计师对所审计期间的各类交易和事项运用的认定通常分为下列类别：
(1) 发生：记录的交易或事项已发生，且与被审计单位有关。
(2) 完整性：所有应当记录的交易和事项均已记录。
(3) 准确性：与交易和事项有关的金额及其他数据已恰当记录。
(4) 截止：交易和事项已记录于正确的会计期间。
(5) 分类：交易和事项已记录于恰当的账户。

实训目的

掌握与所审计期间各类交易和事项相关的认定内容。

实训案例

【案例资料1】 注册会计师王明在审计江南材料厂有关主营业务收入过程中，获取了销售增值税电子专用发票、出库单和主营业务收入明细账资料，分别如图3-1、图3-2和图3-3所示。但是追查无相关其他原始凭证，追查至主营业务总账仍未发现有该笔记录。

云南省增值税电子专用发票

发票代码：011002301511
发票号码：01831380
开票日期：2023年12月8日
校验码：16918 05801 16443 83661

机器编号：320005317011

购货单位	名称：红星制造有限责任公司	密码区	
	纳税人识别号：320282660068019		
	地址、电话：昆明市拓东路144号		
	开户行及账号：建设银行拓东路支行		

货物或应税劳务名称	规格型号	单位	数量	单价	金额	税率	税额
甲商品		件	500	200	100 000.00	13%	13 000.00
合计					100 000.00		13 000.00

价税合计（大写）	⊗壹拾壹万叁仟元整	（小写）¥113 000.00

销售单位	名称：江南材料厂	备注
	纳税人识别号：3502110000101020	
	地址、电话：南宁市长宁街	
	开户行及账号：中国银行长宁支行	

收款人：×× 复核：×× 开票人：××

图3-1

出库单

出货单位：江南材料厂　　　　2023 年 12 月 8 日　　　　　　　　单号：287308

提货单位或领货部门	红星制造有限责任公司	销货单号	1832118	发出仓库	第一仓库	出库日期	2023 年 12 月 8 日
编号	名称及规格	单位	数量 应发	数量 实发		单价	金额
	甲商品	件	500	500		200	100 000.00
合计							￥100 000.00

部门经理：××　　会计：××　　仓库：××　　经办人：××

图 3-2

主营业务收入明细账

一级科目：主营业务收入　　　　　　　二级科目：甲商品

2023 年		凭证		摘要	日页	借方 百十万千百十元角分	贷方 百十万千百十元角分	借或贷	余额 百十万千百十元角分
月	日	种类	号数						
12	1	记	02	销售甲商品			4 0 0 0 0 0 0	贷	4 0 0 0 0 0 0
12	5	记	19	销售甲商品			3 0 0 0 0 0 0	贷	3 0 0 0 0 0 0
12	17	记	33	销售甲商品			2 0 0 0 0 0 0	贷	2 0 0 0 0 0 0
12	24	记	47	销售甲商品			5 0 0 0 0 0 0	贷	5 0 0 0 0 0 0
12	31	记	96	结转损益		1 4 0 0 0 0 0 0		平	0 0 0
12	31			本月合计		1 4 0 0 0 0 0 0	1 4 0 0 0 0 0 0	平	0 0 0
				本年累计		1 6 9 3 0 0 0 0 0	1 6 9 3 0 0 0 0 0	平	0 0 0

图 3-3

【实训要求】

（1）请代注册会计师王明判断管理层违反了哪些认定，并说明理由。

判断结果：_____

理由：_____

（2）管理层应该如何加强内部控制？

【**案例资料2**】 注册会计师李珊在审计艺林股份有限公司时发现2023年9月17日的一笔营业收入有明细账，但无出库单和发票。相关资料如图3-4和图3-5所示。

记 账 凭 证

2023 年 09 月 17 日

记字第 51 号

摘要	总账科目	明细科目	借方 千百十万千百十元角分	贷方 千百十万千百十元角分	
出售A商品	应收账款	天马公司	4 5 2 0 0 0 0		附单据 0 张
	主营业务收入	A商品		4 0 0 0 0 0 0	
	应交税费	应交增值税（销项税额）		5 2 0 0 0 0	
	合 计		¥ 4 5 2 0 0 0 0	¥ 4 5 2 0 0 0 0	

会计主管：×× 　　 记账：×× 　　 复核：×× 　　 制单：××

图 3-4

分页：16　　　总页：16

主营业务收入明细账

一级科目：主营业务收入　　　　　二级科目：A商品

2023年 月 日	凭证 种类 号数	摘要	日 页	借方 百十万千百十元角分	贷方 百十万千百十元角分	借或贷	余额 百十万千百十元角分
9　3	记　09	销售A商品			5 0 0 0 0 0 0	贷	5 0 0 0 0 0 0
9　9	记　38	销售A商品			2 0 0 0 0 0 0	贷	2 0 0 0 0 0 0
9　17	记　51	销售A商品			4 0 0 0 0 0 0	贷	4 0 0 0 0 0 0
9　26	记　79	销售A商品			4 0 0 0 0 0 0	贷	4 0 0 0 0 0 0
9　30	记　92	结转损益		1 5 0 0 0 0 0 0		平	0 0 0
9　30		本月合计		1 5 0 0 0 0 0 0	1 5 0 0 0 0 0 0	平	0 0 0
		本年累计		7 4 9 0 0 0 0 0	7 4 9 0 0 0 0 0	平	0 0 0

图 3-5

【**实训要求**】

（1）请代注册会计师李珊判断管理层违反了哪些认定，并说明理由。

判断结果：_____

理由：_____

(2) 管理层应该如何加强内部控制？

_____

_____

_____

任务三　与期末余额相关的认定

知识链接

注册会计师对期末余额运用的认定通常分为下列类别：

(1) 存在：记录的资产、负债和所有者权益是存在的。

(2) 权利和义务：记录的资产由被审计单位拥有或控制，记录的负债是被审计单位应当履行的偿还义务。

(3) 完整性：所有应当记录的资产、负债和所有者权益均已记录。

(4) 计价和分摊：资产、负债和所有者权益以恰当的金额包括在财务报表中，与之相关的计价或分摊调整已恰当记录。

实训目的

掌握与期末余额相关的认定内容。

实训案例

【案例资料1】　注册会计师郭旭在审计海俊有限责任公司有关存货时，得知存货发出的计价方法为月末一次加权平均法，并获取了甲材料相关入库单、领料单和明细账的资料，分别如图3-6、图3-7和图3-8所示。

入库单

存放地点：3号仓库　　　2023年11月3日　　　单号：245739

编号	名称及规格	单位	数量	单价	金额
	甲材料	kg	2 000	210.00	420 000.00
合计			2 000	210.00	￥420 000.00

部门经理：××　　　会计：××　　　仓库：××　　　经办人：××

图3-6

领料单

领料部门：A 产品生产车间　　　　2023 年 11 月 18 日　　　　　　　　单号：308287

编号	名称及规格	单位	用途	数量	单价	金额
	甲材料	kg	生产 A 产品领用	1 800	200.00	360 000.00
	合计			1 800	200.00	￥360 000.00

部门经理：××　　　　会计：××　　　　仓库：××　　　　经办人：××

图 3-7

原材料明细账

品名：甲材料　　　　规格：　　　　单位：kg　　　　存放地点：3 号仓库

2023 年		字号	摘要	收入			发出			结存		
月	日			数量	单价	金额	数量	单价	金额	数量	单价	金额
11	1		期初结存							2 000	200.00	400 000.00
	3		验收入库	2 000	210	420 000.00				4 000		820 000.00
	18		生产 A 产品领用				1 800	200.00	360 000.00	2 200		460 000.00
	30		本月合计	2 000	210	420 000.00	1 800	200.00	360 000.00	2 200		460 000.00
			本月累计	2 000	210	420 000.00	1 800	200.00	360 000.00	2 200		460 000.00

图 3-8

【实训要求】

（1）请代注册会计师郭旭判断管理层违反了哪些认定，并说明理由。

判断结果：_____

理由：_____

（2）管理层应该如何加强内部控制？

_____

_____

【案例资料 2】　注册会计师钱宏在审计北信有限责任公司时发现一批存货，有入库单、存货明细账，但无销售方增值税专用发票。相关资料如图 3-9、图 3-10 和图 3-11 所示。

入库单

存放地点：3号仓库　　　　　2023年10月10日　　　　　单号：526245

编号	名称及规格	单位	数量	单价	金额
	乙材料	kg	50	200.00	10 000.00
合计			50	200.00	￥10 000.00

部门经理：××　　　　会计：××　　　　仓库：××　　　　经办人：××

图 3-9

分页：21　　　总页：21

原材料明细账

一级科目：原材料　　　　　　　　　　　二级科目：乙材料

2023		凭证		摘要	日页	收入		收入金额								发出略	结存		结存金额							
月	日	种类	号数			数量	单价	百	十	万	千	百	十	元	角	分		数量	单价	百	十	万	千	百	十	元	角	分
10	10	记	27	收到乙材料		50	200			1	0	0	0	0	0	0		50	200			1	0	0	0	0	0	0
10	31			本月合计		50	200			1	0	0	0	0	0	0		50	200			1	0	0	0	0	0	0
12	31			本年合计		50	200			1	0	0	0	0	0	0		50	200			1	0	0	0	0	0	0
				本年累计		50	200			1	0	0	0	0	0	0		50	200			1	0	0	0	0	0	0

图 3-10

委托加工生产合同

委托方：中和有限责任公司（简称甲方）

加工方：北信有限责任公司（简称乙方）

经友好协商，甲、乙双方就甲方委托乙方加工生产 B 产品达成协议，双方特订立本协议，以供信守。

第一条　加工产品说明

1. 产品品名：B 产品

2. 产品规格：X862H 型

3. 产品数量：100 件

第二条　加工产品质量及责任

1. 乙方严格按照甲、乙双方确认的技术和工艺制作，产品质量符合国家质检要求。

2. 乙方应根据甲方销售需要提供加盖公章的工商营业执照复印件及生产许可证复印件、产品的出厂检验报告单。

3. 乙方应按产品标准要求对每批次产品进行抽检及留样，并严格遵循"三检"制度。

第三条　原材料及包装材料供应

1. 产品的商标图案、标识设计图案和外包装设计图案由甲方提供给乙方，这些图案及其组合的知识产权属于甲方所有，乙方不得在甲方产品以外的任何场所使用或许可他人使用。

2. 产品生产需要的乙材料由甲方于每月 10 日提供给乙方，属于委托加工物资。

3. 乙方应保管好甲方委托发出的乙材料，委托加工材料、包装材料等不能流入市场。

第四条　产品交付与验收

产品在出库前，应符合相应质检要求，产品实行乙方代垫运费负责物流运输，甲方在验收入库无误后，一并支付相关费用。

第五条　合同价格

价格包含加工费、运费、装卸费等一切费用及其他相关税费，双方一致约定价格为 ¥30 000 元（大写：人民币叁万元整）。

第六条　付款方式

签订合同之日预付 30%，其余 70% 验收合格后支付。

第七条　其他

本协议正本一式两份，甲、乙双方各执一份。具有同等法律效力。

甲方：中和有限责任公司
2023 年 9 月 11 日

乙方：北信有限责任公司
2023 年 9 月 11 日

图 3-11

【实训要求】

（1）请代注册会计师钱宏判断管理层违反了哪些认定，并说明理由。

判断结果：

理由：

（2）管理层应该如何加强内部控制？

任务四　与列报和披露相关的认定

知识链接

注册会计师对列报和披露运用的认定通常分为下列类别：

(1) 发生的权利和义务：披露的交易、事项和其他情况已发生，且与被审计单位有关。

(2) 完整性：所有应当包括在财务报表中的披露均已包括。

(3) 分类和可理解性：财务信息已被恰当地列报和描述，且披露内容表述清楚。

(4) 准确性和计价：财务信息和其他信息已公允披露，且金额恰当。

● 实训目的

熟悉与列报和披露相关的认定，并能掌握各种认定的含义。

● 实训案例

【案例资料1】 2024年1月，注册会计师李哲在审计文山科技有限责任公司的资产负债表时，发现该公司共有借款两笔：一笔是2020年3月15日成立时向招商银行借入的50万元，期限为5年，约定一次还本付息；另一笔是2023年6月10日借入的经营用借款5万元，期限为1年。文山科技有限责任公司的资产负债表如表3-1所示。

表3-1 资产负债表

编制单位：文山科技有限责任公司　　　2023年12月31日　　　　　　单位：元

资产	年初余额	年末余额	负债和所有者权益	年初余额	年末余额
流动资产：			流动负债：		
货币资金		678 000	短期借款		50 000
交易性金融资产			交易性金融负债		
应收票据		125 000	应付票据		27 000
应收账款		82 000	应付账款		85 000
预付账款		28 000	预收账款		36 000
应收利息			应付职工薪酬		12 000
应收股利			应交税费		4 700
其他应收款		2 000	应付利息		
存货		290 000	应付股利		44 200
一年内到期的非流动资产			其他应付款		
其他流动资产			一年内到期的非流动负债		
流动资产合计		1 205 000	其他流动负债		
非流动资产：			流动负债合计		258 900
可供出售金额资产			非流动负债：		
持有至到期投资			长期借款		500 000
长期应收款			应付债券		
长期股权投资			长期应付款		

续表

资产	年初余额	年末余额	负债和所有者权益	年初余额	年末余额
投资性房地产			专项应付款		
固定资产		600 000	预计负债		
在建工程		70 000	递延所得税负债		
工程物资			其他非流动负债		
固定资产清理			非流动负债合计		500 000
生产性生物资产			负债合计		758 900
油气资产			所有者权益：		
无形资产		620 000	实收资本（或股本）		1 280 000
开发支出			资本公积		126 000
商誉			减：库存股		
长期待摊费用			盈余公积		165 100
递延所得税资产			未分配利润		165 000
非流动资产			所有者权益合计		1 736 100
非流动资产合计		1 290 000			
资产合计		2 495 000	负债和所有者权益合计		2 495 000

【实训要求】　请代注册会计师李哲判断管理层违反了哪些认定，并说明理由。

判断结果：_____

理由：_____

项目二　审计目标的确定

任务一　与各类交易和事项相关的审计目标

知识链接

审计目标，是指人们通过审计实践活动所期望达到的最终结果，分为总体审计目标和具体审计目标两个层次。

1. 总体审计目标

在执行财务报表审计工作时，审计的总体目标是：（1）对财务报表整体是否不存在由于舞弊或错误导致的重大错报获取合理保证，使得审计人员能够对财务报表是否在所有重大方面按照适用的财务报告编制基础编制发表审计意见；（2）按照审计准则的规定，根据审计结果对财务报表出具审计报告，并与管理层和治理层沟通。

财务报表审计的总体目标对审计工作发挥着导向作用，它界定了注册会计师的责任范围，直接影响注册会计师计划和实施审计程序的性质、时间安排和范围，决定了注册会计师如何发表审计意见。

2. 具体审计目标

审计人员了解了认定，就很容易确定每个项目的具体审计目标，并以此作为评估重大错报风险以及设计和实施审计程序的基础。

与各类交易和事项相关的审计目标：

（1）发生：由发生认定推导的审计目标是确认已记录的交易是真实的。发生认定所要解决的问题是管理层是否把那些不曾发生的项目列入财务报表，它主要与财务报表组成要素的高估有关。

（2）完整性：由完整性认定推导的审计目标是确认已发生的交易确实已经记录。完整性目标针对的是漏记交易，它主要与财务报表组成要素的低估有关。

（3）准确性：由准确性认定推导出的审计目标是确认已记录的交易是按正确金额反映的。

（4）截止：由截止认定推导出的审计目标是确认接近于资产负债表日的交易记录于恰当的期间。

（5）分类：由分类认定推导出的审计目标是确认被审计单位记录的交易经过适当分类。

实训目的

掌握与各类交易和事项相关的审计目标。

实训案例

【案例资料 1】 注册会计师林建在审计长城股份有限公司时发现一笔交易，记账凭证和相关原始凭证分别如图 3-12、图 3-13 和图 3-14 所示。

记 账 凭 证

2023 年 10 月 9 日

记字第 24 号

摘要	总账科目	明细科目	借方	贷方	附单据
出售2号钢材	应收账款	宏图公司	￥9 0 4 0 0 0 0		
	主营业务收入	2 号钢材		8 0 0 0 0 0 0	1张
	应交税费	应交增值税（销项税额）		1 0 4 0 0 0 0	
合计			￥9 0 4 0 0 0 0	￥9 0 4 0 0 0 0	

会计主管：×× 　　记账：×× 　　复核：×× 　　制单：××

图 3-12

销售单

购货单位：宏图股份有限公司　　地址和电话：天津市静海区胜利大街 178 号　　单据编号：874529
纳税识别号：9222020398541268　　开户行及账号：招商银行静海支行 622287712365458631　　制单日期：2023 年 10 月 9 日

编码	产品名称	规格	单位	单价	数量	金额	备注
02	钢材	02	吨	4 000.00	15	60 000.00	
合计	人民币（大写）：⊗陆万元整					￥60 000.00	

总经理：××　　　　销售经理：××　　　　经手人：××　　　　会计：××

图 3-13

湖北省增值税电子专用发票

发票代码：013584701100
发票号码：01830964
开票日期：2023 年 10 月 9 日
校验码：17861 03501 17829 93502

机器编号：320005785211

购货单位	名称：南天制造有限责任公司						密码区		
	纳税人识别号：680193202826600								
	地址、电话：武汉市武珞路 87 号								
	开户行及账号：交通银行武珞路支行								
货物或应税劳务名称	规格型号	单位	数量	单价	金额		税率	税额	
钢材	02	吨	20	4 000	80 000.00		13%	10 400.00	
合计					80 000.00			10 400.00	
价税合计（大写）	⊗玖万零肆仟元整						（小写）￥904 000.00		
销售单位	名称：长城股份有限公司						备注		
	纳税人识别号：1020350211000010								
	地址、电话：安宁市长宁街								
	开户行及账号：中国银行长宁支行								

收款人：××　　　　复核：××　　　　开票人：××

图 3-14

【实训要求】

（1）请代注册会计师林建确定所列事项的具体审计目标。

（2）管理层应该如何加强内部控制？

(3) 注册会计师应采用哪些审计程序进行实质性测试？

【案例资料2】 注册会计师谭毅在审计大明办公有限责任公司时，发现一笔业务相关资料，如图3-15、图3-16、图3-17和图3-18所示。

记 账 凭 证

2024 年 01 月 05 日

记字第 12 号

摘要	总账科目	明细科目	借方 千 百 十 万 千 百 十 元 角 分	贷方 千 百 十 万 千 百 十 元 角 分	
出售电脑和打印机	银行存款	中国银行昆明呈贡支行	5 8 7 6 0 0 0		附单据 2 张
	主营业务收入	联想X240电脑		4 0 0 0 0 0 0	
	主营业务收入	惠普1020打印机		1 2 0 0 0 0 0	
	应交税费	应交增值税（销项税额）		6 7 6 0 0 0	
合 计			¥ 5 8 7 6 0 0 0	¥ 5 8 7 6 0 0 0	

会计主管：××   记账：××   复核：××   制单：××

图 3-15

销售单

购货单位：新起点艺术培训学校   地址和电话：昆明市官渡区广福路98号   单据编号：295874
纳税识别号：4126892220203985   开户行及账号：浦发银行世纪城支行586316222877123654   制单日期：2023年12月29日

编码	产品名称	规格	单位	单价	数量	金额	备注
05	笔记本电脑	联想X240	台	4 000.00	10	40 000.00	
08	打印机	惠普1020	台	1 200.00	10	12 000.00	
合计	人民币（大写）：⊗伍万贰仟元整					¥52 000.00	

总经理：××   销售经理：××   经手人：××   会计：××

图 3-16

图 3-17

云南省增值税电子专用发票

发票代码：011002301511
发票号码：01864309
开票日期：2023年12月29日
校验码：16978 01356 71895 12541

机器编号：193200057823

购货单位	名称：新起点艺术培训学校 纳税人识别号：202868019600326 地址、电话：昆明市世纪城金源大道398号 开户行及账号：浦发银行世纪城支行	密码区		
货物或应税劳务名称	规格型号	单位	数量	单价	金额	税率	税额

货物或应税劳务名称	规格型号	单位	数量	单价	金额	税率	税额
笔记本电脑	联想X240	台	10	4 000.00	40 000.00	13%	5 200.00
打印机	惠普1020	台	10	1 200.00	12 000.00	13%	1 560.00
合计					52 000.00		6760.00
价税合计（大写）	⊗伍万捌仟柒佰陆拾元整				（小写）¥58760.00		
销售单位	名称：大明办公有限责任公司 纳税人识别号：1080951000010021 地址、电话：昆明市呈贡区春融街187号 开户行及账号：中国银行昆明呈贡支行	备注					

收款人：×× 　　复核：×× 　　开票人：××

图 3-18

【实训要求】

（1）请代注册会计师谭毅确定所列事项的具体审计目标。

（2）管理层应该如何加强内部控制？

___

___

（3）注册会计师应采用哪些审计程序进行实质性测试？

___

___

___

任务二　与期末账户余额相关的审计目标

知识链接

（1）存在：由存在认定推导的审计目标是确认记录的金额确实存在。

（2）权利和义务：由权利和义务认定推导的审计目标是确认资产归属于被审计单位，负债属于被审计单位的义务。

（3）完整性：由完整性认定推导的审计目标是确认已存在的金额均已记录。

（4）计价和分摊：资产、负债和所有者权益以恰当的金额包括在财务报表中，与之相关的计价或分摊调整已恰当记录。

实训目的

掌握与期末账户余额相关的审计目标。

实训案例

【案例资料1】 注册会计师刘敏在审计东湖有限责任公司应收账款时，发现了如下所列单据（图3-19、图3-20）。

往来款项询证函

　　__宏鑫制造有限责任公司__ 单位：

　　本公司聘请的华秦会计师事务所正在对本公司2023年度财务报表进行审计，按照中国注册会计师审计准则的要求，应当询证本公司与贵公司的往来账项等事项，请列示截至2023年12月31日贵公司与本公司往来款项余额。回函请直接寄至华秦会计师事务所。

　　回函地址：云南省昆明市东风东路证券大厦3楼华秦会计师事务所

　　邮编：650000　电话：0871-86754321　传真：0871-86754388　联系人：刘敏

　　本函仅为复核账目之用，并非催款结算，若款项在上述日期之后已经付清，仍请及时函复为盼。

东湖有限责任公司
（盖章）
2024年12月23日

1. 贵公司与本公司的往来账项列示如下：

单位：元

截止日期	贵公司欠	欠贵公司	备注
2023年12月31日	80 000.00	0.00	

2. 其他事项：

本公司欠贵公司的货款为50 000.00元，其中30 000.00元于2023年12月5日已归还。

宏鑫制造有限责任公司
（盖章）
2024年1月18日

图 3-19

应收账款明细账

一级科目：应收账款　　　　　　　　二级科目：宏鑫制造有限责任公司

2022年		凭证		摘要	日页	借方									贷方									借或贷	余额								
月	日	种类	号数			百	十	万	千	百	十	元	角	分	百	十	万	千	百	十	元	角	分		百	十	万	千	百	十	元	角	分
10	21	记	58	销售A商品			1	0	0	0	0	0	0	0										借		1	0	0	0	0	0	0	0
11	5	记	23	收到商品款													2	0	0	0	0	0	0	借			8	0	0	0	0	0	0
12	31			本年合计			1	0	0	0	0	0	0	0			2	0	0	0	0	0	0	借			8	0	0	0	0	0	0
				本年累计			1	0	0	0	0	0	0	0			2	0	0	0	0	0	0	借			8	0	0	0	0	0	0

图 3-20

【实训要求】

（1）请代注册会计师刘敏确定所列事项的具体审计目标。

（2）管理层应该如何加强内部控制？

（3）注册会计师应采用哪些审计程序进行实质性测试？

【案例资料2】 注册会计师王奇在审计雅致股份有限公司过程中，在存货例行盘点时发现，存货盘点表与存货明细账不符。相关资料如图3-21和图3-22所示。

盘存单

单位名称：雅致股份有限公司　　　　　　　　　　　　　存放地点：一号仓库
财产类别：库存商品　　　　　2023年7月5日　　　　　　　编号：008

编号	名称	单位	数量	单价	金额	备注
01	A商品	件	80	150.00	12 000.00	
02	B商品	件	100	200.00	20 000.00	
03	C商品	件	50	180.00	9 000.00	

盘点人：××　　　　　　　　　　实物保管人：××

图 3-21

库存商品明细账

一级科目：库存商品　　　　　　　二级科目：A商品

2023年		凭证		摘要	收入										发出（略）	结存									
月	日	种类	号数		数量	单价	金额									数量	单价	金额							
							百	十	万	千	百	十	元	角	分			百	十	万	千	百	十	元	角	分
6	01			期初余额												20	150				3	0	0	0	0	0
6	13	记	28	产品完工入库	80	150			1	2	0	0	0	0	0	100	150		1	5	0	0	0	0	0
6	30			本月合计	80	150			1	2	0	0	0	0	0	100	150		1	5	0	0	0	0	0

图 3-22

【实训要求】

（1）请代注册会计师王奇确定所列事项的具体审计目标。

_____

_____

（2）管理层应该如何加强内部控制？

_____

_____

（3）注册会计师应采用哪些审计程序进行实质性测试？

_____

任务三　与列报和披露相关的审计目标

> **知识链接**

（1）发生以及权利和义务：若将没有发生的交易、事项，或与被审计单位无关的交易和事项包括在财务报表中，则违反该目标。

（2）完整性：若应当披露的事项没有包括在财务报表中，则违反该目标。

（3）分类和可理解性：财务信息已被恰当地列报和描述，且披露内容表述清楚。

（4）准确性和计价：财务信息和其他信息已公允披露，且金额恰当。

> **实训案例**

【案例资料】　注册会计师吴宁在审计江河电力有限责任公司时，发现该公司的水电站已投产发电，但由于实际支出超过预算，尚未进行竣工决算，水电站建设工程、安装工程和其他支出共计 1 314 589 803.63 元，在"在建工程"报表项目中进行核算。江河电力有限责任公司的资产负债表和利润表分别如表 3-2 和表 3-3 所示。

表 3-2　资产负债表

编制单位：江河电力有限责任公司　　　　2023 年 12 月 31 日　　　　　　　　　　单位：元

资产	年初余额	年末余额	负债和所有者权益	年初余额	年末余额
流动资产：			流动负债：		
货币资金		38 981 581.46	短期借款		21 000 000.00
交易性金融资产			交易性金融负债		
应收票据			应付票据		
应收账款		41 619 818.45	应付账款		162 603 179.96
预付账款		5 500 472.79	预收账款		
应收利息			应付职工薪酬		105 608.60
应收股利			应交税费		6 981 141.19
其他应收款		505 656.52	应付利息		18 085 853.76
存货		47 059.84	应付股利		
一年内到期的非流动资产			其他应付款		2 641 665.76

续表

资产	年初余额	年末余额	负债和所有者权益	年初余额	年末余额
其他流动资产			一年内到期的非流动负债		
流动资产合计		86 654 589.06	其他流动负债		
非流动资产：			流动负债合计		211 417 449.27
可供出售金额资产			非流动负债：		
持有至到期投资			长期借款		1 020 000 000.00
长期应收款			应付债券		
长期股权投资			长期应付款		
投资性房地产			专项应付款		
固定资产		5 077 022.65	预计负债		
在建工程		1 314 589 803.63	递延所得税负债		
工程物资			其他非流动负债		
固定资产清理			非流动负债合计		1 020 000 000.00
生产性生物资产			负债合计		1 231 417 449.27
油气资产			所有者权益：		
无形资产		1 765 568.36	实收资本（或股本）		403 050 000.00
开发支出			资本公积		
商誉			减：库存股		
长期待摊费用			盈余公积		165 100.00
递延所得税资产			未分配利润		−226 545 565.57
非流动资产			所有者权益合计		176 669 534.43
非流动资产合计		1 321 432 394.64			
资产合计		1 408 086 983.70	负债和所有者权益合计		1 408 086 983.70

表 3-3　利润表

编制单位：江河电力有限责任公司　　　　2023 年 12 月　　　　　　　　　　单位：元

项目	本期金额	上期金额
一、营业收入	112 706 776.62	
减：营业成本	16 945 603.07	
税金及附加	1 085 266.03	
销售费用		

续表

项目	本期金额	上期金额
管理费用	15 653 965.42	
财务费用	51 653 145.19	
资产减值损失		
加：公允价值变动损益（损失以"-"填列）		
投资收益		
其中：对联营企业和合营企业的投资收益		
二、营业利润	27 368 796.91	
加：营业外收入		
减：营业外支出	350 000.00	
其中：非流动资产处置损益		
三、利润总额（亏损总额以"-"填列）	27 018 796.91	
减：所得税费用	4 052 819.54	
四、净利润（净亏损以"-"填列）	22 965 977.37	
五、每股收益		
（一）基本每股收益		
（二）稀释每股收益		

【实训要求】

(1) 请代注册会计师吴宁确定所列事项的具体审计目标。

(2) 管理层违反了哪项认定？正确的会计处理是什么？

(3) 如果江河电力有限责任公司拒不修改，怎么办？

单元四 审计证据和审计工作底稿

项目一 审计证据

任务一 审计证据的含义与内容

知识链接

《审计法》中规定：审计人员通过审查会计凭证、会计账簿、财务会计报告，查阅与被审计事项有关的文件、资料，检查现金、实物、有价证券等，向有关单位和个人调查等方式进行审计，取得证明材料。审计证据是证明事实是否客观存在的材料，是证明被审计对象真相的凭证。审计证据包括财务报表依据的会计记录中含有的信息和可用作审计证据的其他信息。

审计证据按其外形特征分类可分为实物证据、书面证据、口头证据和环境证据；按其来源分类可分为外部证据和内部证据；按相互关系分类可分为基本证据、佐证证据和矛盾证据。

实训目的

掌握审计证据的类型，了解该审计证据与哪些具体审计目标相关。

实训案例

【案例资料1】 长青会计师事务所注册会计师李华在对华兴股份有限公司2023年度的会计报表进行审计时，从有关记录审查至"已付款"支票。记账凭证和转账支票存根分别如图4-1和图4-2所示。

记 账 凭 证

2023 年 7 月 1 日　　　　　　　　　　记字第 012 号

摘要	总账科目	明细科目	借方 千百十万千百十元角分	贷方 千百十万千百十元角分	
支付货款	应付账款	昆明恒德有限公司	3 2 0 0 0 0 0		附单据1张
	银行存款	中国银行昆明呈贡支行		3 2 0 0 0 0 0	
合　计			¥ 3 2 0 0 0 0 0	¥ 3 2 0 0 0 0 0	

会计主管：×× 　　　记账：×× 　　　复核：×× 　　　制单：××

图 4-1

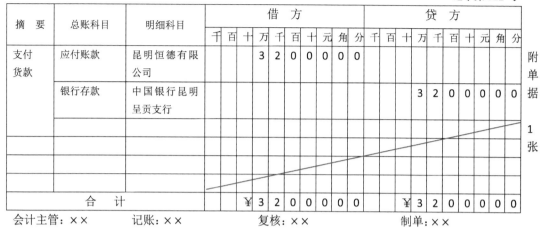

图 4-2

【实训要求】　请指出该审计程序获取的审计证据的类型，以及对应哪些审计目标。

项目	答案
获取的审计证据的类型	
具体的审计目标	

【案例资料 2】　注册会计师李华在对华兴股份有限公司 2023 年度的会计报表进行审计时，重新计算了应付利息费用。

【实训要求】 请指出该审计程序获取的审计证据的类型，以及对应哪些审计目标。

项目	答案
获取的审计证据的类型	
具体的审计目标	

【案例资料 3】 注册会计师李华在对华兴股份有限公司 2023 年度的会计报表进行审计时，向管理当局询问过存货情况。

【实训要求】 请指出该审计程序获取的审计证据的类型，以及对应哪些审计目标。

项目	答案
获取的审计证据的类型	
具体的审计目标	

【案例资料 4】 注册会计师李华在对华兴股份有限公司 2023 年度的会计报表进行审计时，计算存货周转率并与同行资料相比较。

【实训要求】 请指出该审计程序获取的审计证据的类型，并指出该审计程序属于哪一种实质性测试。

项目	答案
获取的审计证据的类型	
实质性测试的种类	

【案例资料 5】 注册会计师李华在对华兴股份有限公司 2023 年度的会计报表进行审计时，抽查报表日后销售收入、退货记录、发运单和货运凭证等。

【实训要求】 请指出该审计程序获取的审计证据的类型，以及对应哪些审计目标。

项目	答案
获取的审计证据的类型	
具体的审计目标	

任务二　审计证据的特征

知识链接

注册会计师应当保持职业怀疑态度，运用职业判断，评价审计证据的充分性和适当性。

审计证据的充分性是对审计证据数量的衡量，主要与注册会计师确定的样本量有关。客观公正的审计意见必须建立在足够数量的审计证据的基础上，但这并不是说，审计证据的数量可以无限制地增多。审计证据的充分性受到错报风险、审计证据获取的成本与效益、具体审计项目的重要程度、审计人员的经验的影响。

审计证据的适当性是对审计证据质量的衡量，即审计证据在支持各类交易、账户余额、列报（包括披露）的相关认定或发现其中存在错报方面具有相关性和可靠性。相关性和可靠性是审计证据适当性的核心内容，只有相关并且可靠的审计证据才是高质量的。

审计证据的相关性是指审计证据应当与审计目标相关。如果取得的审计证据与审计目标没有关系，即使其说服力很强，也不能用以证明或否定被审计事项。

审计证据的可靠性是指审计证据应能如实反映客观事实。审计证据的可靠性受其来源和性质的影响，并取决于获取审计证据的具体环境。

● 实训目的

掌握审计证据的充分性与适当性。

● 实训案例

【案例资料1】　华兴股份有限公司销售部经理李磊 2024 年 1 月刚刚上任，原经理王清由于承受不住业绩压力而辞职。李磊准备对应收账款进行函证。

【资料A】

企业询证函

___万隆制造有限责任公司___ 单位：

本公司聘请的长青会计师事务所正在对本公司 2023 年度财务报表进行审计，按照中国注册会计师审计准则的要求，应当询证本公司与贵公司的往来账项等事项，请列示截至 2023 年 12 月 31 日贵公司与本公司往来款项余额。回函请直接寄至长青会计师事务所。

回函地址：云南省昆明市白塔路证券大厦 5 楼长青会计师事务所

邮编：650000　电话：0871-86754666　传真：0871-86754666　联系人：王玲敏

本函仅为复核账目之用，并非催款结算，若款项在上述日期之后已经付清，仍请及时函复为盼。

华兴股份有限公司
（盖章）
2024 年 1 月 4 日

1. 贵公司与本公司的往来账项列示如下：

单位：元

截止日期	贵公司欠	欠贵公司	备注
2023 年 12 月 31 日	0.00	50 000.00	

2. 其他事项：

××单位：

（盖章）

年　月　日

【资料 B】

企业询证函

　菲菲办公用品有限责任公司　单位：

　　本公司聘请的长青会计师事务所正在对本公司 2023 年度财务报表进行审计，按照中国注册会计师审计准则的要求，应当询证本公司与贵公司的往来账项等事项，请列示截至 2023 年 12 月 31 日贵公司与本公司往来款项余额。回函请直接寄至长青会计师事务所。

　　回函地址：云南省昆明市白塔路证券大厦 5 楼长青会计师事务所

　　邮编：650000　电话：0871-86754666　传真：0871-86754666　联系人：王玲敏

　　本函仅为复核账目之用，并非催款结算，若款项在上述日期之后已经付清，仍请及时函复为盼。

华米股份有限公司
（盖章）
2024 年 1 月 4 日

1. 贵公司与本公司的往来账项列示如下：

单位：元

截止日期	贵公司欠	欠贵公司	备注
2023 年 12 月 31 日	20 000.00	10 000.00	

2. 其他事项：

××单位：

（盖章）

年　月　日

【资料 C】

企业询证函

　蓝天有限责任公司　单位：

　　本公司聘请的长青会计师事务所正在对本公司 2023 年度财务报表进行审计，按照中国注册会计师审计准则的要求，应当询证本公司与贵公司的往来账项等事项，请列示截至

2023年12月31日贵公司与本公司往来款项余额。回函请直接寄至长青会计师事务所。

回函地址：云南省昆明市白塔路证券大厦5楼长青会计师事务所

邮编：650000　电话：0871-86754666　传真：0871-86754666　联系人：王玲敏

本函仅为复核账目之用，并非催款结算，若款项在上述日期之后已经付清，仍请及时函复为盼。

华兴股份有限公司
（盖章）
2024年1月4日

1. 贵公司与本公司的往来账项列示如下：

单位：元

截止日期	贵公司欠	欠贵公司	备注
2023年12月31日	100 000.00	0.00	

2. 其他事项：

××单位：

（盖章）

年　月　日

【实训要求】　李磊对应收账款进行函证最恰当的是（　　）

A. 资料A　　　　B. 资料B　　　　C. 资料C

判断结果：_____

【案例资料2】　审计过程中，注册会计师李华发现华兴股份有限公司记录的2023年11月20日的一笔应收蓝天股份有限公司的账款，记账凭证如图4-3所示。现追查发现2024年1月3日有一张银行进账单，如图4-4所示。

记 账 凭 证

2023年11月20日

记字第12号

摘要	总账科目	明细科目	借方 千 百 十 万 千 百 十 元 角 分	贷方 千 百 十 万 千 百 十 元 角 分	
出售电脑	银行存款	中国银行昆明呈贡支行	4 5 2 0 0 0 0		附单据3张
	主营业务收入	联想电脑		4 0 0 0 0 0 0	
	应交税费	应交增值税（销项税额）		5 2 0 0 0 0	
合计			¥ 4 5 2 0 0 0 0	¥ 4 5 2 0 0 0 0	

会计主管：××　　　记账：××　　　复核：××　　　制单：××

图4-3

中国银行 进 账 单（收账通知） 3

2024 年 1 月 3 日

出票人	全称	蓝天股份有限公司	收款人	全称	华兴股份有限公司
	账号	浦发银行世纪城支行		账号	中国银行昆明呈贡支行
	开户银行	586316222877123654		开户银行	228586317123654627

金额	人民币（大写）	肆万伍仟贰佰元整	亿	千	百	十	万	千	百	十	元	角	分
							¥	4	5	2	0	0	0

票据种类	转账支票	票据张数	壹
票据号码	00172388		

中国银行
昆明呈贡支行
2024.01.03
转讫

复核： 记账： 收款人开户银行签章

图 4-4

【实训要求】 长青会计师事务所将记账凭证与银行进账单相互核对，可以得到下列哪些与 2023 年 12 月 31 日应收账款相关的认定？（　　）

A. 存在　　　　B. 计价和分摊　　　　C. 完整性　　　　D. 截止

判断结果：_____

【案例资料 3】 华兴股份有限公司 2023 年 7 月 1 日销售一批货物给新天地股份有限公司，2023 年 12 月 31 日未取得销售款，公司计提了 10% 的坏账准备，出库单与银行进账单分别如图 4-5 和图 4-6 所示。

出库单

出货单位：华兴股份有限公司　　　　2023 年 7 月 1 日　　　　单号：160984

提货单位或领货部门	新天地股份有限公司	销货单号	1832118	发出仓库	第一仓库	出库日期	2023年7月1日

编号	名称及规格	单位	数量		单价	金额
			应发	实发		
	电脑	台	100	100	2 000	200 000.00
合计						¥200 000.00

部门经理：×× 　　会计：×× 　　仓库：×× 　　经办人：××

图 4-5

中国银行 进账单（收账通知） 3

2024 年 1 月 3 日

出票人	全称	新天地股份有限公司	收款人	全称	华兴股份有限公司
	账号	中国农业银行世纪城支行		账号	中国银行昆明呈贡支行
	开户银行	386316222877123654		开户银行	228586317123654627

金额	人民币（大写）	贰拾贰万陆仟元整	亿 千 百 十 万 千 百 十 元 角 分
			¥ 2 2 6 0 0 0 0 0

票据种类	转账支票	票据张数	壹
票据号码	00172388		

中国银行
昆明呈贡支行
2024.01.03
转讫

复核： 记账： 收款人开户银行签章

图 4-6

【实训要求】

会计师事务所为获取与坏账准备计价有关的审计证据，采用下列哪项措施最有效？
A. 检查出库单　　B. 检查销售发票　　C. 检查日后收款情况

判断结果：

【案例资料 4】 华兴股份有限公司 2023 年的存货盘点表如表 4-1 和表 4-2 所示。

客户名称：华兴股份有限公司　　　　　　　日期：2024 年 1 月 8 日

期间：2023 年 1 月 1 日—2023 年 12 月 31 日　　制表人：王宇

科目：存货　　　　　　　　　　　　　　　复核人：王玲

表 4-1　从实物到盘点表

序号	品名	规格/件号	单价	金额	客户盘点数	实盘数量	差异	原因
1	A 型电脑				120	120	0	
2	B 型电脑				200	200	0	
3	C 型电脑				300	300	0	
4	D 型电脑				160	160	0	
5								
6								
7								

表 4-2　从盘点表到实物

序号	品名	规格/件号	单价	金额	客户盘点数	实盘数量	差异	原因
1	A 型电脑				120	120	0	
2	B 型电脑				200	200	0	
3	C 型电脑				300	300	0	
4	D 型电脑				160	160	0	
5								

抽盘率：40%

抽盘人：××　　　　　仓管员：××　　　　　其他盘点人：××

日期：2024年1月9日　　日期：2024年1月9日　　日期：2024年1月9日

【实训要求】

根据背景单据，注册会计师能否获得华兴股份有限公司的存货计价相关的审计证据？

A. 能　　　　　B. 不能

判断结果：_____

【案例资料5】华兴股份有限公司的增值税专用电子发票和差旅费报销单分别如图4-7和图4-8所示。

云南省增值税电子专用发票

发票代码：011002301511
发票号码：01831380
开票日期：2023年12月8日
校验码：16918 05801 16443 83661

机器编号：320005317011

购货单位	名称：红星制造有限责任公司					密码区			
	纳税人识别号：320282660068019								
	地址、电话：昆明市拓东路144号								
	开户行及账号：建设银行拓东路支行								
货物或应税劳务名称	规格型号	单位	数量	单价	金额		税率	税额	
甲商品		件	500	200	100 000.00		13%	13 000.00	
合计					100 000.00			13 000.00	
价税合计（大写）	⊗壹拾壹万叁仟元整					（小写）¥113 000.00			
销售单位	名称：华兴股份有限公司					备注			
	纳税人识别号：3502110000101020								
	地址、电话：昆明市一二一大街105号								
	开户行及账号：中国银行圆西路支行								

收款人：××　　　复核：××　　　开票人：××

图 4-7

差旅费报销单

2023 年 11 月 23 日

所属部门	宣传部		姓名	王强		出差天数	自 11 月 2 日至 11 月 8 日共 6 天		
出差事由	业务宣传			借支旅费	日期	2023.11.15		金额 ￥3 000.00	
					结算金额：￥0			现金付讫	
出发		到达		起止地点		交通费	住宿费	伙食费	其他
月	日	月	日						
11	2	11	3	昆明		800	160	400	140
11	7	11	8	上海		800	360	400	140
合计				零 万 叁 仟 零 佰 零 拾 零 元 零 角 零 分					￥3 000.00

总经理：×× 财务经理：×× 部门经理：×× 会计：×× 出纳：×× 报销人：××

图 4-8

【**实训要求**】根据上述资料，通常情况下哪种审计证据更可靠？

A. 增值税专用发票　　　　　　　　B. 差旅费报销单

判断结果：_____

【**案例资料 6**】审计过程中，长青会计师事务所得到了被审计单位华兴股份有限公司的两张单据，分别是折旧费计算表（表 4-3）和参观被审计单位经营场所的记录表（表 4-4）。

表 4-3　折旧费计算表

2023 年 12 月　　　　　　　　　　　　　　　　　　　　单位：元

使用部门	固定资产类别					金额
	建筑物	机器设备	运输设备	其他设备		
生产车间	1 000.00	3 000.00	2 000.00	2 000.00		8 000.00
管理部门	2 000.00	4 000.00	3 000.00	1 000.00		10 000.00
合计	￥3 000.00	￥7 000.00	￥5 000.00	￥3 000.00		￥18 000.00

审核：××　　　　制单：××

表 4-4　参观被审计单位经营场所的记录表

单位名称：华兴股份有限公司	编制人：李想	日期：2024 年 1 月 15 日	索引号：D-20-01
会计期间：2023 年 1 月 1 日–2023 年 12 月 31 日	复核人：杨柳	日期：2024 年 1 月 15 日	页　次：P245

审计目标：
了解正大股份有限公司的基本情况，从而对内部控制风险有一个基本的了解和大致的评价。
审计方法：
观察　检查　询问
审计结果记录：
1. 参观场所：华兴股份有限公司第二条生产流水线及关键技术环节生产车间。
2. 概况：生产有条不紊，每台机器都有一个机长和两个操作员负责，机长定期检查设备使用情况以及对设备性能做出评价。固定资产使用、停用和报废有专人负责。
3. 生产情况：流水线操作，每个工段有一段长进行质量控制，上工前都要阅读操作指南，下班时有专人负责设备检修和定期保养。
4. 员工情况：员工分为两类，即技术指导人员和车间操作人员。技术指导员是重点院校研究员，技术精湛；车间操作人员定期学习业务知识。
5. 设备情况：设备保养很好，80%的设备都在折旧年限内，10%的设备已经提足折旧但是仍在继续使用，10%的设备正在安装期间。
审计说明：
华兴股份有限公司有三条生产流水线，本次审计只选取了第二条生产流水线现场观察，因为其他两条生产线去年也是本所审计，本所做的现场观察，且两条生产流水线本年无变化。
审计结论：
华兴股份有限公司在设备保养方面内部控制严格，为固定资产的计价测试提供初步审计证据，流水线操作规范，存货质量良好，为存货的减值测试提供初步审计证据。

【实训要求】通常情况下，哪种证据更为可靠？

A. 折旧费计算表　　　　　　　　　B. 参观被审计单位经营场所的记录表

判断结果：＿＿＿＿＿＿＿＿＿＿＿

【案例资料 7】长青会计师事务所获得了华兴股份有限公司的两个审计证据，分别是收款收据（图 4-9）和银行进账单（图 4-10）。

```
                      收  款  收  据         NO.0017106
              入账日期：  2023 年 12 月 10 日

        今收到    蓝天股份有限公司
        金额（大写）  叁万贰仟零佰零拾零元零角零分
        收款事由    采购电脑
        ¥ 32 000.00           收款单位（财务专用章）
                              【华兴股份有限公司 财务专用章】
        核准：××  会计：××  记账：××  出纳：××  经手人：××
```
第二联：收款联

图 4-9

中国银行 进 账 单（收账通知） 3

2023年8月3日

出票人	全称	新天地股份有限公司	收款人	全称	华兴股份有限公司
	账号	中国农业银行世纪城支行		账号	中国银行昆明呈贡支行
	开户银行	386316222877123654		开户银行	228586317123654627

金额	人民币（大写）	肆万贰仟贰佰贰拾元整		亿	千	百	十	万	千	百	十	元	角	分
			¥				4	2	2	2	0	0	0

票据种类	转账支票	票据张数	壹
票据号码	00172388		

中国银行昆明呈贡支行 2023.08.03 转讫

复核： 记账： 收款人开户银行签章

图 4-10

【实训要求】通常情况下，哪种证据更为可靠？

A. 收款收据　　　　　　　　　B. 银行进账单

判断结果：

任务三　获取审计证据的审计程序

知识链接

审计程序是指注册会计师在审计过程中的某个时间，对将要获取的某类审计证据如何进行收集的详细指令。

按审计程序的目的可将注册会计师为获取充分、适当的审计证据而实施的审计程序分为风险评估程序、内部控制测试（必要时或决定测试时）和实质性程序三个环节。在实施风险评估程序、内部控制测试或实质性程序时，注册会计师可根据需要单独或综合运用检查记录或文件、检查有形资产、观察、询问、函证、重新计算、重新执行和分析程序等具体审计程序，以获取充分、适当的审计证据。

实训目的

掌握获取审计证据的审计程序。

实训案例

【案例资料 1】长青会计师事务所在审计华兴股份有限公司 2023 年度的财务报表时，采取了盘点库存现金、观察被审计单位盘点存货、观察存货内部控制程序的执行等审计方法，如表 4-5 所示。

表 4-5　审计方法与审计程序、审计证据的关系

审计方法	管理当局认定	审计程序	审计证据
盘点库存现金	现金的存在、准确性和计价认定		
观察被审计单位盘点存货	存货存在、完整性与准确性和计价认定		
观察存货内部控制程序的执行	存货的所有权认定		
分析行业成本变化趋势	成本发生、完整性与准确性认定		
比较实际销售与销售预算	销售存在、完整性与准确性认定		
重新计算折旧	折旧的准确性认定		
检查银行对账单	银行存款存在、权利与计价认定		
向债务人函证应收款余额	应收账款的存在、权利与计价认定		
询问存货过时情况	存货计价认定		

【实训要求】请完成表 4-5，填列对应的审计程序和审计证据。

【案例资料 2】注册会计师李华在审计华兴股份有限公司截至 2023 年 12 月 31 日的年度会计报表时，已对该公司的购货、验收、应付账款和现金支出的内部控制做了适当的研究，并决定不执行符合性测试。根据分析性复核程序，注册会计师李华认为 2023 年 12 月 31 日该公司资产负债表上所列的应付账款余额有可能低估，他已要求并取得了华兴股份有限公司编制的应付账款明细表。

【实训要求】

(1) 在审计应付账款时，注册会计师李华应执行哪些实质性测试程序？

(2) 注册会计师李华应如何查找未入账的应付账款？

项目二 审计工作底稿

任务一 审计工作底稿的定义、作用与内容

知识链接

审计工作底稿，是指注册会计师对制订的审计计划、实施的审计程序、获取的相关审计证据，以及得出的审计结论做出的记录。审计工作底稿是审计证据的载体，是注册会计师在审计过程中形成的审计工作记录和获取的资料。它形成于审计过程，也反映整个审计过程。

审计工作底稿具有以下几方面的作用：(1) 审计工作底稿是形成审计结论、发表审计意见的直接依据；(2) 审计工作底稿是评价考核注册会计师专业能力和工作业绩、明确其审计责任的主要依据；(3) 审计工作底稿是审计质量控制和监督的基础；(4) 审计工作底稿对未来审计业务具有参考备查作用。

审计工作底稿通常包括总体审计策略、具体审计计划、分析表、问题备忘录、重大事项概要、询证函回函、管理层声明书、核对表、有关重大事项的往来信件（包括电子邮件），以及对被审计单位文件记录的摘要或复印件等。此外，审计工作底稿通常还包括业务约定书、管理建议书、项目组内部或项目组与被审计单位举行的会议记录、与其他人士（如其他注册会计师、律师、专家等）的沟通文件及错报汇总表等。

实训目的

熟悉审计工作底稿的定义、作用与分类。

实训案例

【案例资料】 注册会计师李华受托审计华兴股份有限公司截至 2023 年 12 月 31 日的年度会计报表。

【实训要求】 下列选项为李华在确定审计工作底稿的格式、要素和范围时考虑错误的因素的是（　　）。

A. 业务越复杂，对被审计单位进行审计形成的审计工作底稿越多

B. 识别出的重大错报风险越高，被审计单位形成的工作底稿越多且范围越广

C. 无论审计证据质量高还是低，都要记录于审计工作底稿中

D. 审计方法和使用的工具的不同会使审计工作底稿在格式、内容和范围方面有所不同

判断结果：_____

任务二　审计工作底稿的复核

知识链接

审计工作底稿的复核是指对审计工作底稿的再审核。一张审计工作底稿往往由一名专业人士独立完成，编制过程中有可能出现差错，因此在审计工作底稿编制完成后，必须通过一定的程序进行复核。

根据独立审计准则的要求，会计师事务所应该对审计工作底稿进行复核的人员级别、复核程序与要点、复核人职责做出明文规定，形成一项制度。通常，根据我国会计师事务所的组织规模和业务范围，可以实行对审计工作底稿的三级复核制度。审计工作底稿三级复核制度是指以主任会计师、部门经理（或签字注册会计师）和项目负责人（或项目经理）为复核人，依照规定的程序和要点对审计工作底稿进行逐级复核的制度。

注册会计师及相关负责人对审计工作底稿进行复核的内容：审计工作底稿从形式上包括的要素是否齐全，是否规范；审计工作底稿记录的事项所引用的资料是否翔实、可靠；各种审计程序是否按计划实施并取得相应的证据；各种审计证据是否充分、适当；审计判断是否有理有据；审计结论是否恰当。

实训目的

熟悉和掌握审计工作底稿的形成和复核。

实训案例

【案例资料1】　注册会计师李华受托审计华兴股份有限公司截至2018年12月31日年度的会计报表。

【实训要求】　下列关于审计工作底稿中编制人员和复核人员的相关说法正确的有（　　）。

A. 每一张审计工作底稿中通常都要注明执行审计工作的人员和复核人员

B. 实务中如果若干页底稿记录同一性质的具体审计程序，但没有编制在同一个索引号中，可以仅在审计工作底稿的第一页上记录审计工作的执行人员和复核人员

C. 实务中如果若干页底稿记录不同性质的具体审计程序，但编制在同一个索引号中，可以仅在审计工作底稿的第一页上记录审计工作的执行人员和复核人员

D. 实务中如果若干页底稿记录同一性质的具体审计程序，并编制在同一个索引号中，可以仅在审计工作底稿的第一页上记录审计工作的执行人员和复核人员

判断结果：＿＿＿＿＿＿＿＿＿＿＿＿＿＿＿＿＿＿＿＿＿＿＿＿＿＿＿

【案例资料2】 高泽会计师事务所审计东方公司（上市公司）2023年度财务报表，指派王海注册会计师为项目合伙人，李琼注册会计师为项目质量控制复核人，审计过程中遇到的事项摘录如下：

（1）对于项目组中实习生张伟编制的关于重大会计估计的审计工作底稿，王海注册会计师要安排经验较丰富的审计助理人员复核，必要时王海注册会计师要亲自复核。

（2）王海注册会计师要求项目组中的两位项目经理对其各自负责部分的总体质量负责，将该项审计业务的责任落实到执行具体审计业务的审计助理人员及项目经理。

（3）王海注册会计师无须对所有审计工作底稿进行复核，其主要职责是对关键领域做出判断，尤其是对执行业务过程中识别出的疑难问题或争议事项进行复核。

（4）由于事务所业务繁忙，对东方公司的审计时间比较紧张，王海注册会计师决定先出具审计报告，待时间宽裕之时，再提交李琼注册会计师进行项目质量控制复核。

（5）项目质量控制复核人一方面要具备客观性，另一方面又要能够为此次审计业务提供必要的业务咨询。

（6）在实施项目质量控制复核时，李琼注册会计师应当考虑项目组就此次审计业务对会计师事务所独立性做出的评价。

【实训要求】 假定不考虑其他事项，逐项判断注册会计师的做法是否恰当。如不恰当，请简要说明理由。

_____
_____
_____
_____
_____

【案例资料3】 A注册会计师是甲公司（上市公司）2023年度财务报表审计业务的项目合伙人，在实施审计工作过程中，A注册会计师和其他项目组成员需要编制、复核和利用审计工作底稿，A注册会计师于2024年3月10日完成了审计工作并出具了审计报告，相关情况如下：

（1）3月15日，由ABC会计师事务所指定专门机构的人员B对甲公司的财务报表审计业务执行了项目质量控制复核。

（2）由于对甲公司执行了项目质量控制复核，A注册会计师决定不对甲公司实施项目组内部复核。

（3）在归整审计工作底稿时，项目组助理人员C复印了部分审计工作底稿作为参考资料，以供日后学习参考。

（4）虽然最初确定的财务报表的重要性与最终确定的重要性不同，但是A注册会计师认为应该完整地记录整个审计过程，所以对重要性初步思考的记录也应作为审计工作底稿保存。

(5) 在编制采购业务审计工作底稿时，由于甲公司对订购单仅以序列号进行编号，项目组成员 D 直接将该号码作为识别特征。

【实训要求】 针对上述情况，逐项指出项目合伙人和其他项目组成员的做法是否存在不当之处。如果存在不当之处，简要说明理由。

_____
_____
_____
_____
_____

任务三　审计工作底稿的归档

知识链接

审计工作底稿经过分类整理、汇集归档后，就形成了审计档案。审计档案是会计师事务所审计工作重要的历史资料，应妥善保管。审计档案按使用期限的长短和作用的大小可分为永久性档案和当期档案两类。

永久性档案是指那些记录内容相对稳定，具有长期使用价值，并对以后审计工作具有重要影响和直接作用的审计工作底稿所组成的审计档案。永久性档案包括审计业务约定书、审计计划、审计报告审定稿、审计总结及审计调整分录等综合性的审计工作记录和重要法律性文件、重要会议记录和纪要、重要经济合同与协议、企业营业执照、公司章程和副本或复印件。对于永久性档案，应当长期保存。

当期档案由那些记录内容在各年度之间经常发生变化，只供当期审计使用和下期审计参考的审计工作底稿组成。它只能用来说明被审计单位在该次审计时间范围内的经济活动情况。对于当期档案，会计师事务所应当自审计报告签发之日起，至少保存十年。

实训目的

熟悉和掌握审计档案的管理。

实训案例

【案例资料1】 天利会计师事务所受托审计甲公司截至 2023 年 12 月 31 日的年度会计报表。

【实训要求】 下列关于甲公司 2023 年度财务报表审计业务归档日期的说法不正确的是（　　）。

A. 注册会计师于 2024 年 2 月 28 日完成了审计工作，并于 2024 年 3 月 10 日实际编

写完成了对甲公司 2023 年度财务报表的审计报告，所形成的审计工作底稿应当于 2024 年 4 月 28 日之前归档

B. 注册会计师于 2024 年 2 月 28 日完成了对甲公司 2023 年度财务报表的审计工作，并于 3 月 6 日出具了否定意见审计报告。3 月 9 日，会计师事务所根据新的重大情况撤销了审计报告并不再实施进一步审计，相关的审计工作底稿已于 2024 年 5 月 1 日归档

C. 按照时间预算的规划，审计项目组应于 2024 年 3 月 1 日至 10 日实施对甲公司 2023 年度财务报表的审计工作。3 月 6 日，因发现甲公司存在重大舞弊事项，会计师事务所决定终止该项审计业务，此时，将已形成的审计工作底稿全部作废

D. 注册会计师于 2024 年 2 月 1 日完成了对甲公司 2023 年度财务报表审计业务，2024 年 2 月 2 日将相关工作底稿整理归档

判断结果：

【案例资料 2】 ABC 会计师事务所负责对甲公司 2023 年度财务报表进行审计。2024 年 2 月 15 日，注册会计师完成审计业务并出具审计报告。4 月 1 日，在归整审计工作底稿时，A 注册会计师将原制订的审计计划的初步思考的文件记录删除。5 月 30 日，B 注册会计师完成对甲公司 2023 年审计工作底稿的归档工作。6 月 10 日，项目合伙人 C 注册会计师发现在审计固定资产时，某项重要资产因为疏漏而没有记录，于是私下修改了工作底稿，并未做任何记录。

【实训要求】 根据以上资料，回答下列问题：

（1）A 注册会计师的做法是否正确？如不正确，简要说明理由。

（2）B 注册会计师完成审计工作底稿的归档期限是否符合要求？如不符合要求，简要说明理由。

（3）C 注册会计师的做法是否正确？如不正确，简要说明理由。

（4）简述在归档期后，注册会计师需要变动审计工作底稿的两种情形。

单元五 计划审计工作

项目一 业务承接

任务一 认识初步业务活动

● 知识链接

初步业务活动包括：了解和评价审计对象的可审性；决策是否考虑接受委托；商定业务约定条款；签订审计业务约定书；等等。

1. 初步业务活动的目的

注册会计师在计划审计工作前，需要开展初步业务活动，以实现以下三个目的：

第一，确保注册会计师已具备执行业务所需要的独立性和专业胜任能力；

第二，确保不存在因管理层诚信问题而影响注册会计师保持该项业务意愿的情况；

第三，确保与被审计单位不存在对业务约定条款的误解。

2. 初步业务活动的内容

（1）初步了解被审计单位及其环境。

（2）评价被审计单位的治理层与管理层是否诚信。

（3）评价会计师事务所和注册会计师遵守准则的情况。

（4）签订或修改审计业务约定书。

● 实训目的

掌握初步业务活动的内容。

● 实训案例

【案例资料】 新华会计师事务所主任会计李晓红和助理审计人员张山应 ABC 公司的邀请，前往该公司洽谈业务。李晓红和张山对 ABC 公司委托审计的目的、业务的性质、审计收费、审计范围是否受到限制、审计工作是否能够顺利推进、ABC 公司提供协助的事项等方面进行了初步了解后，当即与 ABC 公司签订了审计业务约定书。

【实训要求】 请问：与 ABC 公司立即签约是否正确？为什么？

_____
_____
_____

任务二　审计业务约定书的签订

知识链接

1. 审计业务约定书的定义

审计业务约定书是指会计师事务所与被审计单位签订的，用以记录和确认审计业务的委托与受托关系、审计目标和范围、双方的责任以及报告的格式等事项的书面协议。

2. 审计业务约定书的作用

（1）审计业务约定书可增进会计师事务所与被审计单位之间的相互了解，以避免双方对审计业务的理解产生分歧，尤其是可以使被审计单位了解注册会计师的审计责任及需要提供的协助和合作。

（2）审计业务约定书可作为被审计单位评价审计业务完成情况，以及会计师事务所检查被审计单位约定义务履行情况的依据，保证签约各方的利益。

（3）出现法律诉讼时，审计业务约定书是确定签约各方应负责任的重要证据。

3. 审计业务约定书的基本内容

（1）财务报表审计的目标。

（2）管理层对财务报表的责任。

（3）管理层编制财务报表采用的会计准则和相关会计制度。

（4）注册会计师的责任。

（5）执行审计工作的安排，包括出具审计报告的时间要求。

（6）审计报告格式和对审计结果的其他沟通形式。

（7）由于测试的性质和审计的其他固有限制，以及内部控制的固有局限性，不可避免地存在着某些重大错报可能仍然未被发现的风险。

（8）管理层为注册会计师提供必要的工作条件和协助。

（9）注册会计师不受限制地接触任何与审计有关的记录、文件和所需要的其他信息。

（10）管理层对其做出的与审计有关的声明予以书面确认。

（11）注册会计师对执业过程中获知的信息保密。

（12）审计收费，包括收费的计算基础和收费安排。

（13）违约责任。

(14) 解决争议的方法。

(15) 签约双方法定代表人或其授权代表的签字盖章，以及签约双方加盖的公章。

● 实训目的

(1) 理解审计业务约定书的定义。

(2) 掌握审计业务约定书的作用。

(3) 掌握审计业务约定书的基本内容。

● 实训案例

【案例资料1】　洪宇股份有限公司于2023年1月9日与瑞华会计师事务所签订审计业务约定书，对其上一年度的会计报表进行审计。洪宇股份有限公司承诺次日之前提供审计所需的全部资料。公司应于本约定书签署之日起7日内支付20%的审计费用，审计费用按乙方各级别工作人员在本次工作中所耗费的时间计算，其余款项于审计报告出具当日结清。若出现不可预见的原因致无法完成审计工作，公司应支付5 000元补偿费，并于收到乙方收款通知之日起3日内结清。瑞华会计师事务所承诺2023年3月2日之前出具审计报告，一式六份。双方协定的收费为35万元。约定书自签订之日起生效，争议解决方式：提交当地仲裁委员会仲裁。

审计业务约定书

甲方：_____

乙方：_____

兹由甲方委托乙方对_____年度财务报表进行审计，经双方协商，达成以下约定：

一、审计的目标和范围

1. 乙方接受甲方委托，对甲方按照企业会计准则编制的_____年_____月_____日的资产负债表，_____年度的利润表、所有者权益（或股东权益）变动表和现金流量表以及财务报表附注（以下统称"财务报表"）进行审计。

2. 乙方审计工作的目标是对财务报表整体是否不存在由于舞弊或错误导致的重大错报获取合理保证，并出具包含审计意见的审计报告。合理保证是高水平的保证，但并不能保证按照审计准则执行的审计在某一重大错报存在时总能发现。错报可能由于舞弊或错误导致，如果合理预期错报单独或汇总起来可能影响财务报表使用者依据财务报表做出的经济决策，则通常认为错报是重大的。

3. 乙方通过执行审计工作，对财务报表的下列方面发表审计意见：(1) 财务报表是否在所有重大方面按照企业会计准则的规定编制；(2) 财务报表是否在所有重大方面公允反映了甲方_____年_____月_____日的财务状况以及

□□□□□年度的经营成果和现金流量。

二、甲方的责任

1. 根据《中华人民共和国会计法》及《企业财务会计报告条例》，甲方及甲方负责人有责任保证会计资料的真实性和完整性。因此，甲方管理层有责任妥善保存和提供会计记录（包括但不限于会计凭证、会计账簿及其他会计资料），这些记录必须真实、完整地反映甲方的财务状况、经营成果和现金流量。

2. 按照企业会计准则的规定编制和公允列报财务报表是甲方管理层的责任，这种责任包括：（1）按照企业会计准则的规定编制财务报表，并使其实现公允反映；（2）设计、执行和维护必要的内部控制，以使财务报表不存在由于舞弊或错误导致的重大错报。

3. 在编制财务报表时，甲方管理层负责评估甲方的持续经营能力，必须时披露与持续经营相关的事项，并运用持续经营假设，除非管理层计划清算、终止运营或别无其他现实的选择。甲方治理层负责监督甲方的财务报告过程。

4. 及时为乙方的审计工作提供与审计有关的所有记录、文件和所需的其他信息（在□□□□年□□□□□□月□□□□□□日之前提供审计所需的全部资料，如果在审计过程中需要补充资料亦应及时提供），并保证所提供资料的真实性和完整性。

5. 确保乙方不受限制地接触其认为必要的甲方内部人员和其他相关人员。

6. 甲方管理层对其做出的与审计有关的声明予以书面确认。

7. 为乙方派出的有关工作人员提供必要的工作条件和协助，乙方将于外勤工作开始前提供主要事项清单。

8. 按照本约定书的约定及时足额支付审计费用以及乙方人员在审计期间的交通、食宿和其他相关费用。

9. 乙方的审计不能减轻甲方及甲方管理层的责任。

三、乙方的责任

1. 乙方的责任是在执行审计工作的基础上对甲方财务报表发表审计意见。乙方根据中国注册会计师审计准则（以下简称"审计准则"）的规定执行审计工作。审计准则要求注册会计师遵守中国注册会计师职业道德守则，计划和执行审计工作以对财务报表是否不存在重大错报获取合理保证。

2. 审计工作涉及实施审计程序，以获取有关财务报表金额和披露的审计证据。选择的审计程序取决于乙方的判断，包括对由于舞弊或错误导致的财务报表重大错报风险的评估。在进行风险评估时，乙方考虑与财务报表编制和公允列报相关的内部控制，以设计恰当的审计程序，但目的并非对内部控制的有效性发表意见。审计工作还包括评价管理层选用会计政策的恰当性和做出会计估计的合理性，以及评价财务报表的总体列报。

3. 由于审计和内部控制的固有限制，即使按照审计准则的规定适当地计划和执行审计工作，仍不可避免地存在财务报表的某些重大错报可能未被乙方发现的风险。

4. 在审计过程中，乙方若发现甲方存在乙方认为值得关注的内部控制缺陷，应以书面形式向甲方治理层或管理层通报。但乙方通报的各种事项，并不代表已全面说明所有可能存在的缺陷或已提出所有可行的改进建议。甲方在实施乙方提出的改进建议前应全面评估其影响。未经乙方书面许可，甲方不得向任何第三方提供乙方出具的沟通文件。

5. 按照约定时间完成审计工作，出具审计报告。乙方应于 ☐ 年 ☐ 月 ☐ 日前出具审计报告。

6. 除下列情况外，乙方应当对执行业务过程中知悉的甲方信息予以保密：(1) 法律法规允许披露，并取得甲方的授权；(2) 根据法律法规的要求，为法律诉讼、仲裁准备文件或提供证据，以及向监管机构报告发现的违法行为；(3) 在法律法规允许的情况下，在法律诉讼、仲裁中维护自己的合法权益；(4) 接受注册会计师协会或监管机构的执业质量检查，答复其询问和调查；(5) 法律法规、执业准则和职业道德规范规定的其他情形。

四、审计收费

1. 本次审计服务的收费是以 ☐ 为基础计算的。乙方预计本次审计服务的费用总额为人民币 ☐ 万元。

2. 甲方应于本约定书签署之日起 ☐ 日内支付 ☐ %的审计费用，其余款项于 ☐ 结清。

3. 如果由于无法预见的原因，致使乙方从事本约定书所涉及的审计服务实际时间较本约定书签订时预计的时间有明显增加或减少时，甲、乙双方应通过协商，相应调整本部分第1段所述的审计费用。

4. 如果由于无法预见的原因，致使乙方人员抵达甲方的工作现场后，本约定书所涉及的审计服务中止，甲方不得要求退还预付的审计费用；如上述情况发生于乙方人员完成现场审计工作，并离开甲方的工作现场之后，甲方应另行向乙方支付人民币 ☐ 元的补偿费，该补偿费应于甲方收到乙方的收款通知之日起 ☐ 日内支付。

5. 与本次审计有关的其他费用（包括交通费、食宿费等）由甲方承担。

五、审计报告和审计报告的使用

1. 乙方按照中国注册会计师审计准则规定的格式和类型出具审计报告。

2. 乙方向甲方致送审计报告一式 ☐ 份。

3. 甲方在提交或对外公布乙方出具的审计报告及其后附的已审计财务报表时，不得对其进行修改。当甲方认为有必要修改会计数据、报表附注和所做的说明时，应当事先通知乙方，乙方将考虑有关的修改对审计报告的影响，必要时，将重新出具审计报告。

六、本约定书的有效期间

本约定书自签署之日起生效，并在双方履行完毕本约定书约定的所有义务后终止。但其中第三项第6段、第四、五、七、八、九、十项并不因本约定书终止而失效。

七、约定事项的变更

如果出现不可预见的情况，影响审计工作如期完成，或需要提前出具审计报告，甲、乙双方均可要求变更约定事项，但应及时通知对方，并由双方协商解决。

八、终止条款

1. 如果根据乙方的职业道德及其他有关专业职责、适用的法律法规或其他任何法定的要求，乙方认为已不适宜继续为甲方提供本约定书约定的审计服务，乙方可以采取向甲方提出合理通知的方式终止履行本约定书。

2. 在本约定书终止的情况下，乙方有权就其于终止之日前对约定的审计服务项目所做的工作收取合理的费用。

九、违约责任

甲、乙双方按照《中华人民共和国合同法》的规定承担违约责任。

十、适用法律和争议解决

本约定书的所有方面均应适用中华人民共和国法律进行解释并受其约束。本约定书履行地为乙方出具审计报告所在地，因本约定书引起的或与本约定书有关的任何纠纷或争议（包括关于本约定书条款的存在、效力或终止，或无效之后果），双方协商确定采取以下第 _____ 种方式予以解决：

（1）向有管辖权的人民法院提起诉讼；

（2）提交当地仲裁委员会仲裁。

十一、双方对其他有关事项的约定

本约定书一式两份，甲、乙双方各执一份，具有同等法律效力。

授权代表： _____   授权代表： _____

_____ 年 _____ 月 _____ 日   _____ 年 _____ 月 _____ 日

【实训要求】 根据以上所给资料，将双方的审计业务约定书填写完整。

【案例资料2】 长城股份有限公司于2023年1月30日与北京万众会计师事务所签订审计业务约定书，对其上一年度的会计报表进行审计。长城股份有限公司预计最迟能够在2023年2月1日之前提供审计所需的全部资料。公司应于本约定书签署之日支付10%的审计费用，审计费用按乙方各级别工作人员在本次工作中所耗费的时间计算，其余款项于审计报告出具当日结清。若出现不可预见的原因致无法完成审计工作，公司应支付2 000元补偿费，并于收到乙方收款通知之日起3日内结清。而鉴于公司需要，审计报告出具的最后期限为2023年3月12日，并且需要一式六份。双方协定的收费为2.4万元。约定书自签订之日起生效，解决争议方式：提交当地仲裁委员会仲裁。

审计业务约定书

甲方： _____

乙方： _____

兹由甲方委托乙方对 _____ 年度财务报表进行审计，经双方协商，达成以下约定：

一、审计的目标和范围

1. 乙方接受甲方委托，对甲方按照企业会计准则编制的 _____ 年 _____ 月 _____ 日的资产负债表， _____ 年度的利润表、所有者权益（或股东权益）变动表和现金流量表以及财务报表附注（以下统称"财务报表"）进行审计。

2. 乙方审计工作的目标是对财务报表整体是否不存在由于舞弊或错误导致的重大错报获取合理保证，并出具包含审计意见的审计报告。合理保证是高水平的保证，但并不能保证按照审计准则执行的审计在某一重大错报存在时总能发现。错报可能由于舞弊或错误导致，如果合理预期错报单独或汇总起来可能影响财务报表使用者依据财务报表做出的经济决策，则通常认为错报是重大的。

3. 乙方通过执行审计工作，对财务报表的下列方面发表审计意见：（1）财务报表是否在所有重大方面按照企业会计准则的规定编制；（2）财务报表是否在所有重大方面公允反映了甲方 ☐ 年 ☐ 月 ☐ 日的财务状况以及 ☐ 年度的经营成果和现金流量。

二、甲方的责任

1. 根据《中华人民共和国会计法》及《企业财务会计报告条例》，甲方及甲方负责人有责任保证会计资料的真实性和完整性。因此，甲方管理层有责任妥善保存和提供会计记录（包括但不限于会计凭证、会计账簿及其他会计资料），这些记录必须真实、完整地反映甲方的财务状况、经营成果和现金流量。

2. 按照企业会计准则的规定编制和公允列报财务报表是甲方管理层的责任，这种责任包括：（1）按照企业会计准则的规定编制财务报表，并使其实现公允反映；（2）设计、执行和维护必要的内部控制，以使财务报表不存在由于舞弊或错误导致的重大错报。

3. 在编制财务报表时，甲方管理层负责评估甲方的持续经营能力，必须时披露与持续经营相关的事项，并运用持续经营假设，除非管理层计划清算、终止运营或别无其他现实的选择。甲方治理层负责监督甲方的财务报告过程。

4. 及时为乙方的审计工作提供与审计有关的所有记录、文件和所需的其他信息（在 ☐ 年 ☐ 月 ☐ 日之前提供审计所需的全部资料，如果在审计过程中需要补充资料亦应及时提供），并保证所提供资料的真实性和完整性。

5. 确保乙方不受限制地接触其认为必要的甲方内部人员和其他相关人员。

6. 甲方管理层对其做出的与审计有关的声明予以书面确认。

7. 为乙方派出的有关工作人员提供必要的工作条件和协助，乙方将于外勤工作开始前提供主要事项清单。

8. 按照本约定书的约定及时足额支付审计费用以及乙方人员在审计期间的交通、食宿和其他相关费用。

9. 乙方的审计不能减轻甲方及甲方管理层的责任。

三、乙方的责任

1. 乙方的责任是在执行审计工作的基础上对甲方财务报表发表审计意见。乙方根据中国注册会计师审计准则（以下简称"审计准则"）的规定执行审计工作。审计准则要求注册会计师遵守中国注册会计师职业道德守则，计划和执行审计工作以对财务报表是否不存在重大错报获取合理保证。

2. 审计工作涉及实施审计程序，以获取有关财务报表金额和披露的审计证据。选择的审计程序取决于乙方的判断，包括对由于舞弊或错误导致的财务报表重大错报风险的评估。

在进行风险评估时，乙方考虑与财务报表编制和公允列报相关的内部控制，以设计恰当的审计程序，但目的并非对内部控制的有效性发表意见。审计工作还包括评价管理层选用会计政策的恰当性和做出会计估计的合理性，以及评价财务报表的总体列报。

3. 由于审计和内部控制的固有限制，即使按照审计准则的规定适当地计划和执行审计工作，仍不可避免地存在财务报表的某些重大错报可能未被乙方发现的风险。

4. 在审计过程中，乙方若发现甲方存在乙方认为值得关注的内部控制缺陷，应以书面形式向甲方治理层或管理层通报。但乙方通报的各种事项，并不代表已全面说明所有可能存在的缺陷或已提出所有可行的改进建议。甲方在实施乙方提出的改进建议前应全面评估其影响。未经乙方书面许可，甲方不得向任何第三方提供乙方出具的沟通文件。

5. 按照约定时间完成审计工作，出具审计报告。乙方应于 _____ 年 _____ 月 _____ 日前出具审计报告。

6. 除下列情况外，乙方应当对执行业务过程中知悉的甲方信息予以保密：（1）法律法规允许披露，并取得甲方的授权；（2）根据法律法规的要求，为法律诉讼、仲裁准备文件或提供证据，以及向监管机构报告发现的违法行为；（3）在法律法规允许的情况下，在法律诉讼、仲裁中维护自己的合法权益；（4）接受注册会计师协会或监管机构的执业质量检查，答复其询问和调查；（5）法律法规、执业准则和职业道德规范规定的其他情形。

四、审计收费

1. 本次审计服务的收费是以 _____ 为基础计算的。乙方预计本次审计服务的费用总额为人民币 _____ 万元。

2. 甲方应于本约定书签署之日起 _____ 日内支付 _____ %的审计费用，其余款项于 _____ 结清。

3. 如果由于无法预见的原因，致使乙方从事本约定书所涉及的审计服务实际时间较本约定书签订时预计的时间有明显增加或减少时，甲、乙双方应通过协商，相应调整本部分第1段所述的审计费用。

4. 如果由于无法预见的原因，致使乙方人员抵达甲方的工作现场后，本约定书所涉及的审计服务中止，甲方不得要求退还预付的审计费用；如上述情况发生于乙方人员完成现场审计工作，并离开甲方的工作现场之后，甲方应另行向乙方支付人民币 _____ 元的补偿费，该补偿费应于甲方收到乙方的收款通知之日起 _____ 日内支付。

5. 与本次审计有关的其他费用（包括交通费、食宿费等）由甲方承担。

五、审计报告和审计报告的使用

1. 乙方按照中国注册会计师审计准则规定的格式和类型出具审计报告。

2. 乙方向甲方致送审计报告一式 _____ 份。

3. 甲方在提交或对外公布乙方出具的审计报告及其后附的已审计财务报表时，不得对其进行修改。当甲方认为有必要修改会计数据、报表附注和所做的说明时，应当事先通知乙方，乙方将考虑有关的修改对审计报告的影响，必要时，将重新出具审计报告。

六、本约定书的有效期间

本约定书自签署之日起生效，并在双方履行完毕本约定书约定的所有义务后终止。但其中第三项第6段、第四、五、七、八、九、十项并不因本约定书终止而失效。

七、约定事项的变更

如果出现不可预见的情况，影响审计工作如期完成，或需要提前出具审计报告，甲、乙双方均可要求变更约定事项，但应及时通知对方，并由双方协商解决。

八、终止条款

1. 如果根据乙方的职业道德及其他有关专业职责、适用的法律法规或其他任何法定的要求，乙方认为已不适宜继续为甲方提供本约定书约定的审计服务，乙方可以采取向甲方提出合理通知的方式终止履行本约定书。

2. 在本约定书终止的情况下，乙方有权就其于终止之日前对约定的审计服务项目所做的工作收取合理的费用。

九、违约责任

甲、乙双方按照《中华人民共和国合同法》的规定承担违约责任。

十、适用法律和争议解决

本约定书的所有方面均应适用中华人民共和国法律进行解释并受其约束。本约定书履行地为乙方出具审计报告所在地，因本约定书引起的或与本约定书有关的任何纠纷或争议（包括关于本约定书条款的存在、效力或终止，或无效之后果），双方协商确定采取以下第□种方式予以解决：

（1）向有管辖权的人民法院提起诉讼；

（2）提交当地仲裁委员会仲裁。

十一、双方对其他有关事项的约定

本约定书一式两份，甲、乙双方各执一份，具有同等法律效力。

授权代表：□　　　　　　授权代表：□

□年□月□日　　　　　　□年□月□日

【实训要求】　根据以上所给资料，将双方的审计业务约定书填写完整。

项目二 审计计划的编制

任务一 审计计划的编制

知识链接

审计计划的内容包括总体审计策略和具体审计计划两个层次,以将审计风险降至可接受的低水平。

1. 总体审计的策略

总体审计策略用以确定审计范围、时间和方向,并指导具体审计计划的制订。在制定总体审计策略时,应当考虑以下主要事项。

(1) 审计范围。

在确定审计范围时,注册会计师需要考虑下列事项:

① 编制财务报表适用的会计准则和相关会计制度;

② 特定行业的报告要求,如某些行业的监管部门要求提交的报告;

③ 预期的审计工作涵盖的范围,包括需审计的集团内组成部分的数量及所在地点;

④ 母公司和集团内其他组成部分之间存在的控制关系的性质,以确定如何编制合并财务报表;

⑤ 其他注册会计师参与组成部分审计的范围;

⑥ 需审计的业务分部性质,包括是否需要具备专门知识;

⑦ 外币业务的核算方法及外币财务报表折算和合并方法;

⑧ 除对合并财务报表审计之外,是否需要对组成部分的财务报表单独进行审计;

⑨ 内部审计工作的可利用性及对内部审计工作的拟信赖程度;

⑩ 被审计单位使用服务机构的情况及注册会计师如何取得有关服务机构内部控制设计、执行和运行有效性的证据;

⑪ 拟利用在以前期审计工作中获取的审计证据的程度,如获取的与风险评估程序和控制测试相关的审计证据;

⑫ 信息技术对审计程序的影响,包括数据的可获得性和预期使用计算机辅助审计技术的情况;

⑬ 根据中期财务信息审阅及在审阅中所获信息对审计的影响,相应调整审计涵盖范围和时间安排;

⑭ 与为被审计单位提供其他服务的会计师事务所人员讨论可能影响审计的事项;

⑮ 被审计单位的人员和相关数据的可利用性。

（2）审计业务时间安排。

为计划报告目标、时间安排和所需沟通，注册会计师需要考虑下列事项：

① 被审计单位的财务报告时间表；

② 与管理层和治理层就审计工作的性质、范围和时间所举行的会议的组织工作；

③ 与管理层和治理层讨论预期签发报告和其他沟通文件的类型及提交时间，如审计报告、管理建议书和与治理层沟通函等；

④ 就组成部分的报告和其他沟通文件的类型及提交时间与负责组成部分审计的注册会计师的沟通；

⑤ 项目组成员之间预期沟通的性质和时间安排，包括项目组会议的性质和时间安排及复核工作的时间安排；

⑥ 是否需要跟第三方沟通，包括与审计相关的法律、法规规定和业务约定书约定的报告责任；

⑦ 与管理层讨论预期在整个审计过程中通报审计工作进展及审计结果的方式。

（3）审计方向。

总体审计策略的制定应当包括考虑影响审计业务的重要因素，以确定项目组工作方向，包括：

① 确定适当的重要性水平；

② 初步识别可能存在较高的重大错报风险的领域；

③ 初步识别重要的组成部分和账户余额；

④ 评价是否需要针对内部控制的有效性获取审计证据；

⑤ 识别被审计单位、所处行业、财务报告要求及其他相关方面最近发生的重大变化等。

（4）审计资源。

① 向具体审计领域调配的资源，包括向高风险领域分派有适当经验的项目组成员，就复杂的问题利用专家工作等；

② 向具体审计领域分配资源的数量，包括安排到重要存货存放地观察存货盘点的项目组成员的数量、对其他注册会计师工作的复核范围、对高风险领域安排的审计时间预算等；

③ 何时调配这些资源，包括是在期中审计阶段还是在关键的截止日期调配资源等；

④ 如何管理、指导、监督这些资源的利用，包括预期何时召开项目组预备会和总结会，预期项目负责人和经理如何进行复核，是否需要实施项目质量控制复核等。

2. 具体审计计划

具体审计计划是根据总体审计策略制订的，具体审计计划比总体审计策略更加详细，其内容包括为获取充分、适当的审计证据以将审计风险降至可接受的低水平，项目组成员拟实施的审计程序的性质、时间和范围。

具体审计计划包括风险评估程序、计划实施的进一步审计程序和其他审计程序。

单元五 计划审计工作

● **实训目的**

掌握总体审计策略的编制。

● **实训案例**

【案例资料】 北京万众会计师事务所接受委托审计长城公司2023年会计报表,审计小组组长由会计师张山担任,审计小组成员包括注册会计师王小虎、注册会计师李兰、注册会计师吴兴、助理陈诚。长城公司成立于2020年,是一家制造企业,其生产的吹风机销往国内各地,员工总数450人。

表 5-1 资产负债表(简表)

编制单位:长城公司　　　　　2023年12月31日　　　　　单位:万元

资产	年初余额	期末余额	负债及所有者权益	年初余额	期末余额
流动资产:			流动负债:		
货币资金	700 000	165 000	短期借款	227 500	330 000
应收账款	1 090 000	1 362 500	应付账款	400 000	412 500
应收票据			应付票据	19 000	26 000
存货	1 030 000	1 462 500	应付职工薪酬	288 000	340 000
流动资产合计	2 820 000	2 990 000	流动负债合计	934 500	1 108 500
固定资产:			长期借款	841 000	931 500
固定资产原值	1 200 000	1 600 000	所有者权益:		
减:累计折旧	455 000	467 500	实收资本	92 000	95 000
固定资产净值	745 000	1 132 500	资本公积		
无形资产			盈余公积		
			未分配利润	1 697 500	1 987 500
			所有者权益合计	1 789 500	2 082 500
资产合计	3 565 000	4 122 500	负债及所有者权益合计	3 565 000	4 122 500

表 5-2 利润表(简表)

编制单位:长城公司　　　　　2023年12月　　　　　单位:万元

项目	本年实际数	上年实际数
一、营业收入	14 550 000	16 437 000
减:营业成本	8 500 000	10 300 000
营业税金及附加	780 000	830 000
销售费用	1 500 000	1 850 000
管理费用	1 300 000	1 600 000

续表

项目	本年实际数	上年实际数
财务费用	830 000	1 040 000
二、营业利润	1 640 000	817 000
加：营业外收入	359 000	161 000
减：营业外支出	49 000	73 900
三、利润总额	1 950 000	904 100
减：所得税费用	487 500	226 040
四、净利润	1 462 500	678 060

【实训要求】 根据上述资料，完成总体审计策略的制定。

任务二　审计的重要性

知识链接

1. 重要性的概念

重要性取决于在具体环境下对错报金额和性质的判断。

如果一项错报单独或连同其他错报可能影响财务报表使用者依据财务报表做出的经济决策，则该项错报是重大的。

重要性概念中的错报包含漏报（包括财务报表内列示的错报和财务报表附注披露的错报）。

2. 对重要性概念的理解

（1）重要性的确定要站在财务报表使用者的视角（针对财务报表使用者决策的信息需求而言）。

（2）重要性的确定离不开具体环境。

（3）重要性的确定需要运用职业判断。

（4）重要性的确定要考虑数量和性质两个方面。

判断错报的性质是否重要时应该考虑的具体情况包括：

（1）错报对遵守法律法规要求的影响程度。

（2）错报对遵守债务契约或其他合同要求的影响程度。

（3）错报掩盖收益或其他趋势变化的程度（尤其在联系宏观经济背景和行业状况进行考虑时）。

（4）错报对用于评价被审计单位财务状况、经营成果或现金流量的有关比率的影响程度。

（5）错报对财务报表中列报的分部信息的影响程度。

(6) 错报对增加管理层报酬的影响程度。

(7) 错报对某些账户余额之间错误分类的影响程度，这些错误分类影响到财务报表中应单独披露的项目。

(8) 相对于注册会计师所了解的以前向报表使用者传达的信息（如盈利预测）而言，错报的重大程度。

(9) 错报是否与涉及特定方的项目相关。

(10) 错报对与已审计财务报表一同披露的其他信息的影响程度，该影响程度能被合理预期将对财务报表使用者做出经济决策产生影响。

3. 重要性水平的评估

(1) 评估重要性水平的目的。重要性水平评估的目的如下：

① 决定风险评估程序的性质、时间和范围；

② 识别和评估重大错报风险；

③ 确定进一步审计程序的性质、时间和范围。

(2) 评估财务报表层次的重要性水平。在制定总体审计策略时应确定此重要性水平。

① 基准：汇总性财务数据，如总资产、净资产、销售收入、费用总额、毛利、净利润等。

② 百分比：参考值如下。

营业收入或总收入：0.5%；

总资产：0.5%；

费用总额：0.5%；

税前利润或税后净利润：5%；

共同基金公司：净资产的 0.5%。

(3) 评估各类交易、账户余额、列报认定层次的重要性水平。各类交易、账户余额、列报认定层次的重要性水平（可容忍错报）的确定以注册会计师对财务报表层次重要性水平的初步评估为基础。它是在不导致财务报表存在重大错报的情况下，注册会计师对各类交易、账户余额、列报确定的可接受的最大错报。

① 考虑因素：

a. 各类交易、账户余额、列报的重要性水平与财务报表层次重要性水平的关系；

b. 各类交易、账户余额、列报的性质及错报的可能性；

c. 各类交易、账户余额、列报受关注程度；

d. 各类交易、账户余额、列报审计的难易程度。

② 评估的方法：

a. 单独评估法。结合上述考虑因素，将认定层次的重要性水平确定为财务报表层次重要性水平的一定比例。例如，财务报表层次的重要性水平为 10 万元，确定应收账款的重要性水平为这一金额的 1/5，即 2 万元，则应收账款中超过 2 万元的错报都是重要的。

b. 分配法。将财务报表层次重要性水平分配到各交易、账户与列报项目。

（4）对计划阶段确定的重要性水平的调整。随着审计过程的推进，注册会计师应当及时评价计划阶段确定的重要性水平是否仍然合理，并根据具体环境的变化或在审计执行过程中进一步获取的信息，修正计划的重要性水平，进而修改进一步审计程序的性质、时间和范围。

4. 重要性水平的运用

（1）确定审计程序的性质、时间和范围。

① 审计计划阶段，注册会计师在确定审计程序的性质、时间和范围时，需要考虑重要性水平。

② 审计实施阶段，随着审计工作的进展，注册会计师应当根据所获得的新信息，及时评价计划阶段确定的重要性水平是否仍然适当，如果认为不适当，则要修正重要性评估水平。

③ 审计终结阶段，要使用整体重要性水平和为了特定交易类别、账户余额和披露而制定的较低金额的重要性水平来评价已识别的错报对财务报表的影响和对审计报告中审计意见的影响，考虑实施的审计程序是否充分。

（2）评价错报的影响。

① 尚未更正错报的汇总数。尚未更正错报的汇总数包括已经识别的具体错报和推断误差。

a. 已经识别的具体错报是指注册会计师在审计过程中发现的、能够准确计量的错报，包括对事实的错报和涉及主观决策的错报。

b. 推断误差，也称"可能误差"，是注册会计师对不能明确、具体识别的其他错报的最佳估计数。

② 评价尚未更正错报的汇总数的影响。

a. 如果尚未更正错报的汇总数低于重要性水平，对财务报表的影响不重大，注册会计师可以发表无保留意见的审计报告。

b. 如果尚未更正错报的汇总数超过或接近重要性水平，可能应当考虑出具非无保留意见的审计报告。

c. 如果已识别但尚未更正错报的汇总数接近重要性水平，注册会计师应当考虑该汇总数连同尚未发现的错报是否可能超过重要性水平，并考虑通过实施追加的审计程序或要求管理层调整财务报表降低审计风险。

● 实训目的

掌握重要性水平的评估。

实训案例

【案例资料1】 据了解，国宁电器有限公司首先按照净资产的0.5%、营业收入的0.5%、利润总额的1%和最小值原则确定其财务报表层次的重要性水平，下面是该公司的资产负债表（左边一列是本年金额，右边一列是上年金额）和利润表（本年金额）的部分信息。

资产负债表部分信息：

递延所得税资产			未分配利润	156 800.00	187 800.00
其他非流动资产			所有者权益（或股东权益）合计	4 384 800.00	4 287 800.00
非流动资产合计	4 499 000.00	4 500 000.00			
资产总计	7 483 800.00	7 377 800.00	负债和所有者权益（或股东权益）合计	7 483 800.00	7 377 800.00

利润表部分信息：

一、营业收入	3 750 000.00	
减：营业成本	2 250 000.00	
税金及附加	6 000.00	
销售费用	210 000.00	
管理费用	324 000.00	
财务费用	124 500.00	
资产减值损失		
加：公允价值变动收益（损失以"-"填列）		
投资收益（损失以"-"填列）	154 500.00	
其中：对联营企业和合营企业的投资收益		
二、营业利润（亏损以"-"填列）	990 000.00	
加：营业外收入	150 000.00	
减：营业外支出	60 000.00	
其中：非流动资产处置损失		
三、利润总额（亏损总额以"-"号填列）	1 080 000.00	
减：所得税费用	306 900.00	
四、净利润（净亏损以"-"号填列）	773 100.00	

【实训要求】 根据上述资料，完成下面的表格。

项目	重要性水平
（1）净资产确定的重要性水平	
（2）收入确定的重要性水平	
（3）利润总额确定的重要性水平	
（4）最小值原则确定的重要性水平	

【案例资料2】 云南学习联合会是一家非营利组织，其财务报表层次的重要性水平按收入的0.5%、资产的0.1%、利润的2%确定，其2022年的收入为2 000万元、资产为5 000万元、利润为100万元。

【实训要求】 根据最大值确定其财务报表层次的重要性水平，试回答：

（1）应按照什么项目确定重要性水平？

_____

（2）确定的重要性水平为多少？

_____

【案例资料3】 恒信会计师事务所某注册会计师在审计海天有限责任公司时，往年重要性确定的原则为利润的5%，今年由于受到金融危机的影响，财务报表重大错报风险增加，所以，该注册会计师决定将公司的重要性水平改为利润的3%，公司本年的利润为500万元。存货作为该公司最重要的资产，且容易发生偷盗，错报可能性较大，所以可容忍错报定为财务报表层次重要性水平的10%。

【实训要求】 根据上述资料，试回答：

（1）注册会计师修改重要性水平比率是否合理？

_____

（2）财务报表层次的重要性水平为多少？

_____

（3）确定存货项目的可容忍错报为多少？

_____

【案例资料4】 正达会计师事务所在审计华源股份有限公司会计报表时，发现该公司2022年11月25日对天兴有限责任公司发出的一笔货物中，有增值税专用发票、出库单、转账凭证，但是应收账款明细账中无该记录。金额涉及117万元，重要性水平为300万元。

【资料 A】 无保留意见审计报告

正达会计师事务所

正达审字〔2023〕第 0001 号

审计报告

华源股份有限公司全体股东：

一、对财务报表出具的审计报告

（一）审计意见

我们审计了华源股份有限公司（以下简称"华源公司"）的财务报表，包括 2022 年 12 月 31 日的资产负债表，2022 年度的利润表、现金流量表和所有者权益变动表以及财务报表附注。

我们认为华源公司财务报表在所有重大方面按照企业会计准则的规定编制，公允反映了公司 2022 年 12 月 31 日的财务状况以及 2022 年度的经营成果和现金流量。

（二）形成审计意见的基础

我们按照中国注册会计师审计准则的规定执行了审计工作。审计报告的"注册会计师对财务报表审计的责任"部分进一步阐述了我们在这些准则下的责任。按照中国注册会计师职业道德守则，我们独立于华源公司，并履行了职业道德方面的其他责任。我们相信，我们获取的审计证据是充分、适当的，为发表审计意见提供了基础。

（三）关键审计事项

2022 年度，华源公司销售医疗设备产品确认的主营业务收入为人民币 1 000 000.00 万元，主要为国内销售产生的收入。华源公司对于国内销售的医疗设备产品产生的收入是在商品所有权上的风险和报酬已转移至客户时确认的，根据销售合同约定，通常以医疗设备产品运离华源公司仓库作为销售收入的确认时点。由于收入是华源公司的关键业绩指标之一，从而存在管理层为了达到特定目标或期望而操纵收入确认时点的固有风险，我们将华源公司收入确认识别为关键审计事项。

（四）管理层和治理层对财务报表的责任

管理层负责按照企业会计准则的规定编制财务报表，使其实现公允反映，并设计、执行和维护必要的内部控制，以使财务报表不存在由于舞弊或错误导致的重大错报。在编制财务报表时，管理层负责评估华源公司的持续经营能力，披露与持续经营相关的事项（如适用），并运用持续经营假设，除非管理层计划清算华源公司、终止营运或别无其他现实的选择。

治理层负责监督华源公司的财务报告过程。

（五）注册会计师对财务报表审计的责任

我们的目标是对财务报表整体是否不存在由于舞弊或错误导致的重大错报获取合理保证，并出具包含审计意见的审计报告。合理保证是高水平的保证，但并不能保证按照审计准则执行的审计在某一重大错报存在时总能发现。错报可能由舞弊或错误所导致，如果合理预期错报单独或汇总起来可能影响财务报表使用者依据财务报表做出的经济决策，则通常认为错报是重大的。

在按照审计准则执行审计的过程中，我们运用了职业判断，保持了职业怀疑。我们同时：

（1）识别和评估由于舞弊或错误导致的财务报表重大错报风险；对这些风险有针对性地设计和实施审计程序；获取充分、适当的审计证据，作为发表审计意见的基础。由于舞弊可能涉及串通、伪造、故意遗漏、虚假陈述或凌驾于内部控制之上，未能发现由于舞弊导致的重大错报的风险高于未能发现由于错误导致的重大错报的风险。

（2）了解与审计相关的内部控制，以设计恰当的审计程序，但目的并非对内部控制的有效性发表意见。

（3）评价管理层选用会计政策的恰当性和做出会计估计及相关披露的合理性。

（4）对管理层使用持续经营假设的恰当性得出结论。同时，根据获取的审计证据，就可能导致对华源公司持续经营能力产生重大疑虑的事项或情况是否存在重大不确定性得出结论。如果我们得出结论认为存在重大不确定性，审计准则要求我们在审计报告中提请报表使用者注意财务报表中的相关披露。如果披露不充分，我们应当发表非无保留意见。我们的结论基于审计报告日可获得的信息。然而，未来的事项或情况可能导致华源公司不能持续经营。

（5）评价财务报表的总体列报、结构和内容（包括披露），并评价财务报表是否公允反映相关交易和事项。

我们与治理层就计划的审计范围、时间安排和重大审计发现等事项进行沟通，包括沟通我们在审计中识别出的值得关注的内部控制缺陷。

我们还就遵守关于独立性的相关职业道德要求向治理层提供声明，并就可能被合理认为影响我们独立性的所有关系和其他事项，以及相关的防范措施（如适用）与治理层进行沟通。

从与治理层沟通的事项中，我们确定哪些事项对本期财务报表审计最为重要，因而构成关键审计事项。我们在审计报告中描述这些事项，除非法律法规禁止公开披露这些事项，或在极其罕见的情形下，如果合理预期在审计报告中沟通某事项造成的负面后果超过在公众利益方面产生的益处，我们确定不应在审计报告中沟通该事项。

二、按照相关法律法规的要求报告的事项

无

正达会计师事务所
（盖章）

中国·北京

中国注册会计师：李蒙

（签名盖章）

中国注册会计师
李蒙
490350256019

中国注册会计师：张钦

（签名盖章）

中国注册会计师
张钦
390350256779

2023 年 1 月 25 日

【资料 B】 否定意见审计报告

正达会计师事务所

正达审字〔2023〕第 0001 号

审计报告

华源股份有限公司全体股东：

一、对财务报表出具的审计报告

（一）否定意见

我们接受委托，审计华源股份有限公司（以下简称"华源公司"）财务报表，包括 2022 年 12 月 31 日的资产负债表，2022 年度的利润表、现金流量表、股东权益变动表及相关财务报表附注。

我们认为，由于"形成否定意见的基础"部分所述事项的重要性，后附的财务报表没有在所有重大方面按照企业会计准则的规定编制，未能公允反映华源公司 2022 年 12 月 31 日财务状况以及 2022 年度的经营成果和现金流量。

（二）形成否定意见的基础

我们在审计中发现，该公司 2022 年 11 月 25 日对天兴有限责任公司发出的一笔货物中，有增值税专用发票、出库单、转账凭证，但是应收账款明细账中无该记录。金额涉及 117 万元。

我们按照中国注册会计师审计准则的规定执行了审计工作，审计报告的"注册会计师对财务报表审计的责任"部分进一步阐述了我们在这些准则下的责任。按照中国注册会计师职业道德守则，我们独立于华源公司，并履行了职业道德方面的其他责任。我们相信，我们获取的审计证据是充分的、适当的，为发表否定意见提供了基础。

（三）管理层和治理层对财务报表的责任

华源公司管理层（以下简称"管理层"）负责按照企业会计准则的规定编制财务报表，使其实现公允反映，并设计、执行和维护必要的内部控制，以使财务报表不存在由于舞弊或错误导致的重大错报。

在编制财务报表时，管理层负责评估华源公司的持续经营能力，披露与持续经营相关的事项（如适用），并运用持续经营假设，除非管理层计划清算华源公司、终止营运或别无其他现实的选择。

治理层负责监督华源公司的财务报告过程。

（四）注册会计师对财务报表审计的责任

我们的责任是按照中国注册会计师审计准则的规定，对华源公司的财务报表执行审计工作，以出具审计报告。但由于"形成否定意见的基础"部分所述事项，我们无法获取充分、适当的审计证据以作为发表审计意见的基础。

按照中国注册会计师职业道德守则，我们独立于华源公司，并履行了职业道德方面的其他责任。

二、对其他法律和监管要求的报告

无

中国注册会计师：李蒙

（签名盖章）

中国注册会计师：张钦

（签名盖章）

2023 年 1 月 25 日

中国·北京

【资料 C】保留意见审计报告

正达会计师事务所

正达审字〔2023〕第 0001 号

审计报告

华源股份有限公司全体股东：

一、对财务报表出具的审计报告

（一）保留意见

我们审计了华源股份有限公司（以下简称"华源公司"）财务报表，包括 2022 年 12 月 31 日的资产负债表、2022 年度的利润表、现金流量表、股东权益变动表及相关财务报表附注。

我们认为，除"形成保留意见的基础"部分所述事项产生的影响外，后附的财务报表在所有重大方面按照企业会计准则的规定编制，公允反映了华源公司 2022 年 12 月 31 日财务状况以及 2022 年度的经营成果和现金流量。

（二）形成保留意见的基础

我们在审计中发现，该公司 2022 年 11 月 25 日对天兴有限责任公司发出的一笔货物中，有增值税专用发票、出库单、转账凭证，但是应收账款明细账中无该记录。金额涉及 117 万元。

我们按照中国注册会计师审计准则的规定执行了审计工作，审计报告的"注册会计师对财务报表审计的责任"部分进一步阐述了我们在这些准则下的责任。按照中国注册会计师职业道德守则，我们独立于华源公司，并履行了职业道德方面的其他责任。我们相信，我们获取的审计证据是充分的、适当的，为发表审计意见提供了基础。

（三）其他信息

华源公司管理层（以下简称"管理层"）对其他信息负责。其他信息包括年度报告中除财务报表和本审计报告以外的信息。

我们对财务报表发表的审计意见不涵盖其他信息，我们也不对其他信息发表任何形式的鉴证结论。

结合我们对财务报表的审计，我们的责任是阅读其他信息，在此过程中，考虑其他信息是否与财务报表或我们在审计过程中了解到的情况存在重大不一致或者似乎存在重大错报。

(四) 关键审计事项

2022 年 12 月 31 日，华源公司对闲置机器设备计提减值准备 539 249 元。在计提固定资产减值准备时，华源公司聘请估值专家对闲置固定资产可回收金额进行了确定，并与对应资产的账面价值进行比较，以确定减值金额。

(五) 管理层和治理层对财务报表的责任

管理层负责按照企业会计准则的规定编制财务报表，使其实现公允反映，并设计、执行和维护必要的内部控制，以使财务报表不存在由于舞弊或错误导致的重大错报。

在编制财务报表时，管理层负责评估华源公司的持续经营能力，披露与持续经营相关的事项（如适用），并运用持续经营假设，除非管理层计划清算华源公司、终止营运或别无其他现实的选择。

治理层负责监督华源公司的财务报告过程。

(六) 注册会计师对财务报表审计的责任

我们的目标是对财务报表整体是否不存在由于舞弊或错误导致的重大错报获取合理保证，并出具包含审计意见的审计报告。合理保证是高水平的保证，但并不能保证按照审计准则执行的审计在某一重大错报存在时总能发现，错报可能由舞弊或错误所导致，如果合理预期错报单独或汇总起来可能影响财务报表使用者依据财务报表做出的经济决策，则通常认为错报是重大的。

在按照审计准则执行审计的过程中，我们运用了职业判断，保持了职业怀疑。同时，我们也执行以下工作：

（1）识别和评估由于舞弊或错误导致的财务报表重大错报风险，设计和实施审计程序以应对这些风险，并获取充分、适当的审计证据，作为发表审计意见的基础。由于舞弊可能涉及串通、伪造、故意遗漏、虚假陈述或凌驾于内部控制之上，未能发现由于舞弊导致的重大错报的风险高于未能发现由于错误导致的重大错报的风险。

（2）了解与审计相关的内部控制，以设计恰当的审计程序，但目的并非对内部控制的有效性发表意见。

（3）评价管理层选用会计政策的恰当性和做出会计估计及相关披露的合理性。

（4）对管理层使用持续经营假设的恰当性得出结论，同时，根据获取的审计证据，就可能导致对华源公司持续经营能力产生重大疑虑的事项或情况是否存在重大不确定性得出结论。如果我们得出结论认为存在重大不确定性，审计准则要求我们在审计报告中提请报表使用者注意财务报表中的相关披露。如果披露不充分，我们应当发表非无保留意见。我们的结论基于截止审计报告日可获得的信息。然而，未来的事项或情况可能导致华源公司不能持续经营。

（5）评价财务报表的总体列报、结构和内容（包括披露），并评价财务报表是否公允反映相关交易和事项。

我们与治理层就计划的审计范围、时间安排和重大审计发现等事项进行沟通，包括沟通我们在审计中识别出的值得关注的内部控制缺陷。

我们还就已遵守与独立性相关的职业道德要求向治理层提供声明，并与治理层沟通可能被合理认为影响我们独立性的所有关系和其他事项，以及相关的防范措施（如适用）。

从与治理层沟通的事项中，我们确定哪些事项对本期财务报表审计最为重要，因而构成关键审计事项。我们在审计报告中描述这些事项，除非法律法规禁止公开披露这些事项，或在极其罕见的情形下，如果合理预期在审计报告中沟通某事项造成的负面后果超过在公众利益方面产生的益处，我们确定不应在审计报告中沟通该事项。

二、按照相关法律法规的要求报告的事项

无

正达会计师事务所
（盖章）

中国·北京

中国注册会计师：李蒙
（签名盖章）

中国注册会计师：张钦
（签名盖章）

2023 年 1 月 25 日

【资料 D】 无法表示意见审计报告

正达会计师事务所

正达审字〔2023〕第 0001 号

审计报告

华源股份有限公司全体股东：

一、对财务报表出具的审计报告

（一）无法表示意见

我们接受委托，审计华源股份有限公司（以下简称"华源公司"）财务报表，包括 2022 年 12 月 31 日的资产负债表、2022 年度的利润表、现金流量表、股东权益变动表及相关财务报表附注。

我们不对后附的华源公司财务报表发表审计意见，由于"形成无法表示意见的基础"部分所述事项的重要性，我们无法获取充分、适当的审计证据以作为对财务报表发表审计意见的基础。

（二）形成无法表示意见的基础

我们在审计中发现，该公司 2022 年 11 月 25 日对天兴有限责任公司发出的一笔货物中，有增值税专用发票、出库单、转账凭证，但是应收账款明细账中无该记录。金额涉及 117 万元。

（三）管理层和治理层对财务报表的责任

华源公司管理层（以下简称"管理层"）负责按照企业会计准则的规定编制财务报表，使其实现公允反映，并设计、执行和维护必要的内部控制，以使财务报表不存在由于舞弊或错误导致的重大错报。

在编制财务报表时，管理层负责评估华源公司的持续经营能力，披露与持续经营相关的事项（如适用），并运用持续经营假设，除非管理层计划清算华源公司、终止营运或别无其他现实的选择。

治理层负责监督华源公司的财务报告过程。

(四)注册会计师对财务报表审计的责任

我们的责任是按照中国注册会计师审计准则的规定,对华源公司的财务报表执行审计工作,以出具审计报告。但由于"形成无法表示意见的基础"部分所述事项,我们无法获取充分、适当的审计证据以作为发表审计意见的基础。

按照中国注册会计师职业道德守则,我们独立于华源公司,并履行了职业道德方面的其他责任。

二、按照相关法律法规的要求报告的事项

无

正达会计师事务所
(盖章)

中国·北京

中国注册会计师:李蒙
(签名盖章)

中国
注册会计师
李蒙
490350256019

中国注册会计师:张钦
(签名盖章)

中国
注册会计师
张钦
390350256779

2023 年 1 月 25 日

【实训要求】假设只发现"案例资料 4"中所述错误,则应出具的报告是(　　)。

A. 资料 A　　　　B. 资料 B　　　　C. 资料 C　　　　D. 资料 D

判断结果:_____

风险评估

项目一 风险评估程序

知识链接

1. 风险评估的要求

（1）在审计的所有阶段都要实施风险评估程序，并且应当将识别的风险与认定层次可能发生错报的领域相联系，而不能直接将风险设定为高水平。

（2）将识别和评估的风险与实施的审计程序挂钩。在设计和实施进一步审计程序时，应当将审计程序的性质、时间和范围与识别、评估的风险相联系。

（3）风险评估基于职业判断。由于被审计单位内部控制的局限性，无论评估的重大错报风险结果如何，注册会计师均应当针对重大的各类交易、账户余额、列报和披露实施实质性程序。

（4）将识别、评估和应对风险的关键程序形成审计工作记录，以保证执业质量，明确执业责任。

2. 风险评估程序

注册会计师应当实施下列风险评估程序，以了解被审计单位及其环境：

（1）询问被审计单位管理层和内部其他相关人员。

注册会计师可以考虑向管理层和财务负责人询问下列事项：

① 管理层所关注的主要问题，如新的竞争对手、主要客户和供应商的流失等；

② 被审计单位最近的财务状况、经营成果和现金流量；

③ 可能影响财务报告的交易和事项，或者目前发生的重大会计处理问题，如重大的并购事宜等；

④ 被审计单位发生的其他重要变化，如所有权结构、组织结构的变化，以及内部控制的变化等。

（2）分析程序。

分析程序是指注册会计师通过研究不同财务数据之间以及财务数据与非财务数据之

间的内在关系，对财务信息做出评价。分析程序还包括调查识别出的、与其他相关信息不一致或与预期数据严重偏离的波动和关系。

（3）观察和检查。

注册会计师应当实施下列观察和检查程序：

① 观察被审计单位的生产经营活动；

② 检查文件、记录和内部控制手册；

③ 阅读由管理层和治理层编制的报告；

④ 实地察看被审计单位的生产经营场所和设备；

⑤ 追踪交易在财务报告信息系统中的处理过程（穿行测试）。

3. 其他审计程序和信息来源

（1）其他审计程序。

即注册会计师除了采用上述风险评估程序从被审计单位内部获取资料外，还可以实施其他审计程序获取信息帮助识别重大错报风险。例如：询问被审计单位聘请的外部法律顾问、专业评估师、投资顾问和财务顾问等；阅读证券分析师、银行、评级机构出具的有关被审计单位及其所处行业的经济或市场环境等状况的报告，以及贸易与经济方面的报纸期刊、法规或金融出版物，以及政府部门或民间组织发布的行业报告和统计数据等。

（2）其他信息来源。

即注册会计师应当考虑在承接客户或续约过程中获取的信息，以及向被审计单位提供其他服务所获得的经验是否有助于识别重大错报风险。

4. 项目组内部讨论

为了有效实施风险评估程序，准确识别和评估重大错报风险，审计业务项目组成员应当就财务报表存在重大错报风险的可能性进行讨论。

● 实训目的

掌握风险评估的程序。

● 实训案例

【案例资料1】 立信会计师事务所在审计蔚蓝股份有限公司时实施了下列审计程序：

A. 向其常年客户涌泉有限责任公司函证应收账款

B. 询问保管科的员工固定资产维修、保养情况

C. 对1—12月各月营业收入额实施分析性程序

D. 观察公司经营场所和检查公司章程

【实训要求】 上述审计程序属于风险评估程序的是哪一项？

判断结果：

【案例资料2】 已知下列5份审计工作底稿。

【底稿A】 了解被审计单位的所有权结构

了解被审计单位的所有权结构

单位名称：<u>新华有限责任公司</u> 编制人：<u>杨宁</u> 日期：2024-01-05 索引号：<u>B-01-02-01</u>

会计期间：<u>2023-01-01—2023-12-31</u> 复核人：<u>王茂春</u> 日期：<u>2024-01-07</u> 页 次：<u>P05</u>

审计目标：了解所有权结构以及所有者与其他人员或单位之间的关系，收集风险评估资料。

审计方法：检查、询问。

审计程序：

审计程序	执行情况	执行人	索引号
（1）了解所有权结构和企业性质	已执行	杨宁	B-01-02-01-01
（2）了解被审计单位关联方的程序	已执行	杨宁	B-01-02-01-02
（3）了解控股母公司（股东）的情况	已执行	杨宁	B-01-02-01-03

审计说明：审计程序主要采用向新华有限责任公司及其关联公司索取公司职员表，并向关键管理人员询问其主要亲属所在行业和相关企业的信息资料。

审计结论：新华有限责任公司高级管理人员未在关联企业和政府有关部门任主要职位，也没有亲属在关联公司任关键职位，公司治理层人员超然独立。从这方面看，公司风险较小。

【底稿B】 了解被审计单位的治理结构

了解被审计单位的治理结构

单位名称：<u>新华有限责任公司</u> 编制人：<u>张震轩</u> 日期：2024-01-05 索引号：<u>B-01-02-02</u>

会计期间：<u>2023-01-01—2023-12-31</u> 复核人：<u>王茂春</u> 日期：<u>2024-01-07</u> 页 次：<u>P06</u>

审计目标：了解被审计单位的治理结构，提供分析资料。

审计方法：检查、询问。

审计程序：

审计程序	执行情况	执行人	索引号
（1）了解被审计单位的治理结构的建设情况	已执行	张震轩	B-01-02-02-01
（2）了解治理层和管理层的关系	已执行	张震轩	B-01-02-02-02

审计说明：审计程序采用检查公司组织结构图和询问治理层人员的背景、社会关系等详细的个人信息。

审计结论：公司治理层人员超然独立于公司董事会和管理层，而且没有受到公司管理层的压力，发挥了监管和检查治理的作用，公司在这方面的风险较小。

【底稿C】 了解被审计单位的组织结构

了解被审计单位的组织结构

单位名称：<u>新华有限责任公司</u> 编制人：<u>赵远洋</u> 日期：2024-01-05 索引号：<u>B-01-02-03</u>

会计期间：2023-01-01—2023-12-31 复核人：王茂春 日期：2024-01-07 页　次：　P07　
审计目标：了解被审计单位的组织结构，考虑复杂组织结构可能导致的重大错报风险。
审计方法：检查、询问。
审计程序：

审计程序	执行情况	执行人	索引号
（1）了解组织结构	已执行	赵远洋	B-01-02-03-01
（2）绘制组织结构图	已执行	赵远洋	B-01-02-03-02

审计说明：审计程序主要是检查公司职员表、向关键的部门和科室询问人员变动情况以及不同部门之间的关系。

审计结论：公司组织结构相对简单，属于部门型管理结构，各部门由部门经理负责，部门经理对总经理负责，责任分工明确，公司在这方面的风险较小，初步认定不会出现由复杂组织结构导致的重大错报风险。

【底稿 D】了解被审计单位的投资活动

了解被审计单位的投资活动

单位名称：新华有限责任公司　编制人：汪明轩 日期：2024-01-05 索引号：B-01-02-05
会计期间：2023-01-01—2023-12-31 复核人：王茂春 日期：2024-01-07 页　次：　P09　
审计目标：了解被审计单位的投资活动，评估重大错报风险。
审计方法：检查、询问。
审计程序：

审计程序	执行情况	执行人	索引号
（1）了解近期拟实施或已实施的并购活动与资产处置情况	已执行	汪明轩	B-01-02-05-01
（2）了解证券投资、委托贷款的发生与处置	已执行	汪明轩	B-01-02-05-02
（3）了解资本性投资活动（如固定资产和无形资产投资，近期或计划发生的变动，以及重大的资本承诺等）	已执行	汪明轩	B-01-02-05-03
（4）了解不纳入合并范围的投资，例如，联营、合营或其他投资，包括近期计划的投资项目	已执行	汪明轩	B-01-02-05-04

审计说明：审计程序主要采取检查固定资产和无形资产的购买和转让合同、询问预算部门和投资部门的负责人员、询问公司委托证券商和委托投资银行。

审计结论：新华有限责任公司的重大资产投资和处置由专人计划、专人审批、专人执行，执行前都经过了详细的讨论与预测分析，且近期内无重大资产投资活动，公司在投资活动中的风险为低风险。

【底稿 E】 了解被审计单位的筹资活动

了解被审计单位的筹资活动

单位名称：<u>新华有限责任公司</u> 编制人：<u>苏杨</u> 日期：<u>2024-01-05</u> 索引号：<u>B-01-02-06</u>
会计期间：<u>2023-01-01—2023-12-31</u> 复核人：<u>王茂春</u> 日期：<u>2024-01-07</u> 页 次：<u>P10</u>
审计目标：了解被审计单位的筹资活动，评估重大错报风险。
审计方法：检查、询问。
审计程序：

审计程序	执行情况	执行人	索引号
（1）了解债务结果和相关条款（包括担保情况及其融资，获得的信贷额度是否可以满足营运需要；得到的融资条件及利率是否与竞争对手相似，如不相似，原有何在；是否存在违反借款合同中限制性条款的情况，是否承受重大的汇率与利率风险）	已执行	苏杨	B-01-02-06-01
（2）了解固定资产的租赁（包括通过融资租赁方式进行的筹资活动）	已执行	苏杨	B-01-02-06-02
（3）关联方融资（例如：关联方融资的特殊条款）	已执行	苏杨	B-01-02-06-03
（4）实际收益股东（例如：实际收益股东是国内的还是国外的，其商业声誉和经验可能对被审计单位产生的影响）	已执行	苏杨	B-01-02-06-04
（5）衍生金融工具的运用（例如：衍生金融工具是用于交易目的还是套期目的，以及运用的种类、范围和交易对手等）	已执行	苏杨	B-01-02-06-05

审计说明：审计程序主要采用检查公司的借款合同、资产租赁合同等融资合同，向往来银行和财务部门询问贷款的还本付息情况。
审计结论：新华有限责任公司融资状况符合相关规定，能够及时还本付息，银行的信贷限额较高，无关联方融资，固定资产租赁处理流程规范。初步认定不存在由筹资活动引起的重大错报风险。

【实训要求】 根据上面所给的 5 份审计工作底稿提供的信息，编制"了解被审计单位的性质导引表"。

项目二 了解被审计单位及其环境(不含内部控制)

> **知识链接**

1. 行业状况、法律环境及监管环境以及其他外部因素

（1）行业状况。

了解行业状况有助于审计人员识别与被审计单位所处行业有关的重大错报风险。审计人员应当了解被审计单位的行业状况，主要包括：① 所在行业的市场供求与竞争；② 生产经营的季节性和周期性；③ 产品生产技术的变化；④ 能源供应与成本；⑤ 行业的关键指标和统计数据。

（2）法律环境及监管环境。

审计人员应当了解被审计单位所处的法律环境及监管环境，主要包括：① 适用的会计准则、会计制度和行业特定惯例；② 对经营活动产生重大影响的法律法规及监管活动；③ 对开展业务产生重大影响的政府政策，包括货币、财政、税收和贸易等政策；④ 与被审计单位所处行业和所从事经营活动相关的环保要求。

（3）其他外部因素。

审计人员应当了解影响被审计单位经营的其他外部因素，主要包括：① 宏观经济的景气度；② 利率和资金供求状况；③ 通货膨胀水平及币值变动；④ 国际经济环境和汇率变动。

2. 被审计单位的性质

了解被审计单位的性质有助于审计人员理解预期在财务报表中反映的各类交易、账户余额、列报。审计人员应当主要从下列方面了解被审计单位的性质：① 所有权结构；② 治理结构；③ 组织结构；④ 经营活动；⑤ 投资活动；⑥ 筹资活动。实务中，审计人员可以查阅被审计单位的组织结构图、关联方清单、公司章程，对外签订的主要销售、采购、投资、债务合同，以及单位内部的管理报告、财务报告、生产经营情况分析、高层会议记录等；实地察看被审计单位的主要生产经营场所、询问管理层和相关人员、实施分析程序获取重要财务指标等程序，了解被审计单位的性质。具体包括：

（1）了解所有权结构。

审计人员应当了解所有权结构以及所有者与其他人员或单位之间的关系，考虑关联方关系是否已经得到识别，以及关联方交易是否得到恰当核算。例如，应考虑直接控股公司、间接控股公司和其他股东的构成及其关系；应当根据《中国注册会计师审计准则第1323号——关联方》的规定，了解被审计单位识别关联方的程序，获取被审计单位提供的所有关联方信息，并考虑关联方关系是否已经得到识别，关联方交易是否得到恰

当记录和充分披露。

（2）了解治理结构。

审计人员应当了解被审计单位的治理结构，考虑治理层是否能够在独立于管理层的情况下对被审计单位事务（包括财务报告）做出客观判断。例如，董事会成员的构成，是否有独立董事，是否设立审计委员会等监督机构，良好的治理结构可以对被审计单位的经营和财务运作实施有效的监督。

（3）了解组织结构。

审计人员应当了解被审计单位的组织结构，考虑复杂组织结构可能导致的重大错报风险，包括财务报表合并、商誉摊销和减值、长期股权投资核算以及特殊目的实体核算等问题。例如，是否拥有众多的子公司、合营企业、联营企业，以及涉及的股权投资类别的判断及会计处理。

（4）了解经营活动。

审计人员应当了解被审计单位的经营活动，主要包括：① 主营业务的性质，例如，主营业务是从事制造业还是商品批发与零售，金融服务业务的类别等；② 与生产产品或提供劳务相关的市场信息，包括主要客户和合同、市场份额、定价政策、产品声誉、营销策略等；③ 业务的开展情况；④ 联盟、合营与外包情况；⑤ 从事电子商务的情况；⑥ 地区与行业分布；⑦ 生产设施、仓库的地理位置及办公地点；⑧ 关键客户，例如，被审计单位是否有高度依赖的特定客户、客户的还款情况如何；⑨ 重要供应商，例如，主要的原材料供应商是否稳定，以及付款条件优惠、价格变化的影响等；⑩ 劳动用工情况；⑪ 研究与开发活动及其支出；⑫ 关联方交易。

（5）了解投资活动。

审计人员应当了解被审计单位的投资活动，主要包括：① 近期拟实施或已实施的并购活动与资产处置情况；② 证券投资、委托贷款的发生与处置；③ 资本性投资活动，包括固定资产和无形资产投资，以及近期或计划发生的变动；④ 不纳入合并范围的投资。

（6）了解筹资活动。

审计人员应当了解被审计单位的筹资活动，这有助于评估被审计单位在融资方面的压力，并进一步考虑被审计单位在可预见未来的持续经营能力。主要包括：① 债务结构和相关条款，包括担保情况及表外融资；② 固定资产的租赁；③ 关联方融资；④ 实际受益股东；⑤ 衍生金融工具的运用，例如，衍生金融工具是用于交易目的还是套期的目的，以及运用的种类、范围和交易对手等。

3. 被审计单位对会计政策的选择和运用

审计人员应当了解被审计单位对会计政策的选择和运用是否符合适用的会计准则和相关会计制度，是否符合被审计单位的具体情况。在了解被审计单位对会计政策的选择和运用是否适当，实施风险评估程序时，审计人员应当重点关注被审计单位本期会计政策的选择和运用与前期相比发生的重大变化，包括对本期新发生的交易或事项选用的会计政策、对前期不重大而本期重大的交易或事项选用的会计政策、重要的会计政策变更及新会计准则发布施行的影响等。审计人员应当分别关注下列重要事项。

（1）重要项目的会计政策和行业惯例。

重要项目的会计政策包括收入确认方法，存货的计价方法，投资核算，固定资产的折旧方法，坏账准备、存货跌价准备和其他资产减值准备的确定，借款费用资本化方法，合并财务报表的编制方法等。

另外，审计人员应当熟悉行业惯例。当被审计单位采用与行业惯例不同的会计处理方法时，应了解其原因，并考虑会计处理方法的恰当性。

（2）重大和异常交易的会计处理方法。

审计人员应当考虑对重大和异常交易的会计处理方法是否恰当。如与被审计单位行业相关的重大交易、银行向客户发放贷款、证券公司对外投资、高科技公司的研发投资活动等的会计处理方法的恰当性。

（3）在新领域和缺乏权威性标准或共识的领域，采用重要会计政策产生的影响。

在新领域和缺乏权威性标准或共识的领域，审计人员应当关注被审计单位选用了哪些会计政策、选用这些会计政策的原因、选用这些会计政策产生了什么影响。

（4）会计政策的变更。

在被审计单位变更会计政策时，审计人员应当考虑变更的原因及其适当性，并考虑是否符合适用的会计准则和相关会计制度的规定；确定会计政策的变更能否提供更可靠、更相关的会计信息，会计政策的变更是否得到了恰当的披露。

（5）被审计单位何时采用以及如何采用新颁布的会计准则和相关会计制度。

审计人员应考虑被审计单位是否已按照新会计准则的要求编制财务报表，做好相关衔接调整工作。除此之外，审计人员还应对被审计单位下列与会计政策运用相关的情况予以关注：是否采用激进的会计政策、方法、估计和判断；是否拥有足够的资源支持会计政策的运用，如财务人员的知识与能力、信息技术的运用、数据及相关信息的采集与分类等。

审计人员应当考虑，被审计单位是否按照适用的会计准则和相关会计制度的规定恰当地进行了列报，并披露了重要事项。列报和披露的主要内容包括：财务报表及其附注的内容、结构、格式，财务报表使用的术语，项目在财务报表中的分类及列报信息的来源等。

4. 被审计单位的目标、战略以及相关经营风险

审计人员应当了解被审计单位的目标和战略，以及可能导致财务报表重大错报的相关经营风险。

（1）目标、战略以及相关经营风险。

目标是企业经营活动的指针。公司管理层或治理层一般会根据企业经营面临的外部环境和内部各种因素，制定合理可行的经营目标。战略是公司管理层为实现经营目标采用的总体层面的策略和方法。为了实现某一既定的经营目标，公司可能准备多个应对战

略。随着外部环境变化，公司会对目标和战略做出相应的调整。经营风险源于对被审计单位实现目标和战略产生不利影响的重大情况、事项、环境和行动，或源于不恰当的目标和战略。审计人员应当了解被审计单位是否存在与下列方面有关的目标和战略，并考虑相应的经营风险。

① 行业发展，及其可能导致的被审计单位不具备足以应对行业变化的人力资源和业务专长等风险。

② 开发新产品或提供新服务，及其可能导致的被审计单位产品责任增加等风险。

③ 业务扩张，及其可能导致的被审计单位对市场需求的估计不准确等风险。

④ 新颁布的会计法规，及其可能导致的被审计单位执行法规不当或不完整，或会计处理成本增加等风险。

⑤ 监管要求，及其可能导致的被审计单位法律责任增加等风险。

⑥ 本期及未来的融资条件，及其可能导致的被审计单位由于无法满足融资条件而失去融资机会等风险。

⑦ 信息技术的运用，及其可能导致的被审计单位信息系统与业务流程难以融合等风险。

（2）风险评估程序。

审计人员可通过询问管理层了解被审计单位的目标和战略、政策与程序，通过与管理层沟通以及查阅经营规划和相关文件获取对被审计单位目标和战略的了解；还可以考虑通过外部信息来源了解被审计单位的战略、目标的适应性问题以及来自战略、目标的经营风险及可能产生的重大错报风险等。

多数经营风险最终都会产生财务后果，从而影响财务报表。审计人员应当根据被审计单位的具体情况考虑经营风险是否可能导致财务报表发生重大错报。

管理层通常制定识别和应对经营风险的策略，审计人员应当了解被审计单位的风险评估过程。

小型被审计单位通常没有正式的计划和程序来确定其目标、战略并管理经营风险。审计人员应当询问管理层或观察小型被审计单位如何应对这些事项。

5. 被审计单位财务业绩的衡量和评价

被审计单位内部或外部对财务业绩的衡量和评价可能对管理层产生压力，促使其采取行动改善财务业绩或歪曲财务报表。审计人员应当了解被审计单位财务业绩的衡量和评价情况，考虑这种压力是否可能导致管理层采取行动，以至于增加财务报表发生重大错报的风险。例如，企业向银行过度借款，财务业绩可能达不到借款合同对财务指标的要求；基于纳税的考虑，管理层有意采取不适当的方法降低盈利水平；管理层希望维持或增加股价或盈利走势而采用过度激进的会计核算方法；企业采用过度激励性报酬政策使管理层及员工有可能铤而走险；等等。

（1）财务业绩衡量和评价。

在了解被审计单位财务业绩衡量和评价情况时，审计人员应当关注下列信息：

① 关键业绩指标；② 业绩趋势；③ 预测、预算和差异分析；④ 管理层和员工业绩考核与激励性报酬政策；⑤ 分部信息与不同层次部门的业绩报告；⑥ 与竞争对手的业绩比较；⑦ 外部机构提出的报告。

（2）风险评估程序。

审计人员应当关注被审计单位内部财务业绩衡量所显示的未预期到的结果或趋势，管理层的调查结果和纠正措施，以及相关信息是否显示财务报表可能存在重大错报。通常，审计人员可利用询问、查阅、分析程序等获得对被审计单位财务业绩的衡量和评价的了解，了解哪些业绩指标是其他关键利益方关注的重点，业绩衡量标准受到何种因素的影响等。审计人员应当考虑管理的业绩指标与关键利益拥有者的预期的一致性，并考虑不一致的情况对管理层的压力，及其相关信息可能显示的对财务报表存在的错报风险。

审计人员还应考虑财务业绩衡量指标的可靠性。如果拟利用被审计单位内部信息系统生成的财务业绩衡量指标，审计人员应当考虑相关信息是否可靠，以及利用这些信息是否足以实现审计目标。

对于小型被审计单位来说，通常没有正式的财务业绩衡量和评价程序，管理层往往将某些关键指标作为评价财务业绩和采取适当行动的基础，审计人员应当了解管理层使用的关键指标。

实训目的

（1）熟悉行业状况、法律环境与监管环境以及其他外部因素。
（2）熟悉被审计单位的性质。
（3）掌握被审计单位对会计政策的选择和运用。
（4）熟悉被审计单位的目标、战略以及相关经营风险。
（5）熟悉被审计单位财务业绩的衡量和评价。

实训案例

【案例资料1】 已知下列4份审计工作底稿。

【底稿A】了解被审计单位的业绩趋势

了解被审计单位的业绩趋势

单位名称：<u>新华有限责任公司</u> 编制人：<u>李致远</u> 日期：<u>2024-01-08</u> 索引号：<u>B-01-02</u>
会计期间：<u>2023-01-01—2023-12-31</u> 复核人：<u>王茂春</u> 日期：<u>2024-01-09</u> 页　　次：<u>　P25　</u>
审计目标：了解被审计单位的业绩趋势，为风险评估做准备。
审计方法：检查、分析性程序。
审计程序：
一、了解被审计单位所属行业的发展趋势
　　近年来，我国果蔬汁加工业有了较大发展，其中将果蔬加工成固体果蔬粉的加工方式越来越受到重视。近 5 年来产销量以每年 20% 的速度递增，行业呈现快速增长趋势，在今后几年将继续以每年 10% 以上的速度发展。

二、了解被审计单位盈利能力的 5 年趋势

年份	2019	2020	2021	2022	2023
资产利润率/%	7.8	8.0	8.3	8.7	9.1

三、了解被审计单位关键业绩指标的 5 年趋势

年份	2019	2020	2021	2022	2023
资产利润率/%	7.8	8.0	8.3	8.7	9.1
资产负债率/%	10	10	10	10	10
销售增长率/%	12	12	13	12	12

审计说明：数字来源于公司业绩评价表及各年度会计报表。

审计结论：新华有限责任公司在各个年份都超额完成了关键业绩指标，管理层面对较大的业绩压力，财务报表的重大错报初步认定为较少。

【底稿 B】了解被审计单位经营活动的其他外部因素

了解被审计单位经营活动的其他外部因素

单位名称：<u>新华有限责任公司</u> 编制人：<u>李争鸣</u> 日期：<u>2024-01-08</u> 索引号：<u>B-01-03</u>

会计期间：<u>2023-01-01—2023-12-31</u> 复核人：<u>王茂春</u> 日期：<u>2024-01-09</u> 页 次：<u>P03</u>

审计目标：了解影响被审计单位经营活动的其他外部因素（宏观经济等），为风险评估提供依据。

审计方法：询问。

审计程序：

审计程序	执行情况	执行人	索引号
（1）了解当前的宏观经济状况以及未来的发展趋势	已执行	李争鸣	B-01-03-01
（2）了解目前国内或本地区的经济状况（如增长率、通货膨胀、失业率、利率等）对被审计单位的经营活动的影响	已执行	李争鸣	B-01-03-02
（3）了解被审计单位的经营活动受到外币汇率波动或全球市场力量影响的情况	已执行	李争鸣	B-01-03-03

审计说明：审计程序主要是询问公司管理层以及销售部门的有关责任人。

审计结论：新华有限责任公司由于目标市场是省内及周边县市，受到外汇波动和全球市场力量影响较小，当前的局域市场相当乐观，估计未来两三年内不会发生较大变化。从这一角度看，公司风险较小。

【底稿C】 了解被审计单位所处的法律环境及监管环境

了解被审计单位所处的法律环境及监管环境

单位名称：<u>新华有限责任公司</u> 编制人：<u>杨致远</u> 日期：<u>2024-01-08</u> 索引号：<u>B-01-02</u>
会计期间：<u>2023-01-01—2023-12-31</u> 复核人：<u>王茂春</u> 日期：<u>2024-01-09</u> 页　次：<u>　P02　</u>
审计目标：了解被审计单位所处的法律环境及监管环境，为风险评估做准备。
审计方法：询问、检查。
审计程序：

审计程序	执行情况	执行人	索引号
（1）了解国家对行业特殊的监管要求（如对银行、保险等行业的特殊监管要求）	已执行	杨致远	B-01-02-01
（2）了解新出台的法律法规（如新出台的有关产品责任、劳动安全或环境保护的法律法规等）对被审计单位的影响	已执行	杨致远	B-01-02-02
（3）了解国家货币、财政、税收和贸易等方面政策的变化是否会对被审计单位的经营活动产生影响	已执行	杨致远	B-01-02-03
（4）了解与被审计单位相关的税务法规是否发生变化	已执行	杨致远	B-01-02-04

审计说明：审计程序主要是询问会计财务部门，索取有关新华有限责任公司的政策法规文件，向有关专家咨询相关政策的新变化。

审计结论：新华有限责任公司所处行业没有特殊的监管要求，相反，因为公司倡导绿色、生态理念，政府在很多方面给予支持和扶持。所处行业法律没有大的变化，因为公司产品是初级消费品，宏观环境的波动对本行业影响较小。从这一角度看，公司风险较小。

【底稿D】 了解被审计单位的行业状况

了解被审计单位所处的行业状况

单位名称：<u>新华有限责任公司</u> 编制人：<u>杨海超</u> 日期：<u>2024-01-08</u> 索引号：<u>B-01-01</u>
会计期间：<u>2023-01-01—2023-12-31</u> 复核人：<u>王茂春</u> 日期：<u>2024-01-09</u> 页　次：<u>　P01　</u>
审计目标：了解被审计单位的行业状况，评估被审计单位风险。
审计方法：询问、检查、分析性程序。
审计程序：

审计程序	执行情况	执行人	索引号
（1）了解被审计单位所处行业的总体发展趋势	已执行	杨海超	B-01-01-01
（2）了解被审计单位的发展阶段，如起步、快速成长、成熟/产生现金流入或衰退阶段	已执行	杨海超	B-01-01-02
（3）了解所处市场的需求、市场容量和价格竞争情况	已执行	杨海超	B-01-01-03

续表

审计程序	执行情况	执行人	索引号
（4）了解该行业所受经济周期波动的影响，以及采取了什么行动使波动产生的影响最小化	已执行	杨海超	B-01-01-04
（5）了解该行业受技术发展影响的程度	已执行	杨海超	B-01-01-05
（6）了解被审计单位是否开发了新的技术	已执行	杨海超	B-01-01-06
（7）了解能源消耗在成本中所占比重，以及能源价格的变化对成本的影响	已执行	杨海超	B-01-01-07
（8）了解被审计单位最重要的竞争者及市场份额	已执行	杨海超	B-01-01-08
（9）了解被审计单位与其竞争者相比主要的竞争优势和劣势	已执行	杨海超	B-01-01-09
（10）了解被审计单位业务的增长率和财务业绩与行业的平均水平及主要竞争者相比如何，以及存在重大差异的原因	已执行	杨海超	B-01-01-10
（11）了解竞争者是否采取了某些行动，如购并活动、降低销售价格、开发新技术等，从而对被审计单位的经营活动产生影响	已执行	杨海超	B-01-01-11

审计说明：（1）—（6）、（8）、（9）、（11）采用的审计程序是询问公司相关人员、检查相关文件和阅读有关的行业报告。（7）、（10）采用的是分析性程序。

审计结论：新华有限责任公司所处行业整体上处于起步阶段，行业由少数几家企业控制，这些企业势均力敌，新华有限责任公司没有技术上的明显优势，竞争者都已经开始研发新技术，而该公司尚未开始，估计竞争者开发出新技术后，该公司的市场地位会发生较大变化，因而风险较大。

【实训要求】 请判断哪些工作底稿属于了解被审计单位行业状况、法律环境与监管环境以及其他外部因素？

【案例资料2】 已知下列5份审计工作底稿。

【底稿A】 了解被审计单位的所有权结构

了解被审计单位的所有权结构

单位名称：<u>新华有限责任公司</u> 编制人：<u>杨宁</u> 日期：<u>2024-01-09</u> 索引号：<u>B-01-02-01</u>
会计期间：<u>2023-01-01—2023-12-31</u> 复核人：<u>王茂春</u> 日期：<u>2024-01-10</u> 页 次：<u>P05</u>
审计目标：了解所有权结构以及所有者与其他人员或单位之间的关系，收集风险评估资料。
审计方法：检查、询问。
审计程序：

审计程序	执行情况	执行人	索引号
（1）了解所有权结构和企业性质	已执行	杨宁	B-01-02-01-01
（2）了解被审计单位识别关联方的程序	已执行	杨宁	B-01-02-01-01
（3）了解控股母公司（股东）的情况	已执行	杨宁	B-01-02-01-01

审计说明：审计程序主要是向新华有限责任公司及其关联公司索取公司职员表，并向关键管理人员询问其主要亲属所在行业和相关企业的信息资料。

审计结论：新华有限责任公司高级管理人员未在关联企业和政府有关部门任主要职位，也没有亲属在关联公司任关键职位，公司治理层人员超然独立。从这方面看，公司风险较小。

【底稿B】了解被审计单位的经营活动

了解被审计单位的经营活动

单位名称：<u>新华有限责任公司</u> 编制人：<u>付家冰</u> 日期：<u>2024-01-09</u> 索引号：<u>B-01-02-04</u>
会计期间：<u>2023-01-01—2023-12-31</u> 复核人：<u>王茂春</u> 日期：<u>2024-01-11</u> 页　次：<u>P08</u>
审计目标：了解被审计单位的经营活动，提供风险评估资料。
审计方法：检查、询问。
审计程序：

审计程序	执行情况	执行人	索引号
（1）了解主营业务的性质（例如，主营业务是制造业还是商品批发与零售，是银行、保险还是其他金融服务，是公用事业、交通运输还是提供技术产品和服务等）	已执行	付寒冰	B-01-02-04-01
（2）了解与生产产品或提供劳务相关的市场信息（例如，主要客户和合同、付款条件、利润率、市场份额、竞争者、出口、定价政策、产品声誉、质量保证、营销策略和目标等）	已执行	付寒冰	B-01-02-04-02
（3）了解业务的开展情况（例如，业务分部的设立情况、产品和服务的交付、衰退或扩展的经营活动的详情等）	已执行	付寒冰	B-01-02-04-03
（4）了解联盟、合营与外包情况	已执行	付寒冰	B-01-02-04-04
（5）了解从事电子商务的情况（例如，是否通过互联网销售产品和提供服务以及从事营销活动）	已执行	付寒冰	B-01-02-04-05
（6）了解地区与行业分布（例如，是否涉及跨地区经营和多种经营，各个地区和各行业分布的相对规模以及相互之间是否存在依赖关系）	已执行	付寒冰	B-01-02-04-06
（7）了解生产设施、仓库的地理位置及办公地点	已执行	付寒冰	B-01-02-04-07

续表

审计程序	执行情况	执行人	索引号
（8）了解关键客户［例如，销售对象是少量的大客户还是众多的小客户；是否有被审计单位高度依赖的特定客户（如超过销售总额的10%的顾客）；是否有造成高回收性风险的若干客户或客户类别（如正处在一个衰退市场中的客户）；是否与某些客户订立了不寻常的销售条款或条件］	已执行	付寒冰	B-01-02-04-08
（9）了解重要供应商（例如，是否签订长期供应合同；原材料供应的可靠性和稳定性；付款条件，以及原材料是否受重大价格变动的影响）	已执行	付寒冰	B-01-02-04-09
（10）了解劳动用工情况（例如，分地区用工情况、劳动力供应情况、工资水平、退休金和其他福利、股权激励或其他奖金安排以及与劳动用工事项相关的政府法规）	已执行	付寒冰	B-01-02-04-10
（11）了解研究与开发活动及其支出	已执行	付寒冰	B-01-02-04-11
（12）了解关联方交易（例如，有些客户或供应商是否为关联方；对关联方和非关联方是否采用不同的销售和采购条款。此外，还存在哪些关联方交易，这些交易采用怎样的定价政策）	已执行	付寒冰	B-01-02-04-12

审计说明：审计程序主要是检查公司的有关合同等资料，访问公司网站，询问采购、销售、人事、财务等部门的业务骨干，等等。

审计结论：新华有限责任公司客户群、供应商稳定，但公司人力资源相对短缺，人才市场上缺乏公司所需的熟练的技术人员，公司关联方交易定价符合市场规则，从这一方面看，公司经营活动存在人力资源方面的低风险。

【底稿C】了解被审计单位的治理结构

了解被审计单位的治理结构

单位名称：<u>新华有限责任公司</u>　编制人：<u>张震轩</u>　日期：<u>2024-01-10</u>　索引号：<u>B-01-02-02</u>
会计期间：<u>2023-01-01—2023-12-31</u>　复核人：<u>王茂春</u>　日期：<u>2024-01-11</u>　页　次：　<u>P06</u>
审计目标：了解被审计单位的治理结构，提供分析资料。
审计方法：检查、询问。
审计程序：

审计程序	执行情况	执行人	索引号
（1）了解被审计单位的治理结构的建设情况	已执行	张震轩	B-01-02-02-01
（2）了解治理层和管理层的关系	已执行	张震轩	B-01-02-02-01

审计说明：审计程序主要是检查公司组织结构图和询问治理层人员的背景、社会关系等详

细的个人信息。

审计结论：公司治理层人员超然独立于公司董事会和管理层，而且没有受到公司管理层的压力，发挥了监管和检查治理的作用，公司在这方面的风险较小。

【底稿 D】 了解被审计单位的筹资活动

了解被审计单位的筹资活动

单位名称：<u>新华有限责任公司</u> 编制人：<u>苏杨</u> 日期：<u>2024-01-10</u> 索引号：<u>B-01-02-06</u>
会计期间：<u>2023-01-01—2023-12-31</u> 复核人：<u>王茂春</u> 日期：<u>2024-01-11</u> 页　次：<u>P10</u>
审计目标：了解被审计单位的筹资活动，评估重大错报风险。
审计方法：检查、询问。
审计程序：

审计程序	执行情况	执行人	索引号
（1）了解债务结构和相关条款（包括担保情况及表外融资。获得的信贷额度是否可以满足营运需要；得到的融资条件及利率是否与竞争对手相似，如不相似，原因何在；是否存在违反借款合同中限制性条款的情况；是否承受重大的汇率与利率风险）	已执行	苏杨	B-01-02-06-01
（2）了解固定资产的租赁（包括通过融资租赁方式进行的筹资活动）	已执行	苏杨	B-01-02-06-02
（3）关联方融资（例如，关联方融资的特殊条款）	已执行	苏杨	B-01-02-06-03
（4）实际受益股东（例如，实际受益股东是国内的还是国外的，其商业声誉和经验可能对被审计单位产生的影响）	已执行	苏杨	B-01-02-06-04
（5）衍生金融工具的运用（例如，衍生金融工具是用于交易目的还是套期目的，以及运用的种类、范围和交易对手等）	已执行	苏杨	B-01-02-06-05

审计说明：审计程序主要采用检查公司的借款合同、资产租赁合同等融资合同，向往来银行和财务部门询问贷款的还本付息情况。

审计结论：新华有限责任公司融资状况符合相关规定，能够及时还本付息，银行的信贷限额较高，无关联方融资，固定资产租赁处理流程规范。初步认定不存在由筹资活动引起的重大错报风险。

【底稿 E】 了解被审计单位的会计政策

了解被审计单位的会计政策

单位名称：<u>新华有限责任公司</u> 编制人：<u>杨军</u> 日期：<u>2024-01-10</u> 索引号：<u>B-01-03-01</u>
会计期间：<u>2023-01-01—2023-12-31</u> 复核人：<u>王茂春</u> 日期：<u>2024-01-11</u> 页　次：<u>P12</u>
审计目标：对被审计单位会计政策的选择和运用进行一般了解，收集风险评估资料。
审计方法：检查、询问。

主要会计政策调查记录（一）

单位名称：<u>新华有限责任公司</u> 编制人：<u>杨军</u> 日期：<u>2024-01-12</u> 索引号：<u>B-01-03-01-01</u>
会计期间：<u>2023-01-01—2023-12-31</u> 复核人：<u>王茂春</u> 日期：<u>2024-01-13</u> 页 次：<u>P12</u>
受访人：杨丽

序号	项目	一贯政策	备注
1	执行的会计制度	《企业会计制度》	
2	税项及附加		
	（1）增值税税率	13%	
	（2）城建税税率	7%	
	（3）所得税税率	25%	
	（4）所得税的会计处理方法	资产负债表法	
	（5）其他税种的计算方法及减免税政策	依照《税法》执行	
3	合并报表编制范围		
	（1）编制合并报表的条件	具有实质控制权	
	（2）合并单位家数	4	
4	会计年度	公历1月1日—12月31日	
5	记账本位币	人民币	
6	会计核算是否实行权责发生制，采用借贷记账法	是	
7	外币换算采用的政策		
	（1）按照年初（发生时/月初）汇率折合人民币记账，年末/月末按照结账日汇率进行调整，发生汇兑损益计入当年（月）财务费用	是	
	（2）若采用其他方法，请解释	无	
8	外币会计报表的折算方法	即期汇率	
9	现金等价物的确定标准	3个月内可以变现	
10	坏账处理		
	（1）坏账处理采用的方法（直接转销法/备抵法）	备抵法	
	（2）采用备抵法时，坏账准备计提范围与比率	账龄1年以上，比率按账龄确定	

主要会计政策调查记录（二）

单位名称：<u>新华有限责任公司</u> 编制人：<u>杨军</u> 日期：<u>2024-01-12</u> 索引号：<u>B-01-03-01-02</u>
会计期间：<u>2023-01-01—2023-12-31</u> 复核人：<u>王茂春</u> 日期：<u>2024-01-13</u> 页 次：<u>P13</u>
受访人：杨丽

序号	项目	一贯政策	备注
11	存货计价方法		
	（1）购入与入库计价方法（计划价格/实际价格）	计划价格	
	（2）领用与发出（计划价格/先进先出/加权平均）	计划价格	
	（3）低值易耗品摊销（一次摊销法/五五摊销法）	五五摊销法	
	（4）存货跌价准备的计提方法	成本与可变现净值孰低	
12	固定资产		
	（1）采用的计价方法（实际成本计价）	实际成本	
	（2）采用的折旧率（综合折旧率/分类折旧率/个别折旧率）	分类折旧率	
	（3）折旧计算方法（直线平均法/工作量法）	直线平均法	
	（4）预计残值率/%	10%	
13	产品成本计算方法（品种法/分批法/订单法）	订单法	
14	无形资产及土地使用权摊方法	直线摊销法	
15	递延资产及其他资产摊销期限	10年	
16	长期投资的核算方		
	（1）采用成本法核算持有投资（股权）比例	35%	
	（2）采用权益法核算持有投资（股权）比例及家数	65%、4家	
17	收入的确认方法	权责发生制法	
18	利润分配		
	（1）法定公积金按税后利润提取比例	10%	
	（2）公益金按税后利润提取比例	5%	
	（3）任意盈余公积金按税后利润提取比例	5%	
	（4）股利政策，股利按税后利润提取比例	固定比例法，20%	

【实训要求】 请问哪些工作底稿属于了解被审计单位的所有权结构、经营活动、治理结构、筹资活动、会计政策？

【案例资料3】 已知下列5份审计工作底稿。

【底稿A】了解行业发展情况

了解行业发展情况

单位名称：<u>新华有限责任公司</u> 编制人：<u>李钦</u> 日期：<u>2024-01-15</u> 索引号：<u>B-01-03-01</u>
会计期间：<u>2023-01-01—2023-12-31</u> 复核人：<u>王茂春</u> 日期：<u>2024-01-16</u> 页 次：<u>P16</u>
审计程序：

一、了解被审计单位所属行业前 5 年的发展情况

进入 21 世纪，世界果蔬饮料以 17.0%的年增长速度递增，被誉为"新时代饮料"而风靡世界。中国果蔬饮料市场进入 21 世纪后更是增长迅速，每年以 30%的速度增长，年消费量超过 580 万吨，市场份额直逼碳酸饮料，成为中国饮料市场中一道亮丽的风景线。

二、了解被审计单位所属行业未来 5 年的发展趋势

果蔬饮料将在中国掀起第三次饮料浪潮，甚至取代饮用水地位，与发展多年的碳酸饮料争夺市场霸主地位。2023 年后，果蔬饮料行业进入稳步发展期，但消费量和销售额的增长速度有逐年变缓的趋势。

三、了解被审计单位在行业中的地位，以及被审计单位的发展战略和目标

新华有限责任公司的百分百果汁及中浓度果蔬汁销售量分别占国内市场总额的 42.6% 和 39.6%。

发展战略是市场细分，也就是根据不同人群的需求开发不同种类的产品。近期目标：累计实现销售收入 1 000 亿元，缴纳税金 100 亿元；长远目标：汇聚五洲资源，打造百年名牌。

四、了解被审计单位实现其战略目标的方案

不是笼统地满足消费者对营养、健康的需求，而是具体地满足消费者生理和心理的健康需求；不仅满足消费者对产品和服务的消费需求，而且满足消费者对产品和服务消费的体验需求。

审计说明：上述资料来源于《新华有限责任公司企业文化价值理念要点》和中国健康产品网。

审计结论：新华有限责任公司所处行业正处于蓬勃发展时期，在这方面公司的风险较小。

【底稿 B】了解开发新产品或提供新服务的情况

了解开发新产品或提供新服务的情况

单位名称：<u>新华有限责任公司</u> 编制人：<u>王欣</u> 日期：<u>2024-01-15</u> 索引号：<u>B-01-03-02</u>

会计期间：<u>2023-01-01—2023-12-31</u> 复核人：<u>王茂春</u> 日期：<u>2024-01-16</u> 页　次：<u>　P17　</u>

一、了解被审计单位所属行业前 5 年开发新产品或提供新服务的情况

新华有限责任公司自 2019 年以来，投资 3 000 万元人民币兴建起无公害原料生产基地，从荷兰进口波士顿生菜种子，采用了"深池浮板水栽培技术"，科学施加营养液，并利用全封闭温控系统及水循环系统对生菜的成长过程进行全程监控。在饮料加工环节，该公司全套引进了加拿大 HY-DRDNOV 公司设备，采用超高温瞬时灭菌、热灌装工艺，且不添加任何合成物质，每瓶 350 mL 的纯菜汁含有 100 g 的生菜汁，产品口味新颖宜人。专家认为，这种新型产品顺应了当今消费者追求无公害、纯天然、富营养、求新求异的消费心理。

二、了解被审计单位所属行业未来 5 年开发新产品或提供新服务的发展计划和目标

在近 5 年内，新华有限责任公司将开发一种以普通红薯为主要原料，以引进种植的日本紫甘薯为辅助原料，并以紫甘薯中的营养成分——花青素为市场卖点，采用生物工程技术和现代饮料工业技术制作，并以"口感第一、外观第二、健康理念第三"为产品开发理念的新型果蔬汁类饮料产品。

产品的口感：其 90%部分以市场流行饮料的口味为基准，酸甜清爽适口，并带有 10% 的红薯滋味，体现其产品特色。

产品的外观：澄清透明，允许有少量沉淀物，色泽淡黄或稍红（体现紫甘薯原料特色）。

产品的包装：容量 500 mL 的热灌装 PET 瓶。

目标：开发后要被 20 岁左右的饮料市场消费人群所接受，并迅速在市场上推广，使公司在果蔬饮料市场的份额突破 50%。

三、了解开发新产品或新服务对于被审计单位战略目标实现的重要性

饮料行业产品同质化，价格大战一直不断，技术创新和新产品开发是行业发展的瓶颈，所以新华有限责任公司的新产品将对其战略目标的实现起到举足轻重的作用。

四、了解被审计单位已经开始研发但尚未投入市场的新产品或新服务的情况

新华有限责任公司不存在已经开始研发但尚未投入市场的新产品或新服务。

审计说明：上述资料来源于《新华有限责任公司企业文化价值理念要点》《新华有限责任公司新产品开发策划书》和中国健康产品网。

审计结论：新华有限责任公司新产品开发计划明确，技术可行，产品理念明确，有充分的融资支持，初步认定在这方面公司风险为低风险。

【底稿 C】 了解业务扩张情况

了解业务扩张情况

单位名称：<u>新华有限责任公司</u> 编制人：<u>王欣</u> 日期：<u>2024-01-16</u> 索引号：<u>B-01-03-03</u>

会计期间：<u>2023-01-01—2023-12-31</u> 复核人：<u>王茂春</u> 日期：<u>2024-01-17</u> 页　次：<u>P18</u>

审计程序：

一、了解被审计单位前 5 年业务增长的情况，包括业务收入总量和市场份额的增长情况

年份	2019	2020	2021	2022	2023
业务收入/亿元	153	253	332	412	486
市场份额/%	15.5	19.1	22.6	27.5	33.0

二、了解被审计单位未来 5 年的发展计划和目标

开发新产品，形成差异化的竞争力，开发纯天然、高果汁含量的果汁饮料以及复合型果汁饮料和果蔬汁饮料、功能型果汁饮料，使本公司的市场份额不断提高。

审计说明：上述资料来源于《新华有限责任公司企业文化价值理念要点》《新华有限责任公司新产品开发策划书》和中国健康产品网。

审计结论：新华有限责任公司在行业中的地位不断上升，业务收入额也是逐年提高的，公司 5 年发展计划和目标具有可行性。公司在这方面的风险较小。

【底稿 D】 了解新颁布的会计法规

了解新颁布的会计法规

单位名称：<u>新华有限责任公司</u> 编制人：<u>杨康</u> 日期：<u>2024-01-16</u> 索引号：<u>B-01-03-04</u>

会计期间：<u>2023-01-01—2023-12-31</u> 复核人：<u>王茂春</u> 日期：<u>2024-01-17</u> 页　次：<u>P19</u>

审计程序：

一、了解用于被审计单位的新颁布的会计法规

《中华人民共和国企业所得税法实施条例》自 2008 年 1 月 1 日起施行。

二、了解新颁布的会计法规可能对被审计单位财务报告显示的财务状况和经营成果产生的影响

　　由于新华有限责任公司在新的会计法规颁布前没有享受税收优惠，所以新颁布的会计法规产生的影响只是使新华有限责任公司的所得税费用减少。

三、了解被审计单位针对新颁布的会计法规的应对方式和应对计划

　　新的会计法规的颁布对本公司没有产生实质的影响，公司无须采取应对计划。

审计说明：审计结论来源于相关的税收法律文件以及公司的有关文件。

审计结论：新的会计法规的颁布对新华有限责任公司没有产生实质的影响，在这方面公司的风险较小。

【底稿 E】了解监管要求

了解被审计单位的技术标准和流程操作规范

单位名称：<u>新华有限责任公司</u> 编制人：<u>许飞</u> 日期：<u>2024-01-16</u> 索引号：<u>B-01-03-05</u>
会计期间：<u>2023-01-01—2023-12-31</u> 复核人：<u>王茂春</u> 日期：<u>2024-01-17</u> 页 次： <u>P20</u>

审计程序：

一、了解被审计单位适用的各项监管要求

　　1. 果汁含量不超过 10%。

　　2. 低糖、低咖啡因。

　　3. 蛋白质含量不低于 2%。

二、了解被审计单位适用的各项监管要求可能对财务报表显示的财务状况和经营成果产生的影响

　　行业监管要求属于经营层面，不会对财务报表显示的财务状况产生影响，新华有限责任公司在产品制作方面遵循了这一标准，因而也不会对经营结果产生影响。

三、公司加强了技术标准和流程操作规范，并在产品出厂前做一次严格的质量检验，同时公司生产车间也制定了《质量标准及质量控制规范》

审计说明：审计结论来源于相关的法律文件以及公司的有关文件。

审计结论：新华有限责任公司质量控制严格，产品标准符合监管要求，在这方面公司的风险较小。

【实训要求】 请根据上面的审计工作底稿提供的相关信息，填制"了解被审计单位的目标、战略以及相应经营风险导引表"。

【案例资料 4】 已知下列 3 份审计工作底稿。

【底稿 A】对被审计单位会计政策、会计估计变更的调查

对被审计单位会计政策、会计估计变更的调查

单位名称：<u>新华有限责任公司</u> 编制人：<u>杨震</u> 日期：<u>2024-01-17</u> 索引号：<u>B-01-03-02</u>
会计期间：<u>2023-01-01—2023-12-31</u> 复核人：<u>王茂春</u> 日期：<u>2024-01-18</u> 页 次： <u>P14</u>

审计目标：了解会计政策、会计估计变更，评估变更的合理性。

审计方法：询问、检查。

审计程序：

审计程序	执行情况	执行人	索引号
（1）了解被审计单位的会计政策变更	已执行	杨震	B-01-03-02-01
（2）了解被审计单位的会计估计变更	已执行	杨震	B-01-03-02-02

审计说明：审计程序主要是询问公司管理层和财务会计部门的有关人员，并检查相关的日记账，对总账和明细账进行进一步的确认。

审计结论：新华有限责任公司本年度内发生的重大会计政策变更和会计估计变更都是因为国家法律法规的变化而引起的，而且在会计报表附注中做了相关披露。鉴于新华有限责任公司的会计政策变更和会计估计变更都是合理的，公司在这方面的风险较小。

【底稿B】主要会计政策调查记录（一）

主要会计政策调查记录（一）

单位名称：<u>新华有限责任公司</u> 编制人：<u>杨军</u> 日期：<u>2024-01-16</u> 索引号：<u>B-01-03-01-01</u>
会计期间：<u>2023-01-01—2023-12-31</u> 复核人：<u>王茂春</u> 日期：<u>2024-01-17</u> 页　次：<u>P12</u>
受访人：<u>杨希</u>

序号	项目	一贯政策	备注
1	执行的会计制度	《企业会计制度》	
2	税项及附加		
	（1）增值税税率	13%	
	（2）城建税税率	7%	
	（3）所得税税率	25%	
	（4）所得税的会计处理方法	资产负债表法	
	（5）其他税种的计算方法及减免税政策	依照《税法》执行	
3	合并报表编制范围		
	（1）编制合并报表的条件	具有实质控制权	
	（2）合并单位家数	4	
4	会计年度	公历1月1日—12月31日	
5	记账本位币	人民币	
6	会计核算是否实行权责发生制，采用借贷记账法	是	
7	外币换算采用哪种政策		
	（1）按照年初（发生时/月初）汇率折合人民币记账，年末/月末按照结账日汇率进行调整，发生汇兑损益计入当年（月）财务费用	是	
	（2）若采用其他方法，请解释	无	

续表

序号	项目	一贯政策	备注
8	外币会计报表的折算方法	即期汇率	
9	现金等价物的确定标准	3个月内可以变现	
10	坏账处理		
	（1）坏账处理采用的方法（直接转销法/备抵法）	备抵法	
	（2）采用备抵法时，坏账准备计提范围与比率	账龄1年以上，比率按账龄确定	

【底稿C】主要会计政策调查记录（二）

主要会计政策调查记录（二）

单位名称：<u>新华有限责任公司</u> 编制人：<u>杨军</u> 日期：<u>2024-01-16</u> 索引号：<u>B-01-03-01-02</u>
会计期间：<u>2023-01-01—2023-12-31</u> 复核人：<u>王茂春</u> 日期：<u>2024-01-17</u> 页 次：<u>P13</u>
受访人：杨希

序号	项目	一贯政策	备注
11	存货计价方法		
	（1）购入与入库计价方法（计划价格/实际价格）	计划价格	
	（2）领用与发出（计划价格/先进先出/加权平均）	计划价格	
	（3）低值易耗品摊销（一次摊销法/五五摊销法）	五五摊销法	
	（4）存货跌价准备的计提方法	成本与可变现净值孰低	
12	固定资产		
	（1）采用的计价方法（实际成本计价）	实际成本	
	（2）采用的折旧率（综合折旧率/分类折旧率/个别折旧率）	分类折旧率	
	（3）折旧计算方法（直线平均法/工作量法）	直线平均法	
	（4）预计残值率/%	10%	
13	产品成本计算方法（品种法/分批法/订单法）	订单法	
14	无形资产及土地使用权摊销方法	直线摊销法	
15	递延资产及其他资产摊销期限	10年	
16	长期投资的核算方		
	（1）采用成本法核算持有投资（股权）比例	35%	
	（2）采用权益法核算持有投资（股权）比例及家数	65%、4家	
17	收入的确认方法	权责发生制法	
18	利润分配		

续表

序号	项目	一贯政策	备注
（1）	法定公积金按税后利润提取比例	10%	
（2）	公益金按税后利润提取比例	5%	
（3）	任意盈余公积金按税后利润提取比例	5%	
（4）	股利政策，股利按税后利润提取比例	固定比例法，20%	

【实训要求】 由上面 3 份审计工作底稿提供的信息可知，在编制底稿（了解被审计单位会计政策的选择和运用）中主要运用的风险评估程序有（　　）。

A. 询问　　　　　B. 检查　　　　　C. 分析性程序　　　　　D. 重新计算

【案例资料 5】 已知下列 5 份审计工作底稿。

【底稿 A】 了解被审计单位的关键业绩指标

了解被审计单位的关键业绩指标

单位名称：<u>新华有限责任公司</u> 编制人：<u>李致远</u> 日期：<u>2024-01-17</u> 索引号：<u>B-01-03-01</u>
会计期间：<u>2023-01-01—2023-12-31</u> 复核人：<u>王茂春</u> 日期：<u>2024-01-18</u> 页　次：<u>P24</u>
审计程序：

一、了解各项法律法规以及监管要求的关键业绩指标

　　◆关于投资规模：注册资本不低于 5 000 万元

　　◆关于盈利能力：资产利润率不低于 7%

　　◆关于偿债能力：资产负债率不高于 40%

　　◆其他：市场份额不低于 20%

二、了解股东要求的关键业绩指标

　　◆关于盈利能力：权益净利率不低于 5%

　　◆关于发展能力：销售增长率不低于 10%

　　◆其他：市场份额不低于 15%

三、了解主要贷款人要求的关键业绩指标

　　◆关于偿债能力：资产负债率不高于 40%

　　◆关于资产规模：注册资本不低于 5 000 万

　　◆其他：流动比率不低于 2

审计说明：审计结果来自有关合同、文件以及公司章程等内部材料。

审计结论：新华有限责任公司各方要求的关键业绩指标符合公司管理的基本要求，未对管
　　　　　理层施加额外的压力。

【底稿 B】 了解被审计单位的业绩趋势

了解被审计单位的业绩趋势

单位名称：<u>新华有限责任公司</u> 编制人：<u>李致远</u> 日期：<u>2024-01-17</u> 索引号：<u>B-01-03-02</u>
会计期间：<u>2023-01-01—2023-12-31</u> 复核人：<u>王茂春</u> 日期：<u>2024-01-18</u> 页　次：<u>P25</u>
审计目标：了解被审计单位的业绩趋势，为风险评估做准备。

审计方法：检查、分析性程序。
审计程序：
一、了解被审计单位所属行业的发展趋势
　　近年来，我国果蔬汁加工业有了较大发展，其中将果蔬加工成固体果蔬粉的加工方式越来越受到重视，近5年来产销量以每年20%的速度递增，行业呈现快速增长趋势，在今后几年将会继续以每年10%以上的速度发展。
二、了解被审计单位盈利能力的5年趋势

年份	2019	2020	2021	2022	2023
资产利润率/%	7.8	8.0	8.3	8.7	9.1

三、了解被审计单位关键业绩指标的5年趋势

年份	2019	2020	2021	2022	2023
资产利润率/%	7.8	8.0	8.3	8.7	9.1
资产负债率/%	10	10	10	10	10
销售增长率/%	12	12	13	12	12

审计说明：数字来源于公司业绩评价表及各年度会计报表。
审计结论：新华有限责任公司在各个年份都超额完成了关键业绩指标，管理层面对较大的业绩压力，财务报表的重大错报初步认定为较少。

【底稿C】了解被审计单位预测、预算和差异分析

了解被审计单位预测、预算和差异分析

单位名称：<u>新华有限责任公司</u>　编制人：<u>张瀚</u>　日期：<u>2024-01-17</u>　索引号：<u>B-01-03-03</u>
会计期间：<u>2023-01-01—2023-12-31</u>　复核人：<u>王茂春</u>　日期：<u>2024-01-18</u>　页　次：<u>P26</u>
审计程序：
一、了解被审计单位已完成实际数
　　了解核对资产负债表、利润表的实际数据。
二、被审计单位实际数据与预算数据的差异及其分析
　　实际数据与预算数据存在差异：

项目	年预算数据	年实际数据
销售数量-果蔬饮料-奇异果王猕猴桃汁/万箱	10	8
销售数量-果蔬饮料-橙汁/万箱	15	13
销售数量-果蔬饮料-水蜜桃汁/万箱	15	16
销售数量-果蔬饮料-梨汁/万箱	20	21
销售数量-果蔬饮料-黄瓜汁/万箱	16	12
销售数量-果蔬饮料-胡萝卜汁/万箱	18	15
销售数量-果蔬饮料-哈密瓜汁/万箱	25	26

续表

项目	年预算数据	年实际数据
销售数量-果蔬饮料-椰汁/万箱	41	39
营业收入/万元	8 000	7 580
利润率/%	7.80	7.20

审计说明：数字来源于公司的会计账簿，销量报告等资料。

审计结论：新华有限责任公司实际数据与预算数据存在的差异主要是由内部差异造成的，由于内部工作效率缓慢，无法达到预算数据，公司在这方面会加大力度推进工作效率的提高。

【底稿D】了解被审计单位管理层和员工业绩考核与激励性报酬政策

了解被审计单位管理层和员工业绩考核与激励性报酬政策

单位名称：<u>新华有限责任公司</u> 编制人：<u>杨奋</u> 日期：<u>2024-01-20</u> 索引号：<u>B-01-03-04</u>

会计期间：<u>2023-01-01—2024-12-31</u> 复核人：<u>王茂春</u> 日期：<u>2024-01-21</u> 页　次：<u>P27</u>

审计程序：

一、了解被审计单位管理层业绩考核方式和关键考核指标，以及激励性报酬政策

管理层业绩考核方式为年薪制加一次性奖金的办法，一次性奖金按照公司税后利润的1%计算。同时对税后利润超出上年度预算的部分，加2%给予管理层。

二、了解被审计单位员工业绩考核方式和关键考核指标，以及激励性报酬政策

员工业绩考核按照基本工资加考勤奖、业绩奖、特殊贡献奖是给予的办法。业绩奖根据部门业绩计算而来，特殊贡献奖是给予对公司有特殊贡献的职工的奖励（如见义勇为等提高公司名誉的行为）。

审计说明：资料来源于公司明确的《公司管理层人员业绩考核办法》和《公司普通职员业绩考核办法》。

审计结论：业绩考核对公司财务状况的优化产生积极作用，因而管理层人员和普通员工在这方面舞弊的风险为低水平。

【底稿E】了解被审计单位分部信息与不同层次部门的业绩报告

了解被审计单位分部信息与不同层次部门的业绩报告

单位名称：<u>新华有限责任公司</u> 编制人：<u>黄天赐</u> 日期：<u>2024-01-17</u> 索引号：<u>B-01-03-05</u>

会计期间：<u>2023-01-01—2023-12-31</u> 复核人：<u>王茂春</u> 日期：<u>2024-01-18</u> 页　次：<u>P28</u>

审计程序：

一、了解被审计单位分部信息的业绩报告

业绩报告符合企业会计准则和《企业会计制度》的要求。

二、了解被审计单位不同层次部门的业绩报告

业绩报告符合企业会计准则和《企业会计制度》的要求。

审计说明：审计结论来源于阅读单位分部信息和不同层次部门的业绩报告。

审计结论：新华有限责任公司在这方面的风险为低水平。

【实训要求】　请根据上面5份审计工作底稿提供的信息，编制"了解被审计单位

财务业绩的衡量和评价导引表"。

【案例资料6】 已知下列5份审计工作底稿。

【底稿A】了解被审计单位分部信息与不同层次部门的业绩报告

了解被审计单位分部信息与不同层次部门的业绩报告

单位名称：<u>新华有限责任公司</u> 编制人：<u>黄天赐</u> 日期：<u>2024-01-17</u> 索引号：<u>B-01-03-05</u>
会计期间：<u>2023-01-01—2024-12-31</u> 复核人：<u>王茂春</u> 日期：<u>2024-01-18</u> 页　次：　<u>P28</u>
审计程序：

一、了解被审计单位分部信息的业绩报告

　　业绩报告符合企业会计准则和《企业会计制度》的要求。

二、了解被审计单位不同层次部门的业绩报告

　　业绩报告符合企业会计准则和《企业会计制度》的要求。

审计说明：审计结论来源于阅读单位分部信息和不同层次部门的业绩报告。

审计结论：新华有限责任公司在这方面的风险为低水平。

【底稿B】了解开发新产品或提供新服务的情况

了解开发新产品或提供新服务的情况

单位名称：<u>新华有限责任公司</u> 编制人：　<u>王欣</u>　 日期：<u>2024-01-15</u> 索引号：<u>B-01-03-02</u>
会计期间：<u>2023-01-01—2023-12-31</u> 复核人：<u>王茂春</u> 日期：<u>2024-01-16</u> 页　次：　<u>P17</u>
审计程序：

一、了解被审计单位所属行业前5年开发新产品或提供新服务的情况

　　新华有限责任公司自2019年以来，投资3 000万元人民币兴建起无公害原科生产基地，从荷兰进口波士顿生菜种子，采用了"深池浮板水就培技术"，科学施加营养液，并利用全封闭温控系统及水循环系统对生菜的成长过程进行全程监控。在饮科加工环节，该公司全套引进了加拿大HY-DRDNOV公司设备，采用超高温瞬时灭菌、热灌装工艺，且不添加任何合成物质，每瓶350 mL的纯菜汁含有100 g的生菜汁，产品口味新颖宜人。专家认为，这种新型产品顺应了当今消费者追求无公害、纯天然、富营养、求新求异的消费心理。

二、了解被审计单位所属行业未来5年开发新产品或提供新服务的发展计划和目标

　　在近5年内，新华有限责任公司将开发一种以普通红薯为主要原科，以引进种植的日本紫甘薯为辅助原科，并以紫甘薯中的营养成分——花青素为市场卖点，采用生物工程技术和现代饮科工业技术制作，并以"口感第一、外观第二、健康理念第三"为产品开发理念的新型果蔬汁类饮料产品。

　　产品的口感：其90%部分以市场流行饮料的口味为基准，酸甜清爽适口，并带有10%的红薯滋味，体现其产品特色。

　　产品的外观：澄清透明，允许有少量沉淀物，色泽淡黄或稍红（体现紫甘薯原料特色）。

　　产品的包装：容量500 mL的热灌装PET瓶。

　　目标：开发后要被20岁左右的饮料市场消费人群所接受，并迅速在市场上推广，使公司在果蔬饮料市场的市场份额突破50%。

三、了解开发新产品或新服务对于被审计单位战略目标实现的重要性

　　饮料行业产品同质化，价格大战一直不断，技术创新和新产品开发是行业发展的瓶颈，

所以新华有限责任公司的新产品将对其战略目标的实现起到举足轻重的作用。

四、了解被审计单位已经开始研发但尚未投入市场的新产品或新服务的情况

新华有限责任公司不存在已经开始研发但尚未投入市场的新产品或新服务。

审计说明：上述资料来源于《新华有限责任公司企业文化价值理念要点》《新华有限责任公司新产品开发策划书》和中国健康产品网。

审计结论：新华有限责任公司新产品开发计划明确，技术可行，产品理念明确，有充分的融资支持，初步认定在这方面公司风险为低风险。

【底稿 C】对被审计单位会计政策、会计估计变更的调查

对被审计单位会计政策、会计估计变更的调查

单位名称：新华有限责任公司　编制人：杨震　日期：2024-01-19　索引号：B-01-03-03
会计期间：2023-01-01—2023-12-31　复核人：王茂春　日期：2024-01-18　页　次：P18
审计目标：了解会计政策、会计估计变更，评估变更的合理性。
审计方法：询问、检查。
审计程序：

审计程序	执行情况	执行人	索引号
（1）了解被审计单位的会计政策变更	已执行	杨震	B-01-03-03-01
（2）了解被审计单位的会计估计变更	已执行	杨震	B-01-03-03-02

审计说明：审计程序主要是询问公司管理层和财务会计部门的有关人员，并检查相关的日记账，对总账和明细账进行进一步的确认。

审计结论：新华有限责任公司本年度内发生的重大会计政策变更和会计估计变更都是因为国家法律法规的变化而引起的，而且在会计报表附注中做了相关披露。鉴于新华有限责任公司的会计政策变更和会计估计变更都是合理的，公司在这方面的风险较小。

【底稿 D】了解被审计单位的筹资活动

了解被审计单位的筹资活动

单位名称：新华有限责任公司　编制人：苏杨　日期：2024-01-10　索引号：B-01-02-06
会计期间：2023-01-01—2023-12-31　复核人：王茂春　日期：2024-01-11　页　次：P10
审计目标：了解被审计单位的筹资活动，评估重大错报风险。
审计方法：检查、询问。
审计程序：

审计程序	执行情况	执行人	索引号
（1）了解债务结构和相关条款（包括担保情况及表外融资。获得的信贷额度是否可以满足营运需要；得到的融资条件及利率是否与竞争对手相似，如不相似，原因何在；是否存在违反借款合同中限制性条款的情况；是否承受重大的汇率与利率风险）	已执行	苏杨	B-01-02-06-01
（2）了解固定资产的租赁（包括通过融资租赁方式进行的筹资活动）	已执行	苏杨	B-01-02-06-02

续表

审计程序	执行情况	执行人	索引号
（3）关联方融资（例如，关联方融资的特殊条款）	已执行	苏杨	B-01-02-06-03
（4）实际受益股东（例如，实际受益股东是国内的还是国外的，其商业声誉和经验可能对被审计单位产生的影响）	已执行	苏杨	B-01-02-06-04
（5）衍生金融工具的运用（例如，衍生金融工具是用于交易目的还是套期目的，以及运用的种类、范围和交易对手等）	已执行	苏杨	B-01-02-06-05

审计说明：审计程序主要采用检查公司的借款合同、资产租赁合同等融资合同，向往来银行和财务部门询问贷款的还本付息情况。

审计结论：新华有限责任公司融资状况符合相关规定，能够及时还本付息，银行的信贷限额较高，无关联方融资，固定资产租赁处理流程规范。初步认定不存在由筹资活动引起的重大错报风险。

【底稿E】了解被审计单位的业绩趋势

了解被审计单位的业绩趋势

单位名称：<u>新华有限责任公司</u> 编制人：<u>李致远</u> 日期：<u>2024-01-08</u> 索引号：<u>B-01-03-04</u>
会计期间：<u>2023-01-01—2023-12-31</u> 复核人：<u>王茂春</u> 日期：<u>2024-01-09</u> 页　次：<u>P19</u>
审计目标：了解被审计单位的业绩趋势，为风险评估做准备。
审计方法：检查、分析性程序。
审计程序：

一、了解被审计单位所属行业的发展趋势

近年来，我国果蔬汁加工业有了较大发展，其中将果蔬加工成固体果蔬粉的加工方式越来越受到重视。近5年来产销量以每年20%的速度递增，行业呈现快速增长趋势，在今后几年将会继续以每年10%以上的速度发展。

二、了解被审计单位盈利能力的5年趋势

年份	2019	2020	2021	2022	2023
资产利润率/%	7.8	8.0	8.3	8.7	9.1

三、了解被审计单位关键业绩指标的5年趋势

年份	2019	2020	2021	2022	2023
资产利润率/%	7.8	8.0	8.3	8.7	9.1
资产负债率/%	10	10	10	10	10
销售增长率/%	12	12	13	12	12

审计说明：数字来源于公司业绩评价表及各年度会计报表。

审计结论：新华有限责任公司在各个年份都超额完成了关键业绩指标，管理层面对较大的业绩压力，财务报表的重大错报初步认定为较少。

【实训要求】 指出各种底稿分别属于了解被审计单位及其环境的哪个方面。
(1) 了解被审计单位的性质。
(2) 了解被审计单位财务业绩的衡量和评价。
(3) 了解被审计单位的目标、战略以及相关经营风险。
(4) 了解被审计单位行业状况、法律环境及其他外部因素。
(5) 了解内部控制。
(6) 了解被审计单位会计政策的选择和运用。

项目三 了解和评价被审计单位的内部控制

知识链接

1. 内部控制的内涵与目标
(1) 内部控制的内涵。

内部控制是指被审计单位为了合理保证财务报表的可靠性、经营的效率和效果以及对法律法规的遵守,由治理层、管理层和其他人员设计和执行的政策与程序。

(2) 内部控制的目标。

① 合理保证财务报表的可靠性,这一目标与管理层履行财务报告编制责任密切相关。

② 合理保证经营的效率和效果,即经济有效地使用企业资源,以最优方式实现企业目标。

③ 合理保证在所有经营活动中遵守法律法规的要求,即在法律法规的框架下从事经营活动。

2. 内部控制的要素

内部控制的要素包括内部环境、风险评估、控制活动、信息与沟通、内部监督、内部控制中各方职责六个方面。

(1) 内部环境。

内部环境是企业实施内部控制的基础,一般包括治理结构、机构设置及权责分配、内部审计、人力资源政策、企业文化和法律环境。

(2) 风险评估。

风险评估是组织辨认和分析与目标实现有关的风险的过程,它提供了控制风险的基础,一般包括设置目标、风险识别(包括内、外部风险因素)、风险分析、风险应对。

(3) 控制活动。

控制活动是指企业根据风险评估结果,采取相应的控制措施,将风险控制在可承受范围内。

(4) 信息与沟通。

信息与沟通是指企业及时、准确地收集、传递与内部控制相关的信息，确保信息在企业内部、企业与外部之间得到有效传递。每个企业都必须获取相关的信息——财务及非财务的，与外部及内部事件和行为相关的信息。信息必须经过管理层确认与企业的经营相关。这些信息也必须以一种能使人们行使各自的控制和其他职能的形式和在一定的时限内传递给需要的人。

(5) 内部监督。

内部监督是内部控制体系中不可或缺的一部分，具有以下作用：它是内部控制得到有效实施的有力保障，可以发现内部控制缺陷，改善内部控制体系，促进企业内部控制的健全性、合理性；它可以提高企业内部控制施行的有效性；它是外部监管的有力支撑；它可以减少代理成本，保障股东的利益。

(6) 内部控制中各方职责。

① 董事会负责单位内部控制的建立健全和有效实施。② 管理层直接对一个单位的经营管理活动负责。③ 内部审计部门及其人员主要评价内部控制的有效性。④ 所有员工都在实现内部控制中承担相应职责并发挥积极作用。⑤ 审计委员会的主要职责；⑥ 风险管理部门的职责。

3. 内部控制的局限性

内部控制的局限性是指内部控制程序设计和执行中存在的且不可克服的缺陷，主要包括：控制程序的设计受限于控制成本效益，设计的控制程序仅适用于正常的业务活动而不适用于非正常的业务活动，控制程序会因执行人员粗心大意、精力分散、判断失误及误解规定而失效，控制程序会因管理部门或主管领导无视其存在而形同虚设，控制程序会因经营环境和业务性质变化而失效。

4. 内部控制的程序

了解内部控制分为两个方面：一是评价控制的设计；二是确定控制是否得到执行。

评价控制的设计是指考虑一项控制单独或连同其他控制是否能够有效防止或发现并纠正重大错报；控制得到执行是指某项控制存在且正在使用。

注册会计师通常实施下列风险评估程序，以获取有关控制设计和执行的审计证据：① 询问被审计单位人员；② 观察特定控制的运用；③ 检查文件和报告；④ 追踪交易在财务报告信息系统中的处理过程（穿行测试）。

(1) 在整体层面了解内部控制。

① 了解控制环境。注册会计师应当了解管理层在治理层的监督下，是否营造了诚实守信和合乎道德的文化，以及是否建立了防止或发现并纠正舞弊和错误的恰当控制。

控制环境本身并不能防止或发现并纠正认定层次的重大错报，注册会计师在评估重大错报风险时应当将控制环境连同其他内部控制要素产生的影响一并考虑。

② 了解风险评估过程。注册会计师应当了解被审计单位管理层如何识别与财务报

告相关的经营风险，如何估计该风险的重要性，如何评估风险发生的可能性以及如何采取措施来管理这些风险。

③ 了解信息系统和沟通。注册会计师应当了解对财务报表具有重要影响的各类交易；了解交易生成、记录、处理和报告的程序，以及有关的会计记录；了解信息系统如何获取除各类交易之外的对财务报表具有重大影响的事项和情况，如固定资产的计提折旧；了解编制财务报告的过程；特别关注由于管理层凌驾于账户记录控制之上，或规避控制行为而产生的重大错报风险；了解被审计单位内部如何就财务报告的岗位职责，以及与财务报告相关的重大事项进行沟通。

④ 了解控制活动。注册会计师应当了解一项控制活动单独或连同其他控制活动，是否能够以及如何防止或发现并纠正各类交易、账户余额、列报存在的重大错报，识别和了解针对重大错报可能发生的领域的控制活动。

⑤ 了解对控制的监督情况。注册会计师应当了解被审计单位对与财务报告相关的内部控制的持续监督活动和专门的评价活动，并了解如何采取纠正措施；了解被审计单位的内部审计工作。

（2）在整体层面评价内部控制。

基于上述了解的要点与执行的程序，去评价被审计单位内部控制整体层面是否能够有效防止或发现并纠正重大错报，是否得到执行，得出相应的结论。

（3）在业务流程层面了解并评价内部控制。

由于内部控制的若干要素更多地体现在业务流程层面，因此，注册会计师应当从被审计单位重要业务流程层面了解内部控制，并据此评估认定层次的重大错报风险。在重要业务流程层面了解和评估内部控制的步骤如下：

① 确定被审计单位的重要业务流程和重要交易类别。

② 了解重要交易流程并记录。

③ 确定可能发生错报的环节（关键控制点）。

（4）识别和了解相关控制并记录。

通过对被审计单位的了解，包括在被审计单位整体层面对内部控制各要素的了解，以及在上述程序中对重要业务流程的了解，注册会计师可以确定是否有必要了解在业务流程层面的控制。有时，注册会计师之前的了解可能表明被审计单位在业务流程层面针对某些重要交易流程所设计的控制是无效的，或者注册会计师并不打算依赖控制，或者并不存在特别风险，注册会计师可以不了解在业务流程层面的控制。

如果注册会计师计划对业务流程层面的有关控制进行进一步的了解和评价，在了解业务流程中容易发生错报的环节后，注册会计师应当确定：

① 被审计单位是否建立了有效的控制，防止或发现并纠正这些错报；

② 被审计单位是否遗漏了必要的控制；

③ 是否识别了最有效的控制。

（5）执行穿行测试。

证实对交易流程和相关控制的了解。

（6）初步评价内部控制。

在识别和了解控制后，注册会计师要对内部控制进行初步评价。注册会计师对控制的初步评价结论可能是：

① 内部控制设计合理（单独或连同其他控制能够有效防止或发现并纠正重大错报），并得到执行；

② 控制本身的设计是合理的，但没有得到执行；

③ 控制本身的设计就是无效的或缺乏必要的控制。

5. 记录内部控制的方法

注册会计师需要将了解到的被审计单位内部控制的情况记录在审计工作底稿中，即对内部控制的了解情况加以描述。一般的，对内部控制的了解与记录是同步进行的。

通常采用的记录方式有文字表述法、调查表法和流程图法。这三种方法可单独使用，也可以结合使用。注册会计师应当运用职业判断确定记录方法。

实训目的

（1）掌握控制活动。

（2）掌握内部监督。

（3）掌握内部控制的程序。

实训案例

【案例资料1】 已知原始单据：控制环境调查明细表。

【实训要求】 上述原始单据反映的是内部控制的哪一个要素？

A. 风险评估过程　　　　　　　　　B. 控制环境

C. 控制活动　　　　　　　　　　　D. 与财务报告相关的信息系统和沟通

判断结果：＿＿＿＿＿＿＿＿＿＿＿＿＿＿＿＿＿＿＿＿＿＿＿＿＿＿＿＿＿＿＿＿＿＿

【案例资料2】 已知下面的审计工作底稿。

【底稿】 风险评估调查明细表

风险评估调查明细表

单位名称：<u>新华有限责任公司</u>　编制人：<u>陈开宁</u>　日期：<u>2024-01-22</u>　索引号：<u>B-06-03-01-02</u>

会计期间：<u>2023-01-01—2023-12-31</u>　复核人：<u>王茂春</u>　日期：<u>2024-01-23</u>　页　次：<u>P113</u>

	需要考虑的事项	结论	索引
1	企业是否已建立并沟通其整体目标，并辅以具体策略和业务流程层面的计划	是	B-06-03-01-02a
2	被审计单位是否已建立风险评估过程，包括识别风险、估计风险的重大性、评估风险发生的可能性以及确定需要采取的应对措施	是	B-06-03-01-02b

续表

	需要考虑的事项	结论	索引
3	管理层是否具有识别影响公司发布可靠财务报告的风险的能力	是	B-06-03-01-02c
4	确定与财务报告相关的风险是否已被分析并评价	是	B-06-03-01-02d
5	管理层是否适当识别因变化而新产生的与发表可靠报告相关的风险,该等变化包括:	是	D-06-03-01-02e
	监管及经营环境的变化	无变化	
	新晋升高管人员	有变化	
	新采用的或升级后的 IT 系统	运行良好	
	业务是否快速发展	是	
	新技术	不适用	
	新的生产线的启用、新产品(业务)的投产	不适用	
	发展海外经营	不适用	
	新的会计政策或其他的财务报告要求	不适用	
	企业重组	不适用	

【实训要求】 根据上面的审计工作底稿,分析被审计单位的风险评估过程是否有助于注册会计师识别财务报表层次的重大错报风险。

A. 是　　　　　　B. 否

判断结果:＿＿＿＿＿＿＿＿＿＿＿＿＿＿＿＿＿＿＿＿＿＿＿＿＿＿＿＿＿＿＿＿

【案例资料3】 已知下列 4 份审计工作底稿。

【底稿A】 沟通调查明细表

沟通调查明细表

单位名称:<u>新华有限责任公司</u> 编制人:<u>陈开宁</u> 日期:<u>2024-02-01</u> 索引号:<u>B-06-03-01-04</u>
会计期间:<u>2023-01-01—2023-12-31</u> 复核人:<u>王茂春</u> 日期:<u>2024-02-02</u> 页　次:<u>P115</u>

	需要考虑的事项	结论	索引
1	管理层就员工的职责和控制责任是否进行了有效沟通	是	B-06-03-01-04a
2	针对可疑的不恰当事项和行为是否建立了沟通制度	是	B-06-03-01-04b
3	组织内部沟通的充分性是否能够使人员有效地履行职责	是	B-06-03-01-04c
4	对于与客户、供应商、监管者和其他外部人士的沟通,管理层是否及时采取适当的进一步行动	是	B-06-03-01-04d
5	是否受到某些监管机构发布的监管要求的约束	否	B-06-03-01-04e
6	外部人士在多大程度上获知企业的行为守则	不适用	B-06-03-01-04f

【底稿 B】 与财务报表有关的信息系统调查明细表

与财务报表有关的信息系统调查明细表

单位名称：<u>新华有限责任公司</u> 编制人：<u>陈开宁</u> 日期：<u>2024-01-22</u> 索引号：<u>B-06-03-01-03</u>

会计期间：<u>2023-01-01—2023-12-31</u> 复核人：<u>王茂春</u> 日期：<u>2024-01-23</u> 页　次：　<u>P114</u>

	需要考虑的事项	结论	索引
1	通用信息技术控制：	较为完善	B-06-03-01-03a
	企业制订并推行一个全面的信息技术的战略计划	是	
	企业制定并推行的信息体系、信息技术结构的政策和程序	是	
	企业制定并推行的该等政策和程序需要确保与外部的财务报告的要求相一致	是	
	信息技术部门制定并维持信息系统的风险评估政策和程序，包括的风险：	是	
	技术的可靠性		
	信息的完整性		
	信息技术人员的能力		
	对于所有重要系统和区域的安全性评价		
	信息技术部门制定了下列政策，以确保信息质量：	是	
	信息系统的记录标准统一		
	数据、交易的完整性		
	数据的所有权		
	数据、交易的可靠性		
2	信息系统是否能够向管理层提供有关企业的业绩报告，包括相关的外部和内部信息	是	B-06-03-01-03b
3	向适当人员提供的信息是否充分、具体和及时，使其能够有效地履行职责	是	B-06-03-01-03c
4	信息系统的开发与变更是否与企业的战略计划相适应，以及是否与企业整体层面和业务流程层面的目标相适应	是	B-06-03-01-03d
5	管理层是否提供适当的人力和财力以开发必需的信息系统	是	B-06-03-01-03e
6	管理层如何监督程序的开发、变更和测试工作	每周的复核及追踪报告	B-06-03-01-03f
7	对于主要的数据中心，是否建立了重大灾难数据恢复计划	否	B-06-03-01-03g

【底稿 C】对管理层的监督调查明细表

对管理层的监督调查明细表

单位名称：<u>新华有限责任公司</u> 编制人：<u>陈开宁</u> 日期：<u>2024-01-25</u> 索引号：<u>B-06-03-01-06</u>
会计期间：<u>2023-01-01—2023-12-31</u> 复核人：<u>王茂春</u> 日期：<u>2024-01-26</u> 页　次：<u>P117</u>

	需要考虑的事项	结论	索引
1	管理层收到所有外部和内部关于内部控制的有效信息是否及时和准确	否	B-06-03-01-06a
2	管理层是否定期对上述信息做出适当评价	是	B-06-03-01-06a
3	管理层是否采取适当的行动来应对内部控制上的不足	是	B-06-03-01-06b
4	管理层是否及时纠正、控制运行中的偏差	是	B-06-03-01-06c
5	企业人员在履行正常职责时，能够在多大程度上获得内部控制是否有效运行的证据	很大程度	B-06-03-01-06d
6	管理层是否定期确认员工了解并遵守了公司的行为准则	是	B-06-03-01-06e
7	执行关键控制的员工定期的自查是否被一贯执行	是	B-06-03-01-06f
8	关键控制岗位是否有轮岗制度	是	B-06-03-01-06g
9	与外部的沟通能够证实内部产生的信息的准确性或者指出存在的问题	是	B-06-03-01-06h
10	是否存在协助管理层监督内部控制的职能部门；如果有，需要考虑：独立性和权威性、报告体系、胜任能力、专业标准的适当性等问题	否	B-06-03-01-06i
11	管理层是否采纳内部审计人员和注册会计师有关内部控制的建议	是	B-06-03-01-06j

【底稿 D】期末财务报告调查明细表

期末财务报告调查明细表

单位名称：<u>新华有限责任公司</u> 编制人：<u>李致远</u> 日期：<u>2024-01-26</u> 索引号：<u>B-06-03-01-07</u>
会计期间：<u>2023-01-01—2023-12-31</u> 复核人：<u>王茂春</u> 日期：<u>2024-01-27</u> 页　次：<u>P118</u>

	需要考虑的事项	结论	索引
1	对于日记账的控制行为能否提供合理的保证，以使重大的错报被预防或发现	能	B-06-03-01-07a
2	对于账务报告中常出现的或不常出现的调整是否进行有效的控制	是	B-06-03-01-07b
3	对于账务报告及其披露是否进行有效的控制	是	B-06-03-01-07c
4	管理层是否适当识别为编制账务报表所需的重要估计	是	B-06-03-01-07d
5	会计估计的选用是否依靠充分的、相关的、可靠的数据	是	B-06-03-01-07e
6	会计估计、基本假设等的支付信息是否被适当地复核和认可	是	B-06-03-01-07f

	需要考虑的事项	结论	索引
7	重要的会计估计和其后得到的结果相比是否较一致，评估估计的程序是否可靠	是	B-06-03-01-07g
8.	重要的会计估计与企业的经营计划是否一致	是	B-06-03-01-07h

【实训要求】 4份审计工作底稿中，哪些属于信息系统与沟通对应的工作底稿？

A. 底稿 A　　　　B. 底稿 B　　　　C. 底稿 C　　　　D. 底稿 D

判断结果：＿＿＿＿＿＿＿＿＿＿＿＿＿＿＿＿＿＿＿＿＿＿＿＿＿＿＿＿

【案例资料4】 已知下列 5 份审计工作底稿。

【底稿 A】 风险评估调查明细表

风险评估调查明细表

单位名称：<u>新华有限责任公司</u> 编制人：<u>陈开宁</u> 日期：<u>2024-01-25</u> 索引号：<u>B-06-03-01-02</u>

会计期间：<u>2023-01-01—2023-12-31</u> 复核人：<u>王茂春</u> 日期：<u>2024-01-26</u> 页　次：　<u>P113</u>

	需要考虑的事项	结论	索引
1	企业是否已建立并沟通其整体目标，并辅以具体策略和业务流程层面的计划	是	B-06-03-01-02a
2	被审计单位是否已建立风险评估过程，包括识别风险、估计风险的重大性、评估风险发生的可能性以及确定需要采取的应对措施	是	B-06-03-01-02b
3	管理层识别影响公司发布可靠财务报告的风险的能力	是	B-06-03-01-02c
4	是否确定与财务报告相关的风险已被分析并评价	是	B-06-03-01-02d
5	管理层是否适当识别因变化而新产生的与发表可靠报告相关的风险，该变化包括：	是	D-06-03-01-02e
	监管及经营环境的变化	无变化	
	新晋升高管人员	有变化	
	新采用的或升级后的 IT 系统	运行良好	
	业务是否快速发展	是	
	新技术	不适用	
	新的生产线的启用、新产品（业务）的投产	不适用	
	发展海外经营	不适用	
	新的会计政策或其他的财务报告要求	不适用	
	企业重组	不适用	

【底稿 B】 与财务报表有关的信息系统调查明细表

<h2 style="text-align:center">与财务报表有关的信息系统调查明细表</h2>

单位名称：<u>新华有限责任公司</u> 编制人：<u>陈开宁</u> 日期：<u>2024-01-26</u> 索引号：<u>B-06-03-01-03</u>

会计期间：<u>2023-01-01—2023-12-31</u> 复核人：<u>王茂春</u> 日期：<u>2024-01-27</u> 页　次：<u>P114</u>

	需要考虑的事项	结论	索引
1	通用信息技术控制：	较为完善	B-06-03-01-03a
	企业制订并推行一个全面的信息技术的战略计划	是	
	企业制定并推行的信息体系、信息技术结构的政策和程序	是	
	企业制定并推行的该等政策和程序需要确保与外部的财务报告的要求相一致	是	
	信息技术部门制定并维持信息系统的风险评估政策和程序，包括的风险：	是	
	技术的可靠性		
	信息的完整性		
	信息技术人员的能力		
	对于所有重要系统和区域的安全性评价		
	信息技术部门制定了下列政策，以确保信息质量：	是	
	信息系统的记录标准统一		
	数据、交易的完整性		
	数据的所有权		
	数据、交易的可靠性		
2	信息系统是否能够向管理层提供有关企业的业绩报告，包括相关的外部和内部信息	是	B-06-03-01-03b
3	向适当人员提供的信息是否充分、具体和及时，使其能够有效地履行职责	是	B-06-03-01-03c
4	信息系统的开发与变更是否与企业的战略计划相适应，以及是否与企业整体层面和业务流程层面的目标相适应	是	B-06-03-01-03d
5	管理层是否提供适当的人力和财力以开发必需的信息系统	是	B-06-03-01-03e
6	管理层如何监督程序的开发、变更和测试工作	每周的复核及追踪报告	B-06-03-01-03f
7	对于主要的数据中心，是否建立了重大灾难数据恢复计划	否	B-06-03-01-03g

【底稿 C】控制环境调查明细表

控制环境调查明细表

单位名称：<u>新华有限责任公司</u> 编制人：<u>陈开宁</u> 日期：<u>2024-01-25</u> 索引号：<u>B-06-03-01-01</u>

会计期间：<u>2023-01-01—2023-12-13</u> 复核人：<u>王茂春</u> 日期：<u>2024-01-26</u> 页　次：　<u>P112</u>

	需要考虑的事项	结论	索引
1	诚信和道德价值观念的沟通与落实：		B-06-03-01-01a
	是否有本企业的价值、规范和可接受行为的书面文件（如管理守则、董事会及其他重要的管理委员会的章程、其他人力资源的政策）	否	
	管理层是否身体力行，高级管理人员是否起表率作用	是	
	管理层是否将其期望的道德行为和可接受的行为在组织中有效进行沟通	是	
	员工是否接受关于道德行为和可接受行为标准的培训	是	
	对违反有关政策和行为规范的情况，管理层是否采取适当的惩罚措施	是	
	员工是否知道并确信违反了相关制度后将受到惩罚	是	
	员工是否知晓遵守公司的行为准则会被管理层赏识	是	
2	对胜任能力的重视程度：		B-06-03-01-01b
	财会人员以及信息管理人员是否具备与企业业务性质和复杂程度相称的足够的胜任能力	是	
	在员工发生错误时，是否通过调整人员或系统来加以处理	是	
	管理层是否配备足够的财会人员以适应业务发展和有关方面的需要	是	
	财会人员是否具备理解和运用会计准则所需的技能	是	
	是否通过必要的人事政策（雇佣、薪酬和绩效考核）以确保员工拥有与其职责相适应的工作能力	否	
3	治理层的参与程度：		B-06-03-01-01c
	董事会是否建立了审计委员会或类似机构	否	
	董事会成员是否具备适当的经验和资历	是	
	董事会成员是否保持相对的稳定性	否	
	董事会是否独立于管理层	是	
	董事会是否能有效地监督会计报告的形成过程	是	
	董事会/审计委员会是否积极地参与监督会计报告的形成过程	是	
	董事会/审计委员会是否积极地参与管理层的风险评估进程	是	
	董事会是否与内部审计人员以及注册会计师有联系和沟通	是	

续表

需要考虑的事项		结论	索引
	联系和沟通的性质以及频率是否与被审计单位的规模和业务复杂程度相匹配	是	
	董事会/审计委员会是否积极地参与监控所有重大内部控制的有效性	是	
4	管理层的理念和经营风格：		B-06-03-01-01d
	管理层对内部控制是否给予了适当的关注	是	
	管理层在承担和监控经营风险方面是风险偏好者还是风险规避者	风险规避者	
	管理人员遇到内部控制的缺陷时是否采取了适当的措施	是	
	管理人员遇到过度冒险时是否采取了适当的措施	是	
	员工是否相信公司是合乎商业道德的，并且管理层的行为是诚信的	是	
	管理层在选择会计政策和做出会计估计时是倾向于激进还是保守	保守	
	管理人员遇到低质量的会计政策时是否采取了适当的措施	是	
	对于重大的内部控制和会计事项，管理层是否征询注册会计师的意见，或者经常在这些方面与注册会计师存在不同意见	是	
	高级管理人员是否具备识别员工道德行为的能力	是	
5	组织结构：		B-06-03-01-01e
	现有组织结构是否能促进控制政策和控制程序全面有效地被履行	是	
	在制定组织结构时，管理当局是否适当地考虑了内部控制和财务报告的风险	是	
	员工是否清楚知晓哪些与控制相关的活动需要他们执行，并知晓如何履行	是	
6	职权与责任的分配：		B-06-03-01-01f
	是否有适当的授权体系	是	
	是否已针对授权交易建立适当的政策和程序	是	
	公司是否在信息支付、培训、资金、预算、人员等方面为员工履行职责提供必要的资源支付	是	
7	人力资源政策与实务：		B-06-03-01-01g
	在招聘、培训、考核、晋升、薪酬、调动和辞退员工方面是否都有适当的政策和程序	是	
	是否有书面的员工岗位职责手册	是	
	人力资源政策与程序是否清晰，并且定期发布和更新	是	
	是否设定适当的程序，对分散在各地区和海外的经营人员建立和沟通人力资源政策与程序	否	

【底稿 D】对管理层的监督调查明细表

对管理层的监督调查明细表

单位名称：<u>新华有限责任公司</u> 编制人：<u>陈开宁</u> 日期：<u>2024-01-25</u> 索引号：<u>B-06-03-01-06</u>

会计期间：<u>2023-01-01—2023-12-31</u> 复核人：<u>王茂春</u> 日期：<u>2024-01-26</u> 页　次：<u>P117</u>

	需要考虑的事项	结论	索引
1	管理层收到所有外部和内部关于内部控制的有效信息是否及时和准确	否	B-06-03-01-06a
2	管理层是否定期对上述信息做出适当评价	是	B-06-03-01-06a
3	管理层是否采取适当的行动来应对内部控制上的不足	是	B-06-03-01-06b
4	管理层是否及时纠正、控制运行中的偏差	是	B-06-03-01-06c
5	企业人员在履行正常职责时，能够在多大程度上获得内部控制是否有效运行的证据	很大程度	B-06-03-01-06d
6	管理层是否定期确认员工了解并遵守了公司的行为准则	是	B-06-03-01-06e
7	执行关键控制的员工定期的自查是否被一贯执行	是	B-06-03-01-06f
8	关键控制岗位是否有轮岗制度	是	B-06-03-01-06g
9	与外部的沟通能够证实内部产生的信息的准确性或者指出存在的问题	是	B-06-03-01-06h
10	是否存在协助管理层监督内部控制的职能部门；如果有，需要考虑：独立性和权威性、报告体系、胜任能力、专业标准的适当性等问题	否	B-06-03-01-06i
11	管理层是否采纳内部审计人员和注册会计师有关内部控制的建议	是	B-06-03-01-06j

【底稿 E】了解被审计单位的经营活动

了解被审计单位的经营活动

单位名称：<u>新华有限责任公司</u> 编制人：<u>付寒冰</u> 日期：<u>2024-01-26</u> 索引号：<u>B-01-02-04</u>

会计期间：<u>2023-01-01—2023-12-31</u> 复核人：<u>王茂春</u> 日期：<u>2024-01-27</u> 页　次：<u>P08</u>

审计目标：了解被审计单位的经营活动，提供风险评估资料。

审计方法：检查、询问。

审计程序：

审计程序	执行情况	执行人	索引号
（1）了解主营业务的性质（例如：主营业务是制造业还是商品批发与零售，是银行、保险还是其他金融服务，是公用事业、交通运输还是提供技术产品和服务等）	已执行	付寒冰	B-01-02-04-01
（2）了解与生产产品或提供劳务相关的市场信息（例如：主要客户和合同、付款条件、利润率、市场份额、竞争者、出口、定价政策、产品声誉、质量保证、营销策略和目标等）	已执行	付寒冰	B-01-02-04-02

续表

审计程序	执行情况	执行人	索引号
(3) 了解业务的开展情况（例如：业务分部的设立情况、产品和服务的交付、衰退或扩展的经营活动的详情等）	已执行	付寒冰	B-01-02-04-03
(4) 了解联盟、合营与外包情况	已执行	付寒冰	B-01-02-04-04
(5) 了解从事电子商务的情况（例如：是否通过互联网销售产品和提供服务以及从事营销活动）	已执行	付寒冰	B-01-02-04-05
(6) 了解地区与行业分布（例如：是否涉及跨地区经营和多种经营，各个地区和各行业分布的相对规模以及相互之间是否存在依赖关系）	已执行	付寒冰	B-01-02-04-06
(7) 了解生产设施、仓库的地理位置及办公地点	已执行	付寒冰	B-01-02-04-07
(8) 了解关键客户［例如：销售对象是少量的大客户还是众多的小客户，是否有被审计单位高度依赖的特定客户（如超过销售总额的10%的顾客）；是否有造成高回收性风险的若干客户或客户类别（如正处在一个衰退市场中的客户），是否与某些客户订立了不寻常的销售条款或条件］	已执行	付寒冰	B-01-02-04-08
(9) 了解重要供应商（例如：是否签订长期供应合同；原材料供应的可靠性和稳定性；付款条件；原材料是否受重大价格变动的影响）	已执行	付寒冰	B-01-02-04-09
(10) 了解劳动用工情况（例如：分地区用工情况、劳动力供应情况、工资水平、退休金和其他福利、股权激励或其他奖金安排以及与劳动用工事项相关的政府法规）	已执行	付寒冰	B-01-02-04-10
(11) 了解研究与开发活动及其支出	已执行	付寒冰	B-01-02-04-11
(12) 了解关联方交易（例如：有些客户或供应商是否为关联方；对关联方和非关联方是否采用不同的销售和采购条款。此外，还存在哪些关联方交易，这些交易采用怎样的定价政策）	已执行	付寒冰	B-01-02-04-12

审计说明：审计程序主要是检查公司的有关合同等资料，访问公司网站，询问采购、销售、人事、财务等部门的业务骨干，等等。

审计结论：新华有限责任公司客户群、供应商稳定，但公司人力资源相对短缺，人才市场上缺乏公司所需的熟练的技术人员，公司关联方交易定价符合市场规则，从这一方面讲，公司经营活动存在人力资源方面的低风险。

【实训要求】 5份审计工作底稿中，哪些属于了解被审计单位内部控制所产生的底稿？

A. 底稿 A　　　B. 底稿 B　　　C. 底稿 C　　　D. 底稿 D　　　E. 底稿 E

判断结果：_____

【案例资料 5】 已知下列 5 份审计工作底稿。

【底稿 A】 了解和评价公司整体层面内部控制初步评价表

了解和评价公司整体层面内部控制初步评价表

单位名称：<u>新华有限责任公司</u> 编制人：<u>陈开宁</u> 日期：<u>2024-01-25</u> 索引号：<u>B-06-02</u>
会计期间：<u>2023-01-01—2023-12-31</u> 复核人：<u>王茂春</u> 日期：<u>2024-01-26</u> 页 次：<u>P112</u>
审计目标：了解被审计单位的经营活动，提供风险评估资料。
审计方法：<u>检查、询问</u>。
审计程序：

内部控制风险初步评价标准
重要提示： 　若出现下列情况，则应将控制风险评价为高水平： 　（1）相关内部控制制度并未建立； 　（2）相关内部控制制度并未得到执行或不能防止或发现和纠正重大错报或漏报； 　（3）难以对内部控制制度的有效性做出评价。
对内部控制制度的初步评价
评价对象：调查对象（✓）；观察记录（✓）；文件检查记录（✓）
评价： 　新华有限责任公司内部控制较为完善，企业内部控制制度健全且得到有效的执行，整体层面的内部控制为业务层次的内部控制提供了适当的基础。 　（简要描述评价过程、发现的问题，评价公司整体层面的内部控制之总体优势是否为业务层次的内部控制提供了适当的基础。）

评价结论类型：	结论
内部控制总体有效性	总体有效
是否考虑依赖内部控制	是
是否执行业务层次的内部控制的评价	是

【底稿 B】 了解被审计单位的目标、战略以及相应经营风险导引表

了解被审计单位的目标、战略以及相应经营风险导引表

单位名称：<u>新华有限责任公司</u> 编制人：<u>杨源远</u> 日期：<u>2024-01-26</u> 索引号：<u>B-01-03</u>
会计期间：<u>2023-01-01—2023-12-31</u> 复核人：<u>王茂春</u> 日期：<u>2024-01-27</u> 页 次：<u>P15</u>
审计目标：了解被审计单位的目标，战略以及相应的经营风险，并评价其对财务报表的影响。
审计方法：询问、检查、观察以及分析性程序。
审计程序：

审计程序	执行情况	执行人	索引号
（1）了解行业发展及其可能导致的被审计单位不具备足以应对行业变化的人力资源和业务专长等风险	已执行	李钦	B-01-03-01
（2）了解开发新产品或提供新服务及其可能导致的被审计单位产品责任增加等风险	已执行	王欣	B-01-03-02

续表

审计程序	执行情况	执行人	索引号
（3）了解业务扩张及其可能导致的被审计单位对市场需求的估计不准确等风险	已执行	田甜	B-01-03-03
（4）了解新颁布的会计法规及其可能导致的被审计单位执行法规不当或不完整，或会计处理成本增加等风险	已执行	杨康	B-01-03-04
（5）了解监管要求及其可能导致的被审计单位法律责任增加等风险	已执行	许飞	B-01-03-05
（6）了解本期及未来的融资条件及其可能导致的被审计单位由于无法满足融资条件而失去融资机会等风险	已执行	蔡腾轩	B-01-03-06
（7）了解信息技术的运用及其可能导致的被审计单位信息系统与业务流程难以融合等风险	已执行	杨晓宁	B-01-03-07

审计说明：审计程序主要是检查被审计单位的战略规划、业务计划、财务报表及相关文件；询问管理层、销售、人力资源、财务等关键部门的业务骨干；分析财务数据；等等。

审计结论：根据后面几张表的审计结论，在了解了被审计单位的目标、战略后，我们初步认定新华有限责任公司的经营风险为低水平。

【底稿C】了解被审计单位的性质导引表

了解被审计单位的性质导引表

单位名称：<u>新华有限责任公司</u> 编制人：<u>杨林彬</u> 日期：<u>2024-01-25</u> 索引号：<u>B-01-02</u>
会计期间：<u>2023-01-01—2023-12-31</u> 复核人：<u>王茂春</u> 日期：<u>2024-01-26</u> 页　次：<u>　P04　</u>
审计目标：对被审计单位的性质进行一般了解，为风险评估提供依据。
审计方法：询问、检查。
审计程序：

审计程序	执行情况	执行人	索引号
（1）了解被审计单位的所有权结构	已执行	杨宁	B-01-02-01
（2）了解被审计单位的治理结构	已执行	张震轩	B-01-02-02
（3）了解被审计单位的组织结构	已执行	赵远洋	B-01-02-03
（4）了解被审计单位的经营活动	已执行	付寒冰	B-01-02-04
（5）了解被审计单位的投资活动	已执行	汪明轩	B-01-02-05
（6）了解被审计单位的筹资活动	已执行	苏杨	B-01-02-06

审计说明：审计程序主要是检查被审计单位的公司章程、会议纪要、财务报表及相关文件；询问管理层、办公室、人力资源、财务等关键部门的业务骨干。

审计结论：综合新华有限责任公司在所有权结构、治理结构、组织结构、经营活动、投资活动和筹资活动方面的评估风险，被审计单位的风险初步认定为低风险。

【底稿 D】 了解被审计单位财务业绩的衡量和评价导引表

了解被审计单位财务业绩的衡量和评价导引表

单位名称：<u>新华有限责任公司</u> 编制人：<u>胡海韩</u> 日期：<u>2024-01-20</u> 索引号：<u>B-01-06</u>

会计期间：<u>2023-01-01—2023-12-31</u> 复核人：<u>王茂春</u> 日期：<u>2024-01-21</u> 页　次：<u>P23</u>

审计目标：考虑管理层是否面临实现某些关键财务业绩指标的压力，并进而分析这些压力可能导致管理层存在歪曲财务报表的可能性。

审计方法：询问、检查和分析性程序。

审计程序：

审计程序	执行情况	执行人	索引号
（1）了解被审计单位关键业绩指标	已执行	李致远	B-01-03-01
（2）了解被审计单位业绩趋势	已执行	李致远	B-01-03-02
（3）了解被审计单位预测、预算和差异分析	已执行	张瀚	B-01-03-03
（4）了解被审计单位管理层和员工业绩考核与激励性报酬政策；	已执行	杨奋	B-01-03-04
（5）了解被审计单位分部信息与不同层次部门的业绩报告	已执行	黄天赐	B-01-03-05
（6）了解被审计单位与竞争对手的业绩比较	已执行	李远谋	B-01-03-06
（7）了解被审计单位外部机构提出的报告或与被审计单位相关的报告	已执行	陶菲	B-01-03-07

审计说明：审计程序主要是检查适用于被审计单位的各项监管法律法规以及行业规定，检查企业内部的绩效考核文件；询问管理层、人力资源、财务等关键部门的业务骨干；分析财务数据；等等。

审计结论：综合得出结论，在财务业绩的衡量和评价方面，新华有限责任公司的风险为低水平。

【底稿 E】 了解被审计单位会计政策的选择和运用导引表

了解被审计单位会计政策的选择和运用导引表

单位名称：<u>新华有限责任公司</u> 编制人：<u>杨震</u> 日期：<u>2024-01-21</u> 索引号：<u>B-01-03</u>

会计期间：<u>2023-01-01—2023-12-31</u> 复核人：<u>王茂春</u> 日期：<u>2024-01-22</u> 页　次：<u>P16</u>

审计目标：对被审计单位会计政策的选择和运用进行一般了解，收集风险评估资料。

审计方法：检查、询问。

审计程序：

审计程序	执行情况	执行人	索引号
（1）了解被审计单位的会计政策调查	已执行	杨震	B-01-03-01
（2）对被审计单位会计政策、会计估计变更的调查	已执行	杨震	B-01-03-01

审计说明：审计程序主要是检查被审计单位的政策法规文件、财务管理办法及相关文件；询问财务部门负责人和业务骨干；向有关专家咨询相关政策的新变化。

审计结论：在对被审计单位的会计政策、会计估计变更进行调查后，我们初步认定新华有限责任公司在会计政策的选择运用方面的风险为低水平。

【实训要求】 若被审计单位环境的其他要素及内部控制比较完善，根据上面的 5 份审计工作底稿，初步判断报表层次的重大错报风险水平。

判断结果：_____

项目四　评估重大风险错报

知识链接

1. 识别和评估重大错报风险

（1）识别和评估重大错报风险的方法。

① 在了解被审计单位及其环境的整个过程中识别风险；

② 将识别的风险与认定层次可能发生错报的领域相联系；

③ 考虑已识别的风险是否重大；

④ 考虑识别的风险导致财务报表发生重大错报的可能性。

（2）识别两个层次的重大错报风险。

在对重大错报风险进行识别和评估后，注册会计师应当确定识别的重大错报风险是与特定的某类交易、账户余额、列报的认定相关，还是与财务报表整体广泛相关。

2. 重大错报风险其他考虑

在评估重大错报风险时，注册会计师应当运用职业判断，确定识别的风险哪些是需要特别考虑的重大错报风险（以下简称"特别风险"）。特别风险与风险的性质和重大的非常规交易及判断事项有关。

3. 针对财务报表层次重大错报风险的总体应对措施

① 向项目组强调在收集和评价审计证据过程中保持职业怀疑态度的必要性；

② 分派更有经验或具有特殊技能的审计人员，或利用专家的工作；

③ 提供更多的督导；

④ 在选择进一步审计程序时，应当注意使某些程序不被管理层预见或事先了解；

⑤ 对拟实施审计程序的性质、时间和范围做出总体修改。

4. 针对认定层次重大错报风险的进一步审计程序

① 进一步审计程序的总体方案；

② 进一步审计程序的性质；

③ 进一步审计程序的时间；

④ 进一步审计程序的范围。

5. 与治理层和管理层的沟通

在审计实施阶段，注册会计师应就下列事项与被审计单位的管理层和治理层进行沟通：

① 在了解和测试内部控制的过程中可能会注意到内部控制存在的重大缺陷；

② 审计工作中遇到的重大困难及可能产生的影响。

● 实训目的

（1）掌握针对财务报表层次重大错报风险的总体应对措施。

（2）掌握针对认定层次重大错报风险的进一步审计程序。

● 实训案例

【案例资料1】 已知下列4份资料描述的是各个循环的内部控制初步评价表。

【资料A】存货与生产循环内部控制初步评价表

存货与生产循环内部控制初步评价表

单位名称：<u>新华有限责任公司</u> 编制人：<u>杨晓宁</u> 日期：<u>2024-01-25</u> 索引号：<u>B-06-02-03</u>

会计期间：<u>2023-01-01—2023-12-3</u> 复核人：<u>王茂春</u> 日期：<u>2024-01-26</u> 页　次：　<u>P236</u>

内部控制风险初步评价标准	
重要提示： 　　若出现下列情况，则应将控制风险评价为高水平： 　　（1）相关内部控制制度并未建立； 　　（2）相关内部控制制度并未得到执行，不能防止或发现和纠正重大错报或漏报； 　　（3）难以对内部控制制度设计的有效性做出评价。	
对内部控制制度的初步评价	
评价依据：流程图（✓）；调查问卷（✓）；文字描述（✓）	
评价： 　　简要描述评价过程、发现的问题以及与财务报表相关的重大错报风险。	
评价结论类型：	结论
内部控制健全程度	总体健全
是否考虑依赖内部控制	是
是否执行控制测试	是

【资料 B】 采购与付款循环内部控制初步评价表

采购与付款循环内部控制初步评价表

单位名称：<u>新华有限责任公司</u> 编制人：<u>杨晓宁</u> 日期：<u>2024-01-25</u> 索引号：<u>B-06-02-02</u>

会计期间：<u>2023-01-01—2023-12-31</u> 复核人：<u>王茂春</u> 日期：<u>2024-01-26</u> 页　次：<u>P235</u>

内部控制风险初步评价标准	
重要提示： 　　若出现下列情况，则应将控制风险评价为高水平： 　（1）相关内部控制制度并未建立； 　（2）相关内部控制制度并未得到执行，不能防止或发现和纠正重大错报或漏报； 　（3）难以对内部控制制度设计的有效性做出评价。	
对内部控制制度的初步评价	
评价依据：流程图（√）；调查问卷（√）；文字描述（√）	
评价： 　　简要描述评价过程、发现的问题以及与财务报表相关的重大错报风险。	
评价结论类型：	结论
内部控制健全程度	总体健全
是否考虑依赖内部控制	是
是否执行控制测试	是

【资料 C】 投资循环内部控制初步评价表

投资循环内部控制初步评价表

单位名称：<u>新华有限责任公司</u> 编制人：<u>杨晓宁</u> 日期：<u>2024-01-25</u> 索引号：<u>B-06-02-04</u>

会计期间：<u>2023-01-01—2023-12-31</u> 复核人：<u>王茂春</u> 日期：<u>2024-01-26</u> 页　次：<u>P237</u>

内部控制风险初步评价标准	
重要提示： 　　若出现下列情况，则应将控制风险评价为高水平： 　（1）相关内部控制制度并未建立； 　（2）相关内部控制制度并未得到执行，不能防止或发现和纠正重大错报或漏报； 　（3）难以对内部控制制度设计的有效性做出评价。	
对内部控制制度的初步评价	
评价依据：流程图（√）；调查问卷（√）；文字描述（√）	
评价： 　　简要描述评价过程、发现的问题以及与财务报表相关的重大错报风险。	
评价结论类型：	结论
内部控制健全程度	不健全
是否考虑依赖内部控制	否
是否执行控制测试	否

【资料 D】销售与收款循环内部控制初步评价表

销售与收款循环内部控制初步评价表

单位名称：<u>新华有限责任公司</u> 编制人：<u>杨致远</u> 日期：<u>2024-01-25</u> 索引号：<u>B-06-02-01</u>

会计期间：<u>2023-01-01—2023-12-31</u> 复核人：<u>王茂春</u> 日期：<u>2024-01-26</u> 页 次： <u>P234</u>

内部控制风险初步评价标准	
重要提示： 　　若出现下列情况，则应将控制风险评价为高水平： 　（1）相关内部控制制度并未建立； 　（2）相关内部控制制度并未得到执行，不能防止或发现和纠正重大错报或漏报； 　（3）难以对内部控制制度设计的有效性作出评价。	
对内部控制制度的初步评价	
评价依据：流程图（✓）；调查问卷（✓）；文字描述（✓）	
评价： 　　简要描述评价过程、发现的问题以及与财务报表相关的重大错报风险。	
评价结论类型：	结论
内部控制健全程度	总体健全
是否考虑依赖内部控制	是
是否执行控制测试	是

【实训要求】 指出对哪个循环不实施控制测试，直接实施实质性程序。

【案例资料 2】 已知下列 5 份审计工作底稿。

【底稿 A】了解被审计单位的治理结构

了解被审计单位的治理结构

单位名称：<u>新华有限责任公司</u> 编制人：<u>张震轩</u> 日期：<u>2024-01-25</u> 索引号：<u>B-01-02-02</u>

会计期间：<u>2023-01-01—2023-12-31</u> 复核人：<u>王茂春</u> 日期：<u>2024-01-26</u> 页 次： <u>P06</u>

审计目标：了解被审计单位的治理结构，提供分析资料。

审计方法：检查、询问。

审计程序：

审计程序	执行情况	执行人	索引号
（1）了解被审计单位的治理结构的建设情况	已执行	张震轩	B-01-02-02-01
（2）了解治理层和管理层的关系	已执行	张震轩	B-01-02-02-02

审计说明：审计程序主要是检查公司组织结构图和询问治理层人员的背景、社会关系等详
　　　　　细的个人信息。

审计结论：公司治理层人员超然独立于公司董事会和管理层，而且没有受到公司管理层的
　　　　　压力，发挥了监管和检查治理的作用，公司在这方面的风险较小。

【底稿 B】 了解被审计单位所处的法律环境及监督环境

了解被审计单位所处的法律环境及监督环境

单位名称：<u>新华有限责任公司</u> 编制人：<u>杨致远</u> 日期：<u>2024-01-25</u> 索引号：<u>B-01-02-01</u>
会计期间：<u>2023-01-01—2023-12-31</u> 复核人：<u>王茂春</u> 日期：<u>2024-01-26</u> 页　次：<u>P02</u>
审计目标：了解被审计单位所处的法律环境及监管环境，为风险评估做准备。
审计方法：询问、检查。
审计程序：

审计程序	执行情况	执行人	索引号
（1）了解国家对行业特殊的监管要求（如对银行、保险等行业的特殊监管要求）	已执行	杨致远	B-01-02-01-01
（2）了解新出台的法律法规（如新出台的有关产品责任、劳动安全或环境保护的法律法规等）对被审计单位的影响	已执行	杨致远	B-01-02-01-02
（3）了解国家货币、财政、税收和贸易等方面政策的变化是否会对被审计单位的经营活动产生影响	已执行	杨致远	B-01-02-01-03
（4）了解与被审计单位相关的税务法规是否发生变化	已执行	杨致远	B-01-02-01-04

审计说明：审计程序主要是询问会计财务部门，索取有关新华有限责任公司的政策法规文件，向有关专家咨询相关政策的新变化。

审计结论：新华有限责任公司所处行业没有特殊的监管要求，相反，因为公司倡导绿色、生态理念，政府在很多方面给予支持和扶持。所处行业法律没有大的变化，因为公司产品是初级消费品，宏观环境的波动对本行业影响较小。从这一角度看，公司风险较小。

【底稿 C】 存货及生产循环内部控制初步评价表

存货及生产循环内部控制初步评价表

单位名称：<u>新华有限责任公司</u> 编制人：<u>杨晓宁</u> 日期：<u>2024-01-25</u> 索引号：<u>B-06-02-03</u>
会计期间：<u>2023-01-01—2023-12-31</u> 复核人：<u>王茂春</u> 日期：<u>2024-01-26</u> 页　次：<u>P234</u>

内部控制风险初步评价标准	
重要提示： 　　若出现下列情况，则应将控制风险评价为高水平： 　　（1）相关内部控制制度并未建立； 　　（2）相关内部控制制度并未得到执行，不能防止或发现和纠正重大错报或漏报； 　　（3）难以对内部控制制度设计的有效性做出评价。	
对内部控制制度的初步评价	
评价依据：流程图（√）；调查问卷（√）；文字描述（√）	
评价： 　　简要描述评价过程、发现的问题以及与财务报表相关的重大错报风险。	
评价结论类型：	结论
内部控制健全程度	总体健全
是否考虑依赖内部控制	是
是否执行控制测试	是

【底稿 D】 采购与付款循环内部控制初步评价表

采购与付款循环内部控制初步评价表

单位名称：<u>新华有限责任公司</u> 编制人：<u>杨晓宁</u> 日期：<u>2024-01-25</u> 索引号：<u>B-06-02-02</u>

会计期间：<u>2023-01-01—2023-12-31</u> 复核人：<u>王茂春</u> 日期：<u>2024-01-26</u> 页　次：<u>P233</u>

内部控制风险初步评价标准	
重要提示： 　　若出现下列情况，则应将控制风险评价为高水平： 　　（1）相关内部控制制度并未建立； 　　（2）相关内部控制制度并未得到执行，不能防止或发现和纠正重大错报或漏报； 　　（3）难以对内部控制制度设计的有效性做出评价。	
对内部控制制度的初步评价	
评价依据：流程图（✓）；调查问卷（✓）；文字描述（✓）	
评价： 　　简要描述评价过程、发现的问题以及与财务报表相关的重大错报风险。	
评价结论类型：	结论
内部控制健全程度	总体健全
是否考虑依赖内部控制	是
是否执行控制测试	是

【底稿 E】 投资循环内部控制初步评价表

投资循环内部控制初步评价表

单位名称：<u>新华有限责任公司</u> 编制人：<u>杨晓宁</u> 日期：<u>2024-01-25</u> 索引号：<u>B-06-02-04</u>

会计期间：<u>2023-01-01—2023-12-31</u> 复核人：<u>王茂春</u> 日期：<u>2024-01-26</u> 页　次：<u>P235</u>

内部控制风险初步评价标准	
重要提示： 　　若出现下列情况，则应将控制风险评价为高水平： 　　（1）相关内部控制制度并未建立； 　　（2）相关内部控制制度并未得到执行，不能防止或发现和纠正重大错报或漏报； 　　（3）难以对内部控制制度设计的有效性做出评价。	
对内部控制制度的初步评价	
评价依据：流程图（✓）；调查问卷（✓）；文字描述（✓）	
评价： 　　简要描述评价过程、发现的问题以及与财务报表相关的重大错报风险。	
评价结论类型：	结论
内部控制健全程度	不健全
是否考虑依赖内部控制	否
是否执行控制测试	否

【实训要求】 根据上面的审计工作底稿,指出哪些底稿对应的是评估财务报表层次重大错报风险,哪些对应的是评估认定层次重大错报风险。

判断结果:＿＿＿＿＿＿＿＿＿＿＿＿＿＿＿＿＿＿＿＿＿＿＿＿＿＿＿＿＿＿

【案例资料3】 已知下列5份审计工作底稿。

【底稿A】 采购与付款循环内部控制初步评价表

采购与付款循环内部控制初步评价表

单位名称：<u>新华有限责任公司</u> 编制人：<u>杨晓宁</u> 日期：<u>2024-01-05</u> 索引号：<u>B-06-02-02</u>
会计期间：<u>2023-01-01—2023-12-31</u> 复核人：<u>王茂春</u> 日期：<u>2024-01-06</u> 页　次：　<u>P234</u>

内部控制风险初步评价标准	
重要提示： 若出现下列情况,则应将控制风险评价为高水平： (1) 相关内部控制制度并未建立； (2) 相关内部控制制度并未得到执行,不能防止或发现和纠正重大错报或漏报； (3) 难以对内部控制制度设计的有效性做出评价。	
对内部控制制度的初步评价	
评价依据：流程图（√）；调查问卷（√）；文字描述（√）	
评价： 简要描述评价过程、发现的问题以及与财务报表相关的重大错报风险。	
评价结论类型：	结论
内部控制健全程度	总体健全
是否考虑依赖内部控制	是
是否执行控制测试	是

【底稿B】 筹资循环内部控制初步评价表

筹资循环内部控制初步评价表

单位名称：<u>新华有限责任公司</u> 编制人：<u>杨晓宁</u> 日期：<u>2024-01-05</u> 索引号：<u>B-06-02-05</u>
会计期间：<u>2023-01-01—2023-12-31</u> 复核人：<u>王茂春</u> 日期：<u>2024-01-06</u> 页　次：　<u>P237</u>

内部控制风险初步评价标准
重要提示：   若出现下列情况,则应将控制风险评价为高水平：   (1) 相关内部控制制度并未建立；   (2) 相关内部控制制度并未得到执行,不能防止或发现和纠正重大错报或漏报；   (3) 难以对内部控制制度设计的有效性做出评价。
对内部控制制度的初步评价
评价依据：流程图（√）；调查问卷（√）；文字描述（√）
评价：   简要描述评价过程、发现的问题以及与财务报表相关的重大错报风险。

评价结论类型：	结论
内部控制健全程度	总体健全
是否考虑依赖内部控制	是
是否执行控制测试	是

【底稿 C】存货与生产循环内部控制初步评级表

存货与生产循环内部控制初步评级表

单位名称：<u>新华有限责任公司</u> 编制人：<u>杨晓宁</u> 日期：<u>2024-01-05</u> 索引号：<u>B-06-02-03</u>

会计期间：<u>2023-01-01—2023-12-31</u> 复核人：<u>王茂春</u> 日期：<u>2024-01-06</u> 页 次：<u>P238</u>

内部控制风险初步评价标准

重要提示：
    若出现下列情况，则应将控制风险评价为高水平：
    （1）相关内部控制制度并未建立；
    （2）相关内部控制制度并未得到执行，不能防止或发现和纠正重大错报或漏报；
    （3）难以对内部控制制度设计的有效性做出评价。

对内部控制制度的初步评价
评价依据：流程图（✓）；调查问卷（✓）；文字描述（✓）
评价：   简要描述评价过程、发现的问题以及与财务报表相关的重大错报风险。

评价结论类型：	结论
内部控制健全程度	总体健全
是否考虑依赖内部控制	是
是否执行控制测试	是

【底稿 D】投资循环内部控制初步评价表

投资循环内部控制初步评价表

单位名称：<u>新华有限责任公司</u> 编制人：<u>杨晓宁</u> 日期：<u>2024-01-05</u> 索引号：<u>B-06-02-04</u>

会计期间：<u>2023-01-01—2023-12-31</u> 复核人：<u>王茂春</u> 日期：<u>2024-01-06</u> 页 次：<u>P239</u>

内部控制风险初步评价标准

重要提示：
    若出现下列情况，则应将控制风险评价为高水平：
    （1）相关内部控制制度并未建立；
    （2）相关内部控制制度并未得到执行，不能防止或发现和纠正重大错报或漏报；
    （3）难以对内部控制制度设计的有效性做出评价。

对内部控制制度的初步评价
评价依据：流程图（✓）；调查问卷（✓）；文字描述（✓）

续表

评价： 简要描述评价过程、发现的问题以及与财务报表相关的重大错报风险。	
评价结论类型：	结论
内部控制健全程度	不健全
是否考虑依赖内部控制	否
是否执行控制测试	否

【底稿 E】销售与收款循环内部控制初步评价表

销售与收款循环内部控制初步评价表

单位名称：<u>新华有限责任公司</u> 编制人：<u>杨致远</u> 日期：<u>2024-01-05</u> 索引号：<u>B-06-02-01</u>
会计期间：<u>2023-01-01—2023-12-31</u> 复核人：<u>王茂春</u> 日期：<u>2024-01-06</u> 页 次：<u>P233</u>

内部控制风险初步评价标准	
重要提示： 　　若出现下列情况，则应将控制风险评价为高水平： 　　（1）相关内部控制制度并未建立； 　　（2）相关内部控制制度并未得到执行，不能防止或发现和纠正重大错报或漏报； 　　（3）难以对内部控制制度设计的有效性做出评价。	
对内部控制制度的初步评价	
评价依据：流程图（√）；调查问卷（√）；文字描述（√）	
评价： 简要描述评价过程、发现的问题以及与财务报表相关的重大错报风险。	
评价结论类型：	结论
内部控制健全程度	总体健全
是否考虑依赖内部控制	是
是否执行控制测试	是

【实训要求】 上面的 5 份审计工作底稿，哪些对应的是一般风险，哪些对应的是特别风险（需要特别考虑的重大错报风险）？

A. 底稿 A　　　B. 底稿 B　　　C. 底稿 C　　　D. 底稿 D　　　E. 底稿 E
判断结果：_____

【案例资料 4】 已知下列 5 份审计工作底稿。

【底稿 A】 采购与付款循环内部控制初步评价表

采购与付款循环内部控制初步评价表

单位名称：<u>新华有限责任公司</u> 编制人：<u>杨晓宁</u> 日期：<u>2024-01-05</u> 索引号：<u>B-06-02-02</u>
会计期间：<u>2023-01-01—2023-12-31</u> 复核人：<u>王茂春</u> 日期：<u>2024-01-06</u> 页　次：　<u>P234</u>

内部控制风险初步评价标准	
重要提示： 　　若出现下列情况，则应将控制风险评价为高水平： 　　（1）相关内部控制制度并未建立； 　　（2）相关内部控制制度并未得到执行，不能防止或发现和纠正重大错报或漏报； 　　（3）难以对内部控制制度设计的有效性做出评价。	
对内部控制制度的初步评价	
评价依据：流程图（✓）；调查问卷（✓）；文字描述（✓）	
评价： 　　简要描述评价过程、发现的问题以及与财务报表相关的重大错报风险。	
评价结论类型：	结论
内部控制健全程度	总体健全
是否考虑依赖内部控制	是
是否执行控制测试	是

【底稿 B】 筹资循环内部控制初步评价表

筹资循环内部控制初步评价表

单位名称：<u>新华有限责任公司</u> 编制人：<u>杨晓宁</u> 日期：<u>2024-01-05</u> 索引号：<u>B-06-02-05</u>
会计期间：<u>2023-01-01—2023-12-31</u> 复核人：<u>王茂春</u> 日期：<u>2024-01-06</u> 页　次：　<u>P237</u>

内部控制风险初步评价标准	
重要提示： 　　若出现下列情况，则应将控制风险评价为高水平： 　　（1）相关内部控制制度并未建立； 　　（2）相关内部控制制度并未得到执行，不能防止或发现和纠正重大错报或漏报； 　　（3）难以对内部控制制度设计的有效性做出评价。	
对内部控制制度的初步评价	
评价依据：流程图（✓）；调查问卷（✓）；文字描述（✓）	
评价： 　　简要描述评价过程、发现的问题以及与财务报表相关的重大错报风险。	
评价结论类型：	结论
内部控制健全程度	总体健全
是否考虑依赖内部控制	是
是否执行控制测试	是

【底稿 C】 存货与生产循环内部控制初步评价表

存货与生产循环内部控制初步评价表

单位名称：<u>新华有限责任公司</u> 编制人：<u>杨晓宁</u> 日期：<u>2024-01-05</u> 索引号：<u>B-06-02-03</u>
会计期间：<u>2023-01-01—2023-12-31</u> 复核人：<u>王茂春</u> 日期：<u>2024-01-06</u> 页　次：<u>P235</u>

内部控制风险初步评价标准	
重要提示： 　　若出现下列情况，则应将控制风险评价为高水平： 　　（1）相关内部控制制度并未建立； 　　（2）相关内部控制制度并未得到执行，不能防止或发现和纠正重大错报或漏报； 　　（3）难以对内部控制制度设计的有效性做出评价。	
对内部控制制度的初步评价	
评价依据：流程图（√）；调查问卷（√）；文字描述（√）	
评价： 　　简要描述评价过程、发现的问题以及与财务报表相关的重大错报风险。	
评价结论类型：	结论
内部控制健全程度	总体健全
是否考虑依赖内部控制	是
是否执行控制测试	是

【底稿 D】 投资循环内部控制初步评价表

投资循环内部控制初步评价表

单位名称：<u>新华有限责任公司</u> 编制人：<u>杨晓宁</u> 日期：<u>2024-01-05</u> 索引号：<u>B-06-02-04</u>
会计期间：<u>2023-01-01—2023-12-31</u> 复核人：<u>王茂春</u> 日期：<u>2024-01-06</u> 页　次：<u>P236</u>

内部控制风险初步评价标准	
重要提示： 　　若出现下列情况，则应将控制风险评价为高水平： 　　（1）相关内部控制制度并未建立； 　　（2）相关内部控制制度并未得到执行，不能防止或发现和纠正重大错报或漏报； 　　（3）难以对内部控制制度设计的有效性做出评价。	
对内部控制制度的初步评价	
评价依据：流程图（√）；调查问卷（√）；文字描述（√）	
评价： 　　简要描述评价过程、发现的问题以及与财务报表相关的重大错报风险。	
评价结论类型：	结论
内部控制健全程度	不健全
是否考虑依赖内部控制	否
是否执行控制测试	否

【底稿 E】销售与收款循环内部控制初步评价表

销售与收款循环内部控制初步评价表

单位名称：<u>新华有限责任公司</u>　编制人：<u>杨致远</u>　日期：<u>2024-01-05</u>　索引号：<u>B-06-02-01</u>
会计期间：<u>2023-01-01—2023-12-31</u>　复核人：<u>王茂春</u>　日期：<u>2024-01-06</u>　页　次：<u>P233</u>

内部控制风险初步评价标准	
重要提示： 　　若出现下列情况，则应将控制风险评价为高水平： 　　（1）相关内部控制制度并未建立； 　　（2）相关内部控制制度并未得到执行，不能防止或发现和纠正重大错报或漏报； 　　（3）难以对内部控制制度设计的有效性做出评价。	
对内部控制制度的初步评价	
评价依据：流程图（√）；调查问卷（√）；文字描述（√）	
评价： 简要描述评价过程、发现的问题以及与财务报表相关的重大错报风险。	
评价结论类型：	结论
内部控制健全程度	总体健全
是否考虑依赖内部控制	是
是否执行控制测试	是

【实训要求】 上面的 5 份审计工作底稿中，哪种情况表示内部控制存在重大缺陷，需要与管理层或治理层沟通？

A. 底稿 A　　　B. 底稿 B　　　C. 底稿 C　　　D. 底稿 D　　　E. 底稿 E

判断结果：_____

【案例资料 5】 已知下列 4 份审计工作底稿。

【底稿 A】针对关联方问题询问管理层记录

针对关联方问题询问管理层记录

单位名称：<u>茂盛有限责任公司</u>　编制人：<u>杨致远</u>　日期：<u>2024-01-05</u>　索引号：<u>B-01-02</u>
会计期间：<u>2023-01-01—2023-12-31</u>　复核人：<u>王茂春</u>　日期：<u>2024-01-06</u>　页　次：<u>P45</u>

　　注册会计师应当复核由治理层和管理层提供的所有已知关联方名称的信息，并针对信息的完整性询问治理层和关键管理人员是否与其他单位存在隶属关系。

姓名	本公司职位	关联方名称	关联关系	在关联公司职位
杨开基	财务经理	旺达有限责任公司	母子公司	总经理
肖琼洁	业务总监	盛世长城有限公司	控股公司	董事
白晓林	董事	合众有限责任公司	母子公司	总经理
柏建群	总账会计	蓝色火焰集团	控股公司	财务总监

审计说明：审计程序主要是向茂盛有限责任公司及其关联公司索取公司职员表，并向关键管理人员询问其主要亲属所在行业和相关企业的信息资料。

审计结论：茂盛有限责任公司高级管理人员未在关联企业和政府有关部门任主要职位，也没有亲属在关联公司任关键职位，公司治理层人员超然独立。从这方面看，公司风险较小。

【底稿B】访谈问卷

访谈问卷（一）
对公司管理层成员访谈问卷

单位名称：<u>茂盛有限责任公司</u> 编制人：<u>杨致远</u> 日期：<u>2024-01-05</u> 索引号：<u>B-05-02-01</u>
会计期间：<u>2023-01-01—2023-12-31</u> 复核人：<u>王茂春</u> 日期：<u>2024-01-06</u> 页　次：　<u>P245</u>

审计目标：准备一份访谈问卷，记录管理层的回答并依此进行评估。

讨论对象：高级管理人员。

讨论的主题：

一、控制环境

1. 是否参与建立并积极推行公司的基本行为守则；

2. 是否经常与员工讨论企业文化；

3. 对发现的不可接受的行为、可疑的会计实务的观点；

4. 是否经常思考在自己的管理范围内是否存在诱发不道德行为的诱因，如有，做出何种反应；

5. 对及时修正控制缺陷必要性的认识；

6. 在参与决定组织结构时是否充分考虑了财务报告和内部控制；

7. 对合理分配职责的看法；

8. 公司现有的人力资源政策是否能确保公司吸引和保持适当数量的有胜任能力的人员；

9. 对本公司控制环境有效性的整体评价。

二、风险评估

1. 请对公司风险评估程序进行描述：

　　——风险的识别

　　——风险管理战略

　　——董事会的积极参与

2. 公司是否有经营的重大变更；

3. 是否关注经营的变动对财务报告的挑战；

4. 公司目前是否具有对财务报告的程序和控制的变化及时做出反应的能力。

三、信息系统和沟通

1. 业务管理过程中是否关注财务信息的使用；

2. 工作过程中是否及时对必需的信息进行适当的沟通。

四、监督

1. 公司是否制定了为定期收集关于内部控制的有效性的信息的程序；

2. 日常工作中是否对收集到的信息进行分析和评估；

3. 根据评估结果是否采取了适当的修正行动。

五、反舞弊的程序和控制

1. 是否知晓舞弊或疑似舞弊的影响；

2. 对员工的偷窃行为或贪污行为的看法和你认为应该采取的政策；

3. 对故意操纵财务报表的看法和你认为应该采取的对策；

4. 公司是否为减轻舞弊风险采取行动。

六、请介绍非常规事项的处理程序

讨论对象：财务管理人员。

需要增加的讨论主题：

一、期末财务报表

如何发现错误的日记账，以及在发现后如何处理？

二、对非常规事项处理的控制（包括构造交易的过程、何时考虑相应的会计处理、董事会的参与）

三、请简述公司对会计估计的控制的程序和方法

四、请简述公司编制财务报表的控制程序

五、会计政策的选择和运用的控制

【底稿 C】

企业询证函

编号：0189

昆明智力机械有限责任公司：

　　本公司聘请的腊梅会计师事务所正在对本公司 2023 年度财务报表进行审计，按照中国注册会计师审计准则的要求，应当询证本公司与贵公司的往来账项等事项。请列示截至 2023 年 12 月 31 日贵公司与本公司往来款项余额。回函请直接寄至腊梅会计师事务所。

　　回函地址：昆明市西山区前兴路 24 号　　润悟大厦六楼　　腊梅会计师事务所

　　邮编：650102　　　　　　　　　　　　电话：0871-33671848

　　传真：0871-33671848　　　　　　　　联系人：钱有德

　　本函仅为复核账目之用，并非催款结算。若款项在上述日期之后已经付清，敬请及时函复为盼。

（公司盖章）

友爱有限责任公司

2024 年 2 月 4 日

1. 贵公司与本公司的往来账项列示如下：

单位：元

截止日期	贵公司欠	欠贵公司	备注
2023 年 12 月 31 日	20 000.00	0.00	

2. 其他事项。

欠贵公司账款为 13 000.00 元。

【底稿 D】公司结构图

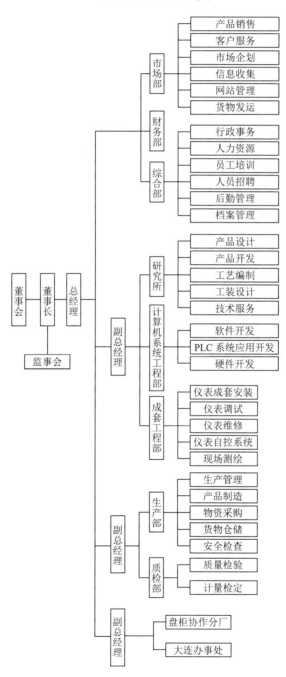

【实训要求】 上面的 4 份审计工作底稿中,哪些是风险评估时常采用的记录方式?
A. 底稿 A   B. 底稿 B   C. 底稿 C   D. 底稿 D
判断结果:_____

风险应对

项目一 风险应对

任务一 总体应对

知识链接

根据审计准则的要求,注册会计师应当针对财务报表层次的重大错报风险确定总体应对措施,总体工作思路及要点如下:

(1) 向项目组强调保持职业怀疑的重要性。

(2) 指派更有经验或具有特殊技能的审计人员,或利用专家的工作。

(3) 提供更多督导。

(4) 在选择拟实施的进一步审计程序时融入更多的不可预见因素。提高审计程序不可预见性的方法有:

① 对某些以前未测试的低于设定的重要性水平或风险较小的账户余额和认定实施实质性程序;

② 调整审计程序的时间,使其超过被审计单位的预期;

③ 采用不同的审计抽样方法,使当年抽取的测试样本与往年不同;

④ 选取不同的地点实施审计程序,或预先不告知被审计单位所选定的测试地点。

(5) 对拟实施审计程序的性质、时间和范围做出总体修改。如果控制环境存在缺陷,考虑的因素有:

① 在期末而非在期中实施更多的审计程序(时间修改);

② 通过实质性程序获取更广泛的审计证据(性质修改);

③ 增加拟纳入审计范围的经营地点的数量(范围修改)。

通常,在实务中,注册会计师提高审计程序不可预见性的实施要点包括:

(1) 注册会计师需要与被审计单位的高层管理人员事先沟通,要求实施具有不可预见性的审计程序,但不能告知其具体内容。注册会计师可以在签订审计业务约定书时明确提出这一要求。

（2）审计项目组可以汇总那些具有不可预见性的审计程序，并记录在审计工作底稿中。

（3）项目合伙人需要安排项目组成员有效地实施具有不可预见性的审计程序，但同时要避免使项目组成员处于困难境地。

● 实训目的

理解风险的总体应对思路。

● 实训案例

【案例资料1】 已知注册会计师王涵确定的应收账款账户的重要性水平为25 800元，同时有【资料A】"控制环境调查明细表"和【资料B】"企业询证函"的相关信息。

【资料A】控制环境调查明细表

控制环境调查明细表

单位名称：<u>友爱有限责任公司</u> 编制人：<u>吴一婷</u> 日期：<u>2024-01-05</u> 索引号：<u>C-04-02-02-03</u>
会计期间：<u>2023-01-01—2023-12-31</u> 复核人：<u>马玉宁</u> 日期：<u>2024-01-16</u> 页　次：<u>　P128　</u>

	需要考虑的事项	结论	索引
1	诚信和道德价值观念的沟通与落实：		C-04-02-02-03a
	是否有本企业的价值、规范和可接受行为的书面文件（如管理守则、董事会及其他重要的管理委员会的章程、其他人力资源的政策）	是	
	管理层是否身体力行，高级管理人员是否起表率作用	是	
	管理层是否将其期望的道德行为和可接受的行为在组织中有效进行沟通	是	
	员工是否接受关于道德行为和可接受行为标准的培训	是	
	对违反有关政策和行为规范的情况，管理层是否采取适当的惩罚措施	是	
	员工是否知道并确信违反了相关制度后将受到惩罚	是	
	员工是否知晓遵守公司的行为准则会被管理层赏识	否	
2	对胜任能力的重视程度：		C-04-02-02-03b
	财会人员以及信息管理人员是否具备与企业业务性质和复杂程度相称的足够的胜任能力	是	
	在员工发生错误时，是否通过调整人员或系统来加以处理	是	
	管理层是否配备足够的财会人员以适应业务发展和有关方面的需要	否	

续表

	需要考虑的事项	结论	索引
	财会人员是否具备理解和运用会计准则所需的技能	是	
	是否通过必要的人事政策（雇佣、薪酬扣绩效考核）以确保员工拥有与其职责相适应的工作能力	否	
3	治理层的参与程度：		C-04-02-02-03c
	董事会是否建立了审计委员会或类似机构	否	
	董事会成员是否具备适当的经验和资历	否	
	董事会成员是否保持相对的稳定性	是	
	董事会是否独立于管理层	是	
	董事会是否能有效地监督会计报告的形成过程	否	
	董事会/审计委员会是否积极地参与监督会计报告的形成过程	否	
	董事会/审计委员会是否积极地参与管理层的风险评估进程	否	
	董事会是否与内部审计人员以及注册会计师有联系和沟通	否	
	联系和沟通的性质以及频率是否与被审计单位的规模和业务复杂程度相匹配	否	
	董事会/审计委员会是否积极地参与监控所有重大内部控制的有效性	否	
4	管理层的理念和经营风格：		C-04-02-02-03d
	管理层对内部控制是否给予了适当的关注	否	
	管理层在承担和监控经营风险方面是风险偏好者还是风险规避者	风险偏好者	
	管理人员遇到内部控制的缺陷时是否采取了适当的措施	否	
	管理人员遇到过度冒险时是否采取了适当的措施	否	
	员工是否相信公司是合乎商业道德的，并且管理层的行为是诚信的	是	
	管理层在选择会计政策和做出会计估计时是倾向于激进还是保守	激进	
	管理人员遇到低质量的会计政策时是否采取了适当的措施	否	
	对于重大的内部控制和会计事项，管理层是否征询注册会计师的意见，或者经常在这些方面与注册会计师存在不同意见	否	
	高级管理人员是否具备识别员工道德行为的能力	否	

续表

	需要考虑的事项	结论	索引
5	组织结构：		C-04-02-02-03e
	现有组织结构是否能促进控制政策和控制程序全面有效地被履行	是	
	在制定组织结构时，管理当局是否适当地考虑了内部控制和财务报告的风险	否	
	员工是否清楚知晓哪些与控制相关的活动需要他们执行，并知晓如何履行	否	
6	职权与责任的分配：		C-04-02-02-03f
	是否有适当的授权体系	是	
	是否已针对授权交易建立适当的政策和程序	是	
	公司是否在信息支付、培训、资金、预算、人员等方面为员工履行职责提供必要的资源支付	否	
7	人力资源政策与实务：		C-04-02-02-03g
	在招聘、培训、考核、晋升、薪酬、调动和辞退员工方面是否都有适当的政策和程序	是	
	是否有书面的员工岗位职责手册	是	
	人力资源政策与程序是否清晰，并且定期发布和更新	否	
	是否设定适当的程序，对分散在各地区和海外的经营人员建立和沟通人力资源政策与程序	否	

【资料B】企业询证函

企业询证函

编号：0189

昆明智力机械有限责任公司：

  本公司聘请的腊梅会计师事务所正在对本公司2023年度财务报表进行审计，按照中国注册会计师审计准则的要求，应当询证本公司与贵公司的往来账项等事项。请列示截至2023年12月31日贵公司与本公司往来款项余额。回函请直接寄至腊梅会计师事务所。

  回函地址：昆明市西山区前兴路24号 润悟大厦六楼 腊梅会计师事务所

  邮编：650102   电话：0871-33671848

  传真：0871-33671848   联系人：钱有德

  本函仅为复核账目之用，并非催款结算。若款项在上述日期之后已经付清，请及时函复为盼。

（公司盖章）
友爱有限责任公司
2024年2月4日

1. 贵公司与本公司的往来账项列示如下：

单位：元

截止日期	贵公司欠	欠贵公司	备注
2023 年 12 月 31 日	20 000.00	0.00	

2. 其他事项。

欠贵公司账款为 13 000.00 元。

（公司盖章）
2024 年 3 月 1 日
经办人：张志强

【实训要求】

请根据【资料 A】，指出后附的【资料 B】是否可在一定程度上增强不可预见性。

判断结果：_____

简要说明理由：_____

任务二　进一步审计程序的性质

知识链接

进一步审计程序的性质是指进一步审计程序的目的和类型。进一步审计程序的目的包括通过实施控制测试以确定内部控制运行的有效性，通过实施实质性程序以发现认定层次的重大错报。进一步审计程序的类型包括检查、观察、询问、函证、重新计算、重新执行和分析程序。

实训目的

理解风险应对中实施的进一步审计程序的性质。

实训案例

【案例资料】　已知下列 4 份原始单据。

【资料 A】企业询证函

企业询证函

编号：637

嘉园股份有限公司：

本公司聘请的腊梅会计师事务所正在对本公司 2023 年度财务报表进行审计，按照中国注册会计师审计准则的要求，应当询证本公司与贵公司的往来账项等事项。请列示截至

2023年12月31日贵公司与本公司往来款项余额。回函请直接寄至腊梅会计师事务所。

  回函地址：昆明市西山区前兴路24号 润悟大厦六楼 腊梅会计师事务所

  邮编：650102   电话：0871-33671848

  传真：0871-33671848   联系人：钱有德

  本函仅为复核账目之用，并非催款结算。若款项在上述日期之后已经付清，仍请及时函复为盼。

（公司盖章）

有爱有限责任公司

2024年1月4日

1. 贵公司与本公司的往来账项列示如下：

单位：元

截止日期	贵公司欠	欠贵公司	备注
2023年12月31日	259 000.00	0.00	

2. 其他事项。

欠贵公司账款为20 700.00元。

（公司盖章）

2024年1月6日

经办人：赵红云

【资料B】销售与收款循环内部控制初步评价表

销售与收款循环内部控制初步评价表

单位名称：<u>强生有限责任公司</u> 编制人：<u>王加华</u> 日期：<u>2024-01-11</u> 索引号：<u>A-05-02-02-01</u>
会计期间：<u>2023-01-01—2023-12-31</u> 复核人：<u>李夕春</u> 日期：<u>2024-01-16</u> 页 次： <u>P193</u>

内部控制风险初步评价标准	

重要提示：
  若出现下列情况，则应将控制风险评价为高水平：
  （1）相关内部控制制度并未建立；
  （2）相关内部控制制度并未得到执行，不能防止或发现和纠正重大错报或漏报；
  （3）难以对内部控制制度设计的有效性做出评价。	

对内部控制制度的初步评价	
评价依据：流程图（✓）；调查问卷（✓）；文字描述（✓）	
评价： 简要描述评价过程、发现的问题以及与财务报表相关的重大错报风险。	
评价结论类型：	结论
内部控制制度健全程度	总体健全
是否考虑依赖内部控制	是
是否执行控制测试	是

【资料C】 固定资产折旧计算明细表

固定资产折旧计算明细表

2023 年 12 月 30 日　　　　　　　　单位：美华有限责任公司

部门	固定资产名称	原值/元	月折旧率/%	月折旧额/元
财务科	打印机	10 000	2	200
	电脑	20 000	1	200
	电话和传真机	4 000	3	120
计划科	电脑	6 000	1	60
	合计	40 000		580

附：

固定资产验收单

2023 年 11 月 30 日　　　　　　　　编号：33

金额单位：元

名称	规格型号	来源	数量	购（造）价	使用年限	预计残值
电脑		购入	1	6 000	10	0
安装费	月折旧率	建造单位		交工日期		附件
	1%			2023 年 11 月 30 日		
验收部门	计划科	验收人员	张平	管理部门	总务科	管理人员	马发
备注						

固定资产种类	使用单位	原值	月折旧率	本年应计提折旧	累计折旧	净值
电脑	计划科	6 000	1%	60	60	5 940

【资料D】

风险评估调查明细表

单位名称：<u>强生有限责任公司</u>　编制人：<u>李夕春</u>　日期：<u>2024-01-11</u>　索引号：<u>A-05-04-03-01</u>

会计期间：<u>2023-01-01—2023-12-31</u>　复核人：<u>王加华</u>　日期：<u>2024-01-12</u>　页　次：<u>P135</u>

	需要考虑的事项	结论	索引
1	企业是否已建立并沟通其整体目标，并辅以具体策略和业务流程层面的计划	是	A-05-04-03-01a
2	被审计单位是否建立风险评估过程，包括识别风险、估计风险的重大性、评估风险发生的可能性以及确定需要采取的应对措施	是	A-05-04-03-01b

	需要考虑的事项	结论	索引
3	管理层是否具有识别影响公司发布可靠财务报告的风险的能力	是	A-05-04-03-01c
4	是否确定与财务报告相关的风险已被分析并评价	是	A-05-04-03-01d
5	管理层是否适当识别因变化而新产生的与发表可靠报告相关的风险，该变化包括：	是	A-05-04-03-01e
	监管及经营环境的变化	无变化	
	新晋升高管人员	有变化	
	新采用的或升级后的 IT 系统	运行良好	
	业务是否快速发展	是	
	新技术	不适用	
	新的生产线的启用、新产品（业务）的投产	不适用	
	发展海外经营	不适用	
	新的会计政策或其他的财务报告要求	不适用	
	企业重组	不适用	

【实训要求】

请判断上面的 4 份工作底稿中，属于进一步审计程序的类型的有哪几项。

A. 底稿 A　　　　B. 底稿 B　　　　C. 底稿 C　　　　D. 底稿 D

判断结果：_____

简要说明理由：_____

任务三　进一步审计程序的时间

知识链接

进一步审计程序的时间的选择，第一个层面是注册会计师选择在何时实施进一步审计程序的问题；第二个层面是选择获取什么期间或时点的审计证据的问题。第一个层面的选择问题主要集中在如何权衡期中与期末实施审计程序的关系；第二个层面的选择问题分别集中在如何权衡期中审计证据与期末审计程序的关系、如何权衡以前审计获取的审计证据与本期审计获取的审计证据的关系。本任务中评估的重大错报风险较高，且又是财务报表的年度审计，所以注册会计师应当考虑在期末或接近期末实施实质性程序。

实训目的

能明确风险应对过程中实施进一步审计程序的时间。

● 实训案例

【案例资料】 已知下列 4 份原始单据均为企业询证函。

【资料 A】 企业询证函 1

企业询证函 1

编号：110

昆鹏股份有限公司：

　　本公司聘请的腊梅会计师事务所正在对本公司 2023 年度财务报表进行审计，按照中国注册会计师审计准则的要求，应当询证本公司与贵公司的往来账项等事项。请列示截至 2023 年 12 月 31 日贵公司与本公司往来款项余额。回函请直接寄至腊梅会计师事务所。

　　回函地址：昆明市西山区前兴路 24 号　润悟大厦六楼　腊梅会计师事务所

　　邮编：650102　　　　　　　　　　　电话：0871-33671848

　　传真：0871-33671848　　　　　　　　联系人：钱有德

　　本函仅为复核账目之用，并非催款结算。若款项在上述日期之后已经付清，仍请及时函复为盼。

安发有限责任公司
2024 年 2 月 16 日

1. 贵公司与本公司的往来账项列示如下：

单位：元

截止日期	贵公司欠	欠贵公司	备注
2023 年 12 月 31 日	630 000.00	0.00	

2. 其他事项。

欠贵公司账款为 390 000.00 元。

昆鹏股份有限公司盖章
2024 年 2 月 18 日
经办人：刘忠君

【资料 B】 企业询证函 2

企业询证函 2

编号：342

云南林业机械制造有限公司（公司）：

　　本公司聘请的腊梅会计师事务所正在对本公司 2023 年度财务报表进行审计，按照中国注册会计师审计准则的要求，应当询证本公司与贵公司的往来账项等事项。请列示截至 2023 年 12 月 31 日贵公司与本公司往来款项余额。回函请直接寄至腊梅会计师事务所。

　　回函地址：昆明市西山区前兴路 24 号　润悟大厦六楼　腊梅会计师事务所

邮编：650102　　　　　　　　　　电话：0871-33671848

传真：0871-33671848　　　　　　联系人：钱有德

本函仅为复核账目之用，并非催款结算。若款项在上述日期之后已经付清，仍请及时函复为盼。

有爱有限责任公司

2024 年 1 月 4 日

1. 贵公司与本公司的往来账项列示如下：

单位：元

截止日期	贵公司欠	欠贵公司	备注
2023.12.31	262 300.00	0.00	

2. 其他事项。

欠贵公司账款为 214 500.00 元。

南林业机械制造有限公司

（公司盖章）

2024 年 1 月 8 日

经办人：徐国云

【资料 C】企业询证函 3

企业询证函 3

编号：221

玉海机械制造厂：

本公司聘请的腊梅会计师事务所正在对本公司 2023 年度财务报表进行审计，按照中国注册会计师审计准则的要求，应当询证本公司与贵公司的往来账项等事项。请列示截至 2023 年 12 月 31 日贵公司与本公司往来款项余额。回函请直接寄至腊梅会计师事务所。

回函地址：昆明市西山区前兴路 24 号　　润悟大厦六楼　　腊梅会计师事务所

邮编：650102　　　　　　　　　　电话：0871-33671848

传真：0871-33671848　　　　　　联系人：钱有德

本函仅为复核账目之用，并非催款结算。若款项在上述日期之后已经付清，仍请及时函复为盼。

（公司盖章）

有爱有限责任公司

2024 年 10 月 4 日

1. 贵公司与本公司的往来账项列示如下：

单位：元

截止日期	贵公司欠	欠贵公司	备注
2023 年 12 月 31 日	438 300.00	0.00	

2. 其他事项。

欠贵公司账款为 386 000.00 元。

【资料D】企业询证函4

企业询证函4

编号：285

西南机械制造有限公司：

  本公司聘请的腊梅会计师事务所正在对本公司2023年度财务报表进行审计，按照中国注册会计师审计准则的要求，应当询证本公司与贵公司的往来账项等事项。请列示截至2023年12月31日贵公司与本公司往来款项余额。回函请直接寄至腊梅会计师事务所。

  回函地址：昆明市西山区前兴路24号　　润悟大厦六楼　　腊梅会计师事务所

  邮编：650102　　　　　　　　　　　电话：0871-33671848

  传真：0871-33671848　　　　　　　联系人：钱有德

  本函仅为复核账目之用，并非催款结算。若款项在上述日期之后已经付清，仍请及时函复为盼。

1. 贵公司与本公司的往来账项列示如下：

单位：元

截止日期	贵公司欠	欠贵公司	备注
2023.12.31	497 100.00	0.00	

2. 其他事项。

欠贵公司账款为 328 000.00 元。

【实训要求】

  若注册会计师接受了2023年财务报表的年度审计，且评估的重大错报风险较高，则上述函证时间选择较为合理的是哪一份企业询证函？

A. 资料A　　　　B. 资料B　　　　C. 资料C　　　　D. 资料D

判断结果：_____

简要说明理由：_____

任务四　进一步审计程序的范围

● **知识链接**

在确定进一步审计程序的范围时，注册会计师应当考虑下列因素：

（1）确定的重要性水平。确定的重要性水平越低，注册会计师实施进一步审计程序的范围越广。

（2）评估的重大错报风险。评估的重大错报风险越高，对拟获取审计证据的相关性、可靠性的要求越高，因此，注册会计师实施的进一步审计程序的范围越广。

（3）计划获取的保证程度。计划获取的保证程度是指注册会计师计划通过所实施的审计程序对测试结果可靠性所获取的信心。计划获取的保证程度越高，对测试结果可靠性要求越高，注册会计师实施的进一步审计程序的范围越广。

● **实训目的**

熟悉鉴证业务的定义及目标，掌握鉴证业务的基本分类。

● **实训案例**

【案例资料】　在对应收账款进行函证时需确定函证的数量，假定存在下列 4 种情况：

A. 销售部经理新上任，应收账款的可容忍错报变小

B. 控制环境较为薄弱，评估的重大错报风险较高

C. 计划获取的保证程度较高

D. 今年发生的应收账款金额和数量变少

【实训要求】　请判断上述情况下，哪些需要的函证的数量较多。

判断结果：_____

简要说明理由：_____

项目二 控制测试

任务一 控制测试的必要性

> **知识链接**

控制测试是指用于评价内部控制在防止或发现并纠正认定层次重大错报方面的运行有效性的审计程序。

注册会计师实施控制测试的目的是获取审计证据,证明被审计单位已设计并正在运行的控制活动(与某认定相关)运行是否有效,即该项控制活动能否防止、发现并纠正认定层次的重大错报。可见,控制测试是为了评价控制运行的结果是否有效。

当针对控制运行的有效性需要获取更具说服力的审计证据时,可能需要扩大控制测试的范围。在确定控制测试的范围时,除考虑对控制的信赖程度外,注册会计师还可能考虑以下因素:

(1) 在拟信赖期间,被审计单位执行控制的频率。控制执行的频率越高,控制测试的范围越大。

(2) 在所审计期间,注册会计师拟信赖控制运行有效性的时间长度。拟信赖控制运行有效性的时间长度不同,在该时间长度内发生的控制活动次数也不同。注册会计师需要根据拟信赖控制的时间长度确定控制测试的范围。拟信赖期间越长,控制测试的范围越大。

(3) 控制的预期偏差。预期偏差(也可称为"预期偏差率")可以用控制未得到执行的预期次数占控制应当得到执行的次数的比率加以衡量。

(4) 通过测试与认定相关的其他控制获取的审计证据的范围。针对同一认定,可能存在不同的控制。当针对其他控制获取审计证据的充分性和适当性较高时,该控制测试的范围可适当缩小。

(5) 拟获取的有关认定层次控制运行有效性的审计证据的相关性和可靠性。

> **实训目的**

熟悉控制测试的含义及目的,掌握控制测试的必要性。

> **实训案例**

【案例资料】已知下列 5 份原始单据的相关信息资料。

【资料 A】 采购与付款循环内部控制初步评价表

采购与付款循环内部控制初步评价表

单位名称：<u>南方有限责任公司</u> 编制人：<u>罗红梅</u> 日期：<u>2024-01-22</u> 索引号：<u>B-07-03-02-01</u>
会计期间：<u>2023-01-01—2023-12-31</u> 复核人：<u>赵雪荣</u> 日期：<u>2024-01-23</u> 页　次：<u>P218</u>

内部控制风险初步评价标准	
重要提示： 　　若出现下列情况，则应将控制风险评价为高水平： 　　（1）相关内部控制制度并未建立； 　　（2）相关内部控制制度并未得到执行，不能防止或发现和纠正重大错报或漏报； 　　（3）难以对内部控制制度设计的有效性做出评价。	
对内部控制的初步评价	
评价依据：流程图（✓）；调查问卷（✓）；文字描述（✓）	
评价： 　　简要描述评价过程、发现的问题以及与财务报表相关的重大错报风险。	
评价结论类型：	结论
内部控制制度健全程度	总体健全
是否考虑依赖内部控制	是
是否执行控制测试	是

【资料 B】 筹资循环内部控制初步评价表

筹资循环内部控制初步评价表

单位名称：<u>南方有限责任公司</u> 编制人：<u>罗红梅</u> 日期：<u>2024-01-22</u> 索引号：<u>B-07-03-02-04</u>
会计期间：<u>2023-01-01—2023-12-31</u> 复核人：<u>赵雪荣</u> 日期：<u>2024-01-23</u> 页　次：<u>P224</u>

内部控制风险初步评价标准	
重要提示： 　　若出现下列情况，则应将控制风险评价为高水平： 　　（1）相关内部控制制度并未建立； 　　（2）相关内部控制制度并未得到执行，不能防止或发现和纠正重大错报或漏报； 　　（3）难以对内部控制制度设计的有效性做出评价。	
对内部控制的初步评价	
评价依据：流程图（✓）；调查问卷（✓）；文字描述（✓）	
评价： 　　简要描述评价过程、发现的问题以及与财务报表相关的重大错报风险。	
评价结论类型：	结论
内部控制制度健全程度	总体健全
是否考虑依赖内部控制	是
是否执行控制测试	是

【资料 C】存货与生产循环内部控制初步评价表

存货与生产循环内部控制初步评价表

单位名称：<u>南方有限责任公司</u>　编制人：<u>罗红梅</u>　日期：<u>2024-01-23</u>　索引号：<u>B-07-03-02-03</u>

会计期间：<u>2023-01-01—2023-12-31</u>　复核人：<u>赵雪荣</u>　日期：<u>2024-01-24</u>　页　次：　<u>P222</u>

内部控制风险初步评价标准	
重要提示： 　　若出现下列情况，则应将控制风险评价为高水平： 　　（1）相关内部控制制度并未建立； 　　（2）相关内部控制制度并未得到执行，不能防止或发现和纠正重大错报或漏报； 　　（3）难以对内部控制制度设计的有效性做出评价。	
对内部控制制度的初步评价	
评价依据：流程图（✓）；调查问卷（✓）；文字描述（✓）	
评价： 　　简要描述评价过程、发现的问题以及与财务报表相关的重大错报风险。	
评价结论类型：	结论
内部控制制度健全程度	总体健全
是否考虑依赖内部控制	是
是否执行控制测试	是

【资料 D】投资循环内部控制初步评价表

投资循环内部控制初步评价表

单位名称：<u>南方有限责任公司</u>　编制人：<u>罗红梅</u>　日期：<u>2024-01-23</u>　索引号：<u>B-07-03-02-05</u>

会计期间：<u>2023-01-01—2023-12-31</u>　复核人：<u>赵雪荣</u>　日期：<u>2024-01-24</u>　页　次：　<u>P226</u>

内部控制风险初步评价标准	
重要提示： 　　若出现下列情况，则应将控制风险评价为高水平： 　　（1）相关内部控制制度并未建立； 　　（2）相关内部控制制度并未得到执行，不能防止或发现和纠正重大错报或漏报； 　　（3）难以对内部控制制度设计的有效性做出评价。	
对内部控制制度的初步评价	
评价依据：流程图（✓）；调查问卷（✓）；文字描述（✓）	
评价： 　　简要描述评价过程、发现的问题以及与财务报表相关的重大错报风险。	
评价结论类型：	结论
内部控制制度健全程度	不健全
是否考虑依赖内部控制	否
是否执行控制测试	否

【资料 E】销售与收款循环内部控制初步评价表

销售与收款循环内部控制初步评价表

单位名称：<u>南方有限责任公司</u> 编制人：<u>罗红梅</u> 日期：<u>2024-01-23</u> 索引号：<u>B-07-03-02-02</u>

会计期间：<u>2023-01-01—2023-12-31</u> 复核人：<u>赵雪荣</u> 日期：<u>2024-01-24</u> 页 次： <u>P220</u>

内部控制风险初步评价标准	
重要提示： 　　若出现下列情况，则应将控制风险评价为高水平： 　（1）相关内部控制制度并未建立； 　（2）相关内部控制制度并未得到执行，不能防止或发现和纠正重大错报或漏报； 　（3）难以对内部控制制度设计的有效性做出评价。	
对内部控制制度的初步评价	
评价依据：流程图（✓）；调查问卷（✓）；文字描述（✓）	
评价： 　　简要描述评价过程、发现的问题以及与财务报表相关的重大错报风险	
评价结论类型：	结论
内部控制制度健全程度	总体健全
是否考虑依赖内部控制	是
是否执行控制测试	是

【实训要求】 在实施了以上程序，哪种情况下没有必要实施控制测试？

判断结果：＿＿＿＿＿＿＿＿＿＿＿＿＿＿＿＿＿＿＿＿＿＿＿＿＿＿＿＿＿＿＿＿

简要说明理由：＿＿＿＿＿＿＿＿＿＿＿＿＿＿＿＿＿＿＿＿＿＿＿＿＿＿＿＿＿＿

任务二　控制测试的性质

● **知识链接**

　　注册会计师在了解内部控制时，可以观察被审计单位的生产经营活动，检查文件、记录和内部控制手册，阅读由管理层和治理层编制的报告，实地察看被审计单位的生产经营场所和设备，追踪交易在财务报告信息系统中的处理过程（穿行测试）。

　　虽然询问是一种有用的手段，但它必须和其他测试手段结合使用才能发挥作用。在询问过程中，注册会计师应当保持职业怀疑。

● **实训目的**

　　掌握控制测试的性质。

实训案例

【案例资料】 假设注册会计师在对某一被审计单位进行控制测试时，采用了如下审计程序：

A. 询问　　　　　B. 检查　　　　　C. 重新执行　　　　　D. 穿行测试

【实训要求】请问，采用上述哪种审计程序本身不足以测试控制运行的有效性？

判断结果：＿＿＿＿＿＿＿＿＿＿＿＿＿＿＿＿＿＿＿＿＿＿＿＿＿＿＿＿＿＿

简要说明理由：＿＿＿＿＿＿＿＿＿＿＿＿＿＿＿＿＿＿＿＿＿＿＿＿＿＿＿＿

任务三　控制测试的时间

知识链接

控制测试的时间包含两层含义：一是何时实施控制测试；二是测试所针对的控制适用的时点或期间。一个基本的原理是：如果测试特定时点的控制，那么注册会计师仅得到该时点控制运行有效性的审计证据；如果测试某一期间的控制，那么注册会计师可获取控制在该期间有效运行的审计证据。因此，注册会计师应当根据控制测试的目的确定控制测试的时间，并确定拟信赖的相关控制的时点或期间。

如果已获取有关控制在期中运行有效性的审计证据，并拟利用该证据，注册会计师应当实施下列审计程序：① 获取这些控制在剩余期间发生重大变化的审计证据；② 确定针对剩余期间还需要获取的补充审计证据。

如果有关控制针对的是特别风险，则在本年测试该控制。如果有关控制不是针对特别风险但该控制在最近两年没有被测试过，则在本年度测试该控制。如果有关控制不是针对特别风险且该控制在最近两年有被测试过，则要从以下几方面考虑是否在本年度测试该控制：① 考虑是否有变化；② 显示需要测试的因素，如复杂的人工控制；③ 为满足每年测试一部分控制的要求而测试。

实训目的

掌握控制测试的时间。

实训案例

【案例资料1】 注册会计师对2023年1—10月公司"采购与付款循环控制"的运行有效性进行了测试，控制测试结果如下面资料所示。原始单据为"1—10月采购与付款循环控制测试"。

【资料】1—10月采购与付款循环控制测试

控制测试结论

编制说明：

1. 本审计工作底稿记录注册会计师测试的控制活动及结论。其中，"控制活动是否有效运行"一栏，应根据表中CGC-3中的测试结论填写；"从了解和测试内部控制中获取的保证程度"一栏，应根据了解和测试内部控制中获取的审计证据分析填写；"控制活动是否得到执行"一栏，应根据表中CGL-3的结论填写；其余栏目的信息取自采购与付款循环审计工作底稿CGL-3中所记录的内容。

2. 如果注册会计师不拟对与某些控制目标相关的控制活动实施控制测试，则应直接执行实质性程序，对相关交易和账户余额的认定进行测试，以获取足够的保证程度。

控制目标（CGL-3）	被审计单位的控制活动（CGL-3）	控制活动对实现控制目标是否有效（是/否）（CGL-3）	控制活动是否得到执行（是/否）（CGL-3）	控制活动是否有效运行（是/否）（CGC-3）	控制测试结果是否支持实施风险评估程序获取的审计证据（支持/不支持）
只有经过核准的采购订单才能发给供应商	采购部门收到请购单后，对金额在人民币20 000元以下的请购单由采购经理王采负责审批；金额在人民币20 000元至人民币50 000元的请购单由总经理李勤负责审批；金额超过人民币50 000元的请购单须经董事会审批。需要发生销售（管理）费用支出的部门填写费用申请单，其部门经理可以审批金额人民币2 000元以下的费用；金额在人民币2 000元至人民币5 000元的费用由总经理李勤负责审批；金额在人民币5 000元以上的费用则须得到董事会的批准。	是	是	是	支持
已记录的采购订单内容准确	采购信息管理员杨洋将有关信息输入采购销售信息系统，系统将自动生成连续编号的采购订单（此时系统显示为"待处理"状态）。每周，财务部门应付账款记账员蔡飞龙汇总本周内生成的所有采购订单并与请购单核对，编制采购信息报告。若采购订单与请购单核对相符，则应付账款记账员蔡飞龙即在采购信息报告上签字。若有不符，则应付账款记账员蔡飞龙将通知采购信息管理员杨洋，与其共同调查该事项。应付账款记账员蔡飞龙还须在采购信息报告中注明不符事项及其调查结果。	是	是	是	支持

续表

控制目标（CGL-3）	被审计单位的控制活动（CGL-3）	控制活动对实现控制目标是否有效（是/否）（CGL-3）	控制活动是否得到执行（是/否）（CGL-3）	控制活动是否有效运行（是/否）（CGC-3）	控制测试结果是否支持实施风险评估程序获取的审计证据（支持/不支持）
采购订单均已得到处理	采购订单由采购销售信息系统按顺序的方式予以编号。每周，应付账款记账员蔡飞龙在编制采购信息报告时，采购信息管理员杨洋亦会核对这些采购订单，对任何不符合连续编号的情况将会进行调查。	是	是	是	支持
已记录的采购均确已收到物品	收到采购发票后，应付账款记账员蔡飞龙将发票所载信息和验收单、采购订单进行核对。若所有单据核对一致，则应付账款记账员蔡飞龙在发票上加盖"相符"印戳并将有关信息输入系统，此时系统自动生成记账凭证并登记到明细账和总账，采购订单的状态也由"待处理"自动更改为"已处理"。若发现任何差异，则应付账款记账员蔡飞龙将立即通知采购经理王采或发生费用支出部门的经理，以实施进一步调查。如果采购经理王采或发生费用支出部门的经理认为该项差异可以合理解释，那么须在发票上签字并注明原因，特别批准授权应付账款记账员蔡飞龙将该发票输入系统。	是	是	是	支持
已记录的采购均确已接受劳务	发生销售（管理）费用的部门收到费用发票后，由其部门经理签字确认并交至应付账款记账员蔡飞龙。应付账款记账员蔡飞龙对收到的费用发票、费用申请单和其他单据进行核对，核对内容包括有关单据是否经恰当人员审批，金额是否相符等。若所有单据核对一致，则应付账款记账员蔡飞龙在发票上加盖"相符"印戳并将有关信息输入系统，此时系统自动生成记账凭证并登记到明细账和总账。	是	是	是	支持

续表

控制目标（CGL-3）	被审计单位的控制活动（CGL-3）	控制活动对实现控制目标是否有效（是/否）（CGL-3）	控制活动是否得到执行（是/否）（CGL-3）	控制活动是否有效运行（是/否）（CGC-3）	控制测试结果是否支持实施风险评估程序获取的审计证据（支持/不支持）
已记录的采购交易计价正确	每月末，应付账款主管师捷编制应付账款账龄分析报告，其内容还应包括应付账款总额与应付账款明细账合计数以及应付账款明细账与供应商对账单的核对情况。若有差异，则应付账款主管师捷将立即进行调查。若调查结果表明须调整账务记录，则应付账款主管师捷将编制应付账款调节表和调整建议，连同应付账款账龄分析报告一并交至会计主管朱蒙复核，经财务经理沈斌批准后方可进行账务处理。	是	是	是	支持
与采购物品相关的义务均已记录至应付账款	每月末，应付账款主管师捷编制应付账款账龄分析报告，其内容还应包括应付账款总额与应付账款明细账以及应付账款明细账与供应商对账单的核对情况。若有差异，则应付账款主管师捷将立即进行调查。若调查结果表明须调整账务记录，则应付账款主管师捷将编制应付账款调节表和调整建议，连同应付账款账龄分析报告一并交至会计主管朱蒙复核，经财务经理沈斌批准后方可进行账务调整。	是	是	是	支持
与接受劳务相关的义务均已记录至应付账款	每月末，应付账款主管师捷编制应付账款账龄分析报告，其内容还应包括应付账款总额与应付账款明细账以及应付账款明细账与供应商对账单的核对情况。如有差异，应付账款主管师捷将立即进行调查。若调查结果表明须调整账务记录，则应付账款主管师捷将编制应付账款调节表和调整建议，连同应付账款账龄分析报告一并交至会计主管朱蒙复核，经财务经理沈斌批准后方可进行账务调整。	是	是	是	支持

续表

控制目标（CGL-3）	被审计单位的控制活动（CGL-3）	控制活动对实现控制目标是否有效（是/否）（CGL-3）	控制活动是否得到执行（是/否）（CGL-3）	控制活动是否有效运行（是/否）（CGC-3）	控制测试结果是否支持实施风险评估程序获取的审计证据（支持/不支持）
采购物品交易均于适当期间进行记录	每月末，应付账款主管师捷编制应付账款账龄分析报告，其内容还应包括应付账款总额与应付账款明细账以及应付账款明细账与供应商对账单的核对情况。如有差异，应付账款主管师捷将立即进行调查。若调查结果表明须调整账务记录，则应付账款主管师捷将编制应付账款调节表和调整建议，连同应付账款账龄分析报告一并交至会计主管朱蒙复核，经财务经理沈斌批准后方可进行账务调整。	是	是	是	支持
接受劳务交易均于适当期间进行记录	每月终了，对已经发生尚未收到费用发票的支出，新华有限责任公司不进行账务处理。	是	是	是	支持
仅对已记录的应付账款办理支付	应付账款记账员蔡飞龙编制付款凭证，并附相关单证，如费用申请单、费用发票及付款申请单等，提交会计主管朱蒙审批。在完成对付款凭证及相关单证的复核后，会计主管朱蒙在付款凭证上签字，作为复核证据，并在所有单证上加盖"核销"印戳。	是	是	是	支持
准确记录付款	应付账款记账员蔡飞龙编制付款凭证，并附相关单证，如费用申请单、费用发票及付款申请单等，提交会计主管朱蒙审批。在完成对付款凭证及相关单证的复核后，会计主管朱蒙在付款凭证上签字，作为复核证据，并在所有单证上加盖"核销"印戳。	是	是	是	支持

续表

控制目标（CGL-3）	被审计单位的控制活动（CGL-3）	控制活动对实现控制目标是否有效（是/否）（CGL-3）	控制活动是否得到执行（是/否）（CGL-3）	控制活动是否有效运行（是/否）（CGC-3）	控制测试结果是否支持实施风险评估程序获取的审计证据（支持/不支持）
付款均已记录	每月末，由会计主管指定出纳员王刚以外的人员核对银行存款日记账和银行对账单，编制银行存款余额调节表，并提交给财务经理沈斌复核，财务经理沈斌在银行存款余额调节表上签字作为其复核的证据。	是	是	是	支持
付款均于恰当期间进行记录	每月末，由会计主管指定出纳员王刚以外的人员核对银行存款日记账和银行对账单，编制银行存款余额调节表，并提交给财务经理沈斌复核，财务经理沈斌在银行存款余额调节表上签字作为其复核的证据。	是	是	是	支持
对供应商档案的变更均为真实和有效的	如需要对系统内的供应商信息做出修改，采购员填写更改申请表，经采购经理王采审批后，由信息管理员杨洋负责对更改申请表预先连续编配号码并在系统内进行更改。	是	是	是	支持
供应商档案变更均已进行处理	采购信息管理员杨洋负责对更改申请表预先连续编配号码。财务经理沈斌核对月度供应商更改信息报告、检查实际更改情况和更改申请表是否一致、检查所有变更是否得到适当审批以及编号记录表是否正确，在月度供应商信息更改报告和编号记录表上签字作为复核的证据。如发现任何异常情况，将进一步调查处理。	是	是	是	支持
对供应商档案变更均为准确的	如需要对系统内的供应商信息做出修改，采购员填写更改申请表，经采购经理王采审批后，由信息管理员杨洋负责对更改申请表预先连续编配号码并在系统内进行更改。每月末，采购信息管理员杨洋编制月度供应商信息更改报告，附同更改申请表的编号记录交由财务经理沈斌复核。	是	是	是	支持

续表

控制目标（CGL-3）	被审计单位的控制活动（CGL-3）	控制活动对实现控制目标是否有效（是/否）（CGL-3）	控制活动是否得到执行（是/否）（CGL-3）	控制活动是否有效运行（是/否）（CGC-3）	控制测试结果是否支持实施风险评估程序获取的审计证据（支持/不支持）
	财务经理沈斌核对月度供应商更改信息报告、检查实际更改情况和更改申请表是否一致、检查所有变更是否得到适当审批以及编号记录表是否正确，在月度供应商信息更改报告和编号记录表上签字作为复核的证据。如发现任何异常情况，将进一步调查处理。				
供应商档案变更均已于适当期间进行处理	采购信息管理员杨洋负责对更改申请表预先连续编配号码。财务经理沈斌核对月度供应商更改信息报告、检查实际更改情况和更改申请表是否一致、检查所有变更是否得到适当审批以及编号记录表是否正确，在月度供应商信息更改报告和编号记录表上签字作为复核的证据。如发现任何异常情况，将进一步调查处理。	是	是	是	支持
确保供应商档案数据及时更新	采购信息管理员杨洋每月复核供应商档案。对两年内未与新华有限责任公司发生业务往来的供应商，采购员王相美填写更改申请表，经采购经理王采审批后交信息管理部删除供应商档案。每半年，采购经理王采复核供应商档案。	是	是	是	支持

【实训要求】 为了得出该项控制在2023年度是否均运行有效的结论，该注册会计师可以实施的审计程序有（　　）。

A. 对该项控制在2023年11—12月的运行有效性进行补充测试

B. 获取该项控制在2023年11—12月变化情况的审计证据

C. 测试公司对控制的监督

D. 向公司管理层询问2023年11—12月该项控制的运行情况

判断结果：_____

简要说明理由：_____

【案例资料 2】 注册会计师李润瑶对 2023 年的财务报表进行年度审计，会计师事务所承接的是连续审计业务，公司对 2022 年债务重组实施了控制测试，控制测试报告如背景单据所示，背景单据为"债务重组控制测试汇总表"。

【资料】债务重组控制测试汇总表

<h3 style="text-align:center">债务重组控制测试汇总表</h3>

被审计单位：西南股份有限公司　　　　　　　　　　　索引号：XNG-2
项目：财务报表审计　　　财务报表截止日/期间：2022-01-01—2022-12-31
编制：陈诗雨　　　　　　　　　　　　　　　　　　　日期：2023-01-20
复核：唐云波　　　　　　　　　　　　　　　　　　　日期：2023-01-22

1. 了解内部控制的初步结论

> 债务重组须依次经：（1）债权人与相关利益关系人决议、（2）总经理办公室提议、（3）法律咨询、（4）董事会决议，内部控制设计合理，并得到有效执行。

注：根据了解本循环控制的设计并评估其执行情况所获取的审计证据，注册会计师对控制的评价结论可能是：（1）控制设计合理，并得到执行；（2）控制设计合理，未得到执行；（3）控制设计无效或缺乏必要的控制。

2. 控制测试结论

> 项目组在本期实施了询问、检查、观察、重新执行、穿行测试等审计程序，实施了债务重组内部控制测试，企业债务重组内部控制在会计年度内有完善的规章流程并得到有效且一贯的执行，初步认定其控制运行有效。

> 编制说明：
> 1. 本审计工作底稿记录注册会计师测试的控制活动及结论。其中，"控制活动是否有效运行"一栏，应根据 XNG-3 表中的测试结论填写；"从了解和测试内部控制中获取的保证程度"一栏，应根据了解和测试内部控制中获取的审计证据分析填写；"控制活动是否得到执行"一栏，应根据 XNG-4 表中的结论填写；其余栏目的信息取自销售与收款循环审计工作底稿 XNG-3 中所记录的内容。
> 2. 如果注册会计师不拟对与某些控制目标相关的控制活动实施控制测试，则应执行实质性程序，对相关交易和账户余额的认定进行测试，以获取足够的保证程度。

【实训要求】 为了得出该项控制在 2023 年度是否均运行有效的结论，则该注册会计师进行 2023 年年度审计时应采取下列哪些措施？

A. 针对 2023 年债务重组控制变化进行测试

B. 不进行控制测试，拟信赖 2022 年报告
C. 重新编制 2023 年债务重组控制测试表
判断结果：_____
简要说明理由：_____

任务四　控制测试的范围

知识链接

注册会计师在确定某项控制的测试范围时通常考虑的一系列因素：

（1）在整个拟信赖期间，被审计单位执行控制的频率。控制执行的频率越高，控制测试的范围越大。

（2）在所审计期间，注册会计师拟信赖控制运行有效性的时间长度。拟信赖控制运行有效性的时间长度不同，在该时间长度内发生的控制活动次数也不同。注册会计师需要根据拟信赖控制的时间长度确定控制测试的范围。拟信赖期间越长，控制测试的范围越大。

（3）为证实控制可以防止或发现并纠正认定层次重大错报，所需获取审计证据的相关性与可靠性。对审计证据的相关性及可靠性要求越高，控制测试范围越大。

（4）通过测试和认定相关的其他控制获取的审计证据的范围。针对同一认定，可能存在不同控制。当针对其他控制获取审计证据的充分性与适当性较高时，测试该控制的范围可适当缩小。

（5）在风险评估时，拟信赖控制运行有效性的程度。注册会计师在风险评估时对控制运行有效性拟信赖程度越高，需要实施控制测试的范围越大。

（6）控制的预期偏差。预期偏差（也可称作"预期偏差率"）可以用控制未得到执行的预期次数占控制应当得到执行次数的比率加以衡量。考虑该因素，是因为在考虑测试结果是否可以得出控制运行有效性的结论时，为不至于只要出现任何控制执行偏差就认定控制运行无效，所以需要确定一个合理水平预期偏差率。控制的预期偏差率越高，需要实施控制测试的范围越大。如果控制的预期偏差率过高，注册会计师应当考虑控制可能不足以将认定层次的重大错报风险降至可接受低水平，从而针对某一认定实施控制测试可能是无效的。

实训目的

熟悉对控制测试的范围的确定。

> **实训案例**

【案例资料】 仁和会计师事务所承接了新源有限责任公司 2022 年度的财务报表连续审计业务,已经对销售与应收账款循环实施控制测试。根据收集的相关原始单据,可以提供下列四种情形的信息:

A. 营业收入变小

B. 风险评估时对内部控制运行有效性的拟信赖程度变高

C. 控制的预期偏差变大

D. 控制测试中可获取的审计证据的相关性和可靠性变强

【实训要求】 判断上述情形中,控制测试的范围变大的有哪些。

判断结果:_____

简要说明理由:_____

项目三　实质性程序

任务一　实质性程序的性质

> **知识链接**

实质性程序的性质是指实质性程序的类型及其组合,包括细节测试和实质性分析程序。细节测试是对各类交易、账户余额、列报的具体细节进行测试,目的在于直接识别财务报表认定是否存在错报。实质性分析程序从技术特征上仍然是分析程序要是通过研究数据间关系评价信息,用于识别各类交易、账户余额、列报及相关认定是否存在错报。细节测试适用于对各类交易、账户余额、列报认定的测试,尤其是对存在或发生、计价认定的测试;对于在一段时期内存在可预期关系的大量交易,注册会计师可以考虑实施实质性分析程序。

> **实训目的**

熟悉实质性程序的性质的表现类型。

> **实训案例**

【案例资料】 以下列示了 8 份工作底稿。

【资料 A】企业询证函

企业询证函

编号：908

华洋机电有限公司：

　　本公司聘请的腊梅会计师事务所正在对本公司 2023 年度财务报表进行审计，按照中国注册会计师审计准则的要求，应当询证本公司与贵公司的往来账项等事项。请列示截至 2023 年 12 月 31 日贵公司与本公司往来款项余额。回函请直接寄至腊梅会计师事务所。

　　回函地址：昆明市西山区前兴路 24 号　　润悟大厦六楼　　腊梅会计师事务所

　　邮编：650102　　　　　　　　　　　　电话：0871-33671848

　　传真：0871-33671848　　　　　　　　联系人：钱有德

　　本函仅为复核账目之用，并非催款结算。若款项在上述日期之后已经付清，仍请及时函复为盼。

（公司盖章）
2024 年 1 月 4 日

1. 贵公司与本公司的往来账项列示如下：

单位：元

截止日期	贵公司欠	欠贵公司	备注
2023 年 12 月 31 日	3 045 000.00	0.00	

2. 其他事项。

　　欠贵公司账款为 29 800.00 元。

（公司盖章）
2024 年 1 月 6 日
经办人：诸待去

【资料 B】风险汇总表

风险汇总表

单位名称：<u>南方有限责任公司</u>　编制人：<u>罗红梅</u>　日期：<u>2024-01-15</u>　索引号：<u>B-03</u>

会计期间：<u>2023-01-01—2023-12-31</u>　复核人：<u>赵雪荣</u>　日期：<u>2024-01-17</u>　页　次：<u>P169</u>

索引号	风险描述
B-03-05	经过询问发现：采购与付款时，单笔金额在 30 000 元以上的都没经总经理签字。而在内部控制章程中规定了单笔金额在 30 000 元以上的要经总经理签字。
B-03-06	企业管理层人员不诚实，监管机构治理不力。
采购付款环节内部控制执行力度不够；管理层人员不诚实，监管机构治理不力，可能会对影响该环节重要账户及认定，所以审计防范措施中应关注应付账款的存在的认定、采购项目真实性的认定。	

续表

索引号	风险描述
确定的总体应对措施： （1）对以前没有函证的供应商直接函证； （2）对以前由于低于设定的重要性水平而未曾测试过的采购项目进行测试； （3）使用计算机辅助审计技术审阅采购和付款账户，以发现一些特殊项目。	
对计划的进一步审计程序总体方案的影响： 综合方案改为实质方案。	

【资料C】了解被审单位所处的法律环境及监管环境

了解被审单位所处的法律环境及监管环境

单位名称：<u>南方有限责任公司</u>　编制人：<u>罗红梅</u>　日期：<u>2024-01-15</u>　索引号：<u>B-03-2</u>
会计期间：<u>2023-01-01—2023-12-31</u>　复核人：<u>赵雪荣</u>　日期：<u>2024-01-18</u>　页　次：<u>P169</u>
审计目标：了解被审单位所处的法律环境及监管环境，为风险评估做准备。
审计方法：询问、检查。
审计程序：

审计程序	执行情况	执行人	索引号
（1）了解国家对行业特殊的监管要求（如对银行、保险等行业的特殊监管要求）	已执行	罗红梅	B-03-2-1
（2）了解新出台的法律法规（如新出台的有关产品责任、劳动安全或环境保护的法律法规等）对被审计单位的影响	已执行	罗红梅	B-03-2-2
（3）了解国家货币、财政、税收和贸易等方面政策的变化是否会对被审计单位的经营活动产生影响	已执行	罗红梅	B-03-2-3
（4）了解与被审计单位相关的税务法规是否发生变化	已执行	罗红梅	B-03-2-4

审计说明：审计程序主要是询问会计财务部门，索取有关南方有限责任公司的政策法规文件，向有关专家咨询相关政策的新变化。
审计结论：南方有限责任公司所处行业没有特殊的监管要求，相反，因为公司倡导绿色、生态理念，政府在很多方面给予支持和扶持。所处行业法律没有大的变化，因为公司产品是初级消费品，宏观环境的被动对本行业影响较小。从这一角度看，公司风险较小。

【资料 D】固定资产折旧计算表

固定资产折旧计算表

被审单位：云山服份有限公司　　编制：王一宁　　工作底稿编制时间：2024-01-20

审计期间：2023-01-01—2023-12-31　　复核：李双红　　索引号：C-19-11

资产编号	中文名称	对应科目	购入日期	累计折旧月数	原值/元	测算月折旧/元	测算累计折旧/元	已提折旧/元	可计提折旧月数	使用年限	折旧月数	残值率	预留残值/元	本月折旧/元	年折旧额/元	累计折旧/元	累计差额/元	年折旧测算/元	本年差额/元
1245	A生产线	固定资产	2020-12-31	36	36 000	1 000	12 000	12 000	24	3	36	0%	0	1 000	12 000	12 000	0	12 000	0
1316	B机械设备	固定资产	2020-12-31	48	96 000	2 000	24 000	24 000	36	4	48	0%	0	2 000	24 000	24 000	0	24 000	0
合计				小计	132 000	3 000	36 000	36 000					0	3 000	36 000	36 000	0	36 000	0

注：该公司于 2023 年 1 月 1 日成立。

【资料 E】参观被审单位经营场所的记录

参观被审单位经营场所的记录

单位名称：东方有限责任公司　编制人：李红梅　日期：2024-01-15　索引号：D-06-02

会计期间：2023-01-01—2023-12-31　复核人：赵华　日期：2024-01-18　页　次：P219

审计目标：了解东方有限责任公司的基本解况，从而对内部控制风险有一个基本的了解和大致的评价。

审计方法：观察、询问、检查。

审计结果记录：

1. 参观场所：东方有限责任公司第二条生产流水线及关键技术环节生产车间。

2. 概况：生产有条不紊，每台机器都有一个机长和两个操作员负责，机长定期检查设备使用情况以及对设备性能做出评价，固定资产使用、停用和报废有专人负责。

3. 生产情况：流水线操作，每个工段有一段长进行质量控制，上工前都要阅读操作指南，下班时有专人负责设备检修和定期保养。

4. 员工情况：员工分为两类，即技术指导人员和车间操作人员。技术指导员是重点院校研究员，技术精湛；车间操作人员定期学习业务知识。

5. 设备解况：设备保养很好，80%的设备都在折旧年限内，10%的设备已经提足折旧但是仍在继续使用，10%的设备正在安装期间。

审计说明：东方有限责任公司有三条生产线，本次审计只选取了第二条生产线现场观察,因为前两条生产线去年也是本所审计,本所做的现场观察,且两条生产线本年无变化。

审计结论:东方有限责任公司在设备保养方面内部控制严格,为固定资产的计价测试提供了初步审计证据;流水线操作规范,存货质量良好,为存货的减值测试提供了初步审计证据。

【资料 F】存货监盘表

存货监盘表

客户名称:<u>爱地股份有限公司</u>　　　　　　　　　　制表人:<u>李玉</u>

期间:<u>2023-01-01—2023-01-10</u>　　　　　　　日期:<u>2024-01-11</u>

项目:<u>存货</u>　　　　　　　　　　　　　　　　　复核人:<u>张华</u>

　　　　　　　　　　　　　　　　　　　　　　　　日期:<u>2024-01-11</u>

从实物到盘点表:

序号	品名	规格/件号	单价	金额	客户盘点数	实盘数量	差异	原因
1	原料01#				100	100	0	
2	原料02#				150	150	0	
3	原料03#				80	80	0	
4	原料04#				50	20	30	原因待查
5								
6								

从盘点表到实物:

序号	品名	规格/件号	单价	金额	客户盘点数	实盘数量	差异	原因
1	原料01#				100	100	0	
2	原料02#				150	150	0	
3	原料03#				80	80	0	
4	原料04#				50	20	30	原因待查
5								
6								

抽盘率:40%

抽盘人:<u>李梅</u>　　　　　　仓管员:<u>刘成</u>　　　　　　其他盘点人:<u>卢芝</u>

日期:<u>2024 年 1 月 11 日</u>　日期:<u>2024 年 1 月 11 日</u>　日期:<u>2024 年 1 月 11 日</u>

【资料 G】控制测试结论

控制测试结论

编制说明:

1. 本审计工作底稿记录注册会计师测试的控制活动及结论。其中,"控制活动是否有效运行"一栏,应根据表中 CGC-3 中的测试结论填写;"从了解和测试内部控制中获取的保证程度"一栏,应根据了解和测试内部控制中获取的审计证据分析填写;"控制活动是否得到执行"一栏,应根据表中 CGL-3 中的结论填写;其余栏目的信息取自采购与付款循环审计工作底稿 CGL-3 中所记录的内容。

2. 如果注册会计师不拟对与某些控制目标相关的控制活动实施控制测试，则应直接执行实质性程序，对相关交易和账户余额的认定进行测试，以获取足够的保证程度。

控制目标 （CGL-3）	被审计单位的控制活动 （CGL-3）	控制活动对实现控制目标是否有效 （是/否） （CGL-3）	控制活动是否得到执行 （是/否） （CGL-3）	控制活动是否有效运行 （是/否） （CGC-3）	控制测试结果是否支持实施风险评估程序获取的审计证据（支持/不支持）
只有经过核准的采购订单才能发给供应商	采购部门收到请购单后，对金额在人民币 20 000 元以下的请购单由采购经理王采负责审批；金额在人民币 20 000 元至人民币 50 000 元的请购单由总经理李勤负责审批；金额超过人民币 50 000 元的请购单须经董事会审批。需要发生销售（管理）费用支出的部门填写费用申请单，其部门经理可以审批金额人民币 2 000 元以下的费用；金额在人民币 2 000 元至人民币 5 000 元的费用由总经理李勤负责审批；金额在人民币 5 000 元以上的费用则须得到董事会的批准。	是	是	是	支持
已记录的采购订单内容准确	采购信息管理员杨洋将有关信息输入采购销售信息系统，系统将自动生成连续编号的采购订单（此时系统显示为"待处理"状态）。每周，财务部门应付账款记账员蔡飞龙汇总本周内生成的所有采购订单并与请购单核对，编制采购信息报告。若采购订单与请购单核对相符，则应付账款记账员蔡飞龙即在采购信息报告上签字。若有不符，则应付账款记账员蔡飞龙将通知采购信息管理员杨洋，与其共同调查该事项。应付账款记账员蔡飞龙还须在采购信息报告中注明不符事项及其调查结果。	是	是	是	支持
采购订单均已得到处理	采购订单由采购销售信息系统按顺序的方式予以编号。每周，应付账款记账员蔡飞龙在编制采购信息报告时，采购信息管理员杨洋亦会核对这些采购订单，对任何不符合连续编号的情况均会进行调查。	是	是	是	支持

续表

控制目标 （CGL-3）	被审计单位的控制活动 （CGL-3）	控制活动对实现控制目标是否有效 （是/否） （CGL-3）	控制活动是否得到执行 （是/否） （CGL-3）	控制活动是否有效运行 （是/否） （CGC-3）	控制测试结果是否支持实施风险评估程序获取的审计证据（支持/不支持）
已记录的采购均确已收到物品	收到采购发票后，应付账款记账员蔡飞龙将发票所载信息和验收单、采购订单进行核对。若所有单据核对一致，则应付账款记账员蔡飞龙在发票上加盖"相符"印戳并将有关信息输入系统，此时系统自动生成记账凭证并登记到明细账和总账，采购订单的状态也由"待处理"自动更改为"已处理"。 若发现任何差异，则应付账款记账员蔡飞龙将立即通知采购经理王采或发生费用支出部门的经理，以实施进一步调查。如果采购经理王采或发生费用支出部门的经理认为该项差异可以合理解释，那么须在发票上签字并注明原因，特别批准授权应付账款记账员蔡飞龙将该发票输入系统。	是	是	是	支持
已记录的采购均确已接受劳务	发生销售（管理）费用的部门收到费用发票后，由其部门经理签字确认并交至应付账款记账员蔡飞龙。应付账款记账员蔡飞龙对收到的费用发票、费用申请单和其他单据进行核对，核对内容包括有关单据是否经恰当人员审批，金额是否相符等。若所有单据核对一致，则应付账款记账员蔡飞龙在发票上加盖"相符"印戳并将有关信息输入系统，此时系统自动生成记账凭证并登记到明细账和总账。	是	是	是	支持

续表

控制目标（CGL-3）	被审计单位的控制活动（CGL-3）	控制活动对实现控制目标是否有效（是/否）（CGL-3）	控制活动是否得到执行（是/否）（CGL-3）	控制活动是否有效运行（是/否）（CGC-3）	控制测试结果是否支持实施风险评估程序获取的审计证据（支持/不支持）
已记录的采购交易计价正确	每月末，应付账款主管师捷编制应付账款账龄分析报告，其内容还应包括应付账款总额与应付账款明细账合计数以及应付账款明细账与供应商对账单的核对情况。若有差异，则应付账款主管师捷将立即进行调查。若调查结果表明须调整账务记录，则应付账款主管师捷将编制应付账款调节表和调整建议，连同应付账款账龄分析报告一并交至会计主管朱蒙复核，经财务经理沈斌批准后方可进行账务处理。	是	是	是	支持
与采购物品相关的义务均已记录至应付账款	每月末，应付账款主管师捷编制应付账款账龄分析报告，其内容还应包括应付账款总额与应付账款明细账以及应付账款明细账与供应商对账单的核对情况。若有差异，则应付账款主管师捷将立即进行调查。若调查结果表明须调整账务记录，应付账款主管师捷将编制应付账款调节表和调整建议，连同应付账款账龄分析报告一并交至会计主管朱蒙复核，经财务经理沈斌批准后方可进行账务调整。	是	是	是	支持
与接受劳务相关的义务均已记录至应付账款	每月末，应付账款主管师捷编制应付账款账龄分析报告，其内容还应包括应付账款总额与应付账款明细账以及应付账款明细账与供应商对账单的核对情况。如有差异，应付账款主管师捷将立即进行调查。若调查结果表明须调整账务记录，则应付账款主管师捷将编制应付账款调节表和调整建议，连同应付账款账龄分析报告一并交至会计主管朱蒙复核，经财务经理沈斌批准后方可进行账务调整。	是	是	是	支持

续表

控制目标（CGL-3）	被审计单位的控制活动（CGL-3）	控制活动对实现控制目标是否有效（是/否）（CGL-3）	控制活动是否得到执行（是/否）（CGL-3）	控制活动是否有效运行（是/否）（CGC-3）	控制测试结果是否支持实施风险评估程序获取的审计证据（支持/不支持）
采购物品交易均于适当期间进行记录	每月末，应付账款主管师捷编制应付账款账龄分析报告，其内容还应包括应付账款总额与应付账款明细账以及应付账款明细账与供应商对账单的核对情况。如有差异，应付账款主管师捷将立即进行调查。若调查结果表明须调整账务记录，则应付账款主管师捷将编制应付账款调节表和调整建议，连同应付账款账龄分析报告一并交至会计主管朱蒙复核，经财务经理沈斌批准后方可进行账务调整。	是	是	是	支持
接受劳务交易均于适当期间进行记录	每月终了，对已经发生尚未收到费用发票的支出，新华有限责任公司不进行账务处理。	是	是	是	支持
仅对已记录的应付账款办理支付	应付账款记账员蔡飞龙编制付款凭证，并附相关单证，如费用申请单、费用发票及付款申请单等，提交会计主管朱蒙审批。在完成对付款凭证及相关单证的复核后，会计主管朱蒙在付款凭证上签字，作为复核证据，并在所有单证上加盖"核销"印戳。	是	是	是	支持
准确记录付款	应付账款记账员蔡飞龙编制付款凭证，并附相关单证，如费用申请单、费用发票及付款申请单等，提交会计主管朱蒙审批。在完成对付款凭证及相关单证的复核后，会计主管朱蒙在付款凭证上签字，作为复核证据，并在所有单证上加盖"核销"印戳。	是	是	是	支持

续表

控制目标（CGL-3）	被审计单位的控制活动（CGL-3）	控制活动对实现控制目标是否有效（是/否）（CGL-3）	控制活动是否得到执行（是/否）（CGL-3）	控制活动是否有效运行（是/否）（CGC-3）	控制测试结果是否支持实施风险评估程序获取的审计证据（支持/不支持）
付款均已记录	每月末，由会计主管指定出纳员王刚以外的人员核对银行存款日记账和银行对账单，编制银行存款余额调节表，并提交给财务经理沈斌复核，财务经理沈斌在银行存款余额调节表上签字作为其复核的证据。	是	是	是	支持
付款均于恰当期间进行记录	每月末，由会计主管指定出纳员王刚以外的人员核对银行存款日记账和银行对账单，编制银行存款余额调节表，并提交给财务经理沈斌复核，财务经理沈斌在银行存款余额调节表上签字作为其复核的证据。	是	是	是	支持
对供应商档案的变更均为真实和有效的	如需要对系统内的供应商信息做出修改，采购员填写更改申请表，经采购经理王采审批后，由信息管理员杨洋负责对更改申请表预先连续编配号码并在系统内进行更改。	是	是	是	支持
供应商档案变更均已进行处理	采购信息管理员杨洋负责对更改申请表预先连续编配号码。财务经理沈斌核对月度供应商更改信息报告、检查实际更改情况和更改申请表是否一致、检查所有变更是否得到适当审批以及编号记录表是否正确，在月度供应商信息更改报告和编号记录表上签字作为复核的证据。如发现任何异常情况，将进一步调查处理。	是	是	是	支持
对供应商档案变更均为准确的	如需要对系统内的供应商信息做出修改，采购员填写更改申请表，经采购经理王采审批后，由信息管理员杨洋负责对更改申请表预先连续编配号码并在系统内进行更改。每月末，采购信息管理员杨洋编制月度供应商信息更改报告，附同更改申请表的编号记录交由财务经理沈斌复核。	是	是	是	支持

续表

控制目标 （CGL-3）	被审计单位的控制活动 （CGL-3）	控制活动对实现控制目标是否有效 （是/否） （CGL-3）	控制活动是否得到执行 （是/否） （CGL-3）	控制活动是否有效运行 （是/否） （CGC-3）	控制测试结果是否支持实施风险评估程序获取的审计证据（支持/不支持）
	财务经理沈斌核对月度供应商更改信息报告、检查实际更改情况和更改申请表是否一致、检查所有变更是否得到适当审批以及编号记录表是否正确，在月度供应商信息更改报告和编号记录表上签字作为复核的证据。如发现任何异常情况，将进一步调查处理。				
供应商档案变更均已于适当期间进行处理	采购信息管理员杨洋负责对更改申请表预先连续编配号码。财务经理沈斌核对月度供应商更改信息报告、检查实际更改情况和更改申请表是否一致、检查所有变更是否得到适当审批以及编号记录表是否正确，在月度供应商信息更改报告和编号记录表上签字作为复核的证据。如发现任何异常情况，将进一步调查处理。	是	是	是	支持
确保供应商档案数据及时更新	采购信息管理员杨洋每月复核供应商档案。对两年内未与新华有限责任公司发生业务往来的供应商，采购员王相美填写更改申请表，经采购经理王采审批后交信息管理部删除供应商档案。 每半年，采购经理王采复核供应商档案。	是	是	是	支持

【资料 H】 比率趋势分析表

比率趋势分析表

单位名称：北方有限责任公司　编制人：张一山　日期：2024-01-15　索引号：F-04-2
会计期间：2023-01-01—2023-12-31　复核人：李保华　日期：2024-01-16　页　次：　P298

序号	会计报表项目	2020 年	2021 年	2022 年	2023 年	说明
1	一、流动性					
2	流动比率＝流动资产÷流动负债	1.53	1.79	2	1.42	
3	速动比率＝速动资产÷流动负债	1.1	1.32	1.68	1.31	
4	现金比率＝现金资产÷流动负债	0.88	0.93	1.51	1.11	
5	已获利息倍数＝息税前利润÷利息费用	2	3	2	3	
6	固定支出保障倍数＝（税前利润＋固定支出）÷固定支出	1.42	1.52	1.62	1.32	
7	经营活动现金流量与固定支出比率＝经营活动现金流量÷固定支出	1.21	1.42	2	1.51	
8	利息与长期负债比率＝利息费用÷长期负债×100%	10.1%	8.2%	7.4%	6.3%	
9	二、资产管理比率					
10	存货周转率＝主营业务成本÷存货平均余额×100%	1.83	3.1	4.05	4.51	
11	应收账款周转率＝主营业务收入净额÷应收账款平均余额×100%	3.15	4.01	2.2	3.1	
12	营运资金周转率＝主营业务收入净额÷（流动资产平均余额－流动负债平均余额）×100%	4	5.15	5	4.05	
13	总资产周转率＝主营业务收入净额÷平均资产总额×100%	2	3	2	2	
14	三、盈利能力比率					
15	销售毛利率＝（销售收入－销售成本）÷销售收入×100%	20.3%	23.2%	24.1%	27.1%	
16	主营业务利润率＝主营业务利润÷主营业务收入净额×100%	18.1%	17.2%	16.4%	14.3%	
17	总资产报酬率＝息税前利润÷平均资产总额×100%	6.1%	7.3%	8.3%	6.2%	
18	权益回报率＝息税前利润÷所有者权益平均余额×100%	10.2%	12.2%	15.2%	10.3%	

续表

序号	会计报表项目	2020年	2021年	2022年	2023年	说明
19	四、生产能力比率					
20	原材料成本占收入比率=销售成本中的原材料成本÷相应的销售收入×100%	23.4%	24.4%	27.3%	25.3%	
21	人工成本占收入比率=销售成本中的人工成本÷相应的销售收入×100%	4.2%	6.3%	5.4%	4.4%	
22	人均收入=收入总额÷员工人数	9 800	10 500	11 000	12 900	
23	人均成本=销售成本÷生产员工人数	1 950	1 850	1 620	2 100	
24	人均人工成本=人工成本÷相应的员工人数	1 100	1 080	1 250	1 470	
25	营业费用和管理费用占收入比率=（营业费用+管理费用）÷销售收入×100%	12.8%	13.9%	16.8%	14.1%	

【实训要求】 根据上述列示的工作底稿，指出其与风险评估、控制测试和实质性程序的对应关系，将判断结果填入下表。

项目	与项目相关的工作底稿的序号
风险评估程序	
控制测试	
实质性程序	

简要说明理由：_____

任务二 实质性程序的时间

知识链接

通常情况下，注册会计师应当在期末或接近期末实施实质性程序，尤其在评估的重大错报风险较高时。而在期中实施实质性程序时更需要考虑其成本效益的权衡。因为在期中实施实质性程序，一方面消耗了审计资源，另一方面，期中实施实质性程序获取的审计证据不能直接作为期末财务报表认定的审计证据，注册会计师需要进一步消耗审计资源使期中审计证据能够合理延伸至期末。如果在期中实施了实质性程序，那么注册会计师应当针对剩余期间实施进一步的实质性程序，或将实质性程序和控制测试结合使用，以将期中测试得出的结论合理延伸至期末。

实训目的

熟悉注册会计师完成实质性程序实施的合理时间。

实训案例

【案例资料】 审计助理王平实施了相关实质性程序，获取了下列原始单据。

【资料A】 企业询证函

企业询证函

编号：908

华南电力设备有限公司：

  本公司聘请的山茶会计师事务所正在对本公司2023年度财务报表进行审计，按照中国注册会计师审计准则的要求，应当询证本公司与贵公司的往来账项等事项。请列示截至2023年12月31日贵公司与本公司往来款项余额。回函请直接寄至山茶会计师事务所。

  回函地址：昆明市盘龙区人民路13号 福海大厦六楼 山茶会计师事务所

  邮编：650026   电话：0871-65674867

  传真：0871-65686435   联系人：钱加兴

  本函仅为复核账目之用，并非催款结算。若款项在上述日期之后已经付清，仍请及时函复为盼。

（公司盖章）
2024年1月4日

1. 贵公司与本公司的往来账项列示如下：

单位：元

截止日期	贵公司欠	欠贵公司	备注
2023年12月31日	267 900.00	0.00	

2. 其他事项。

欠贵公司账款为82 000.00元。

（公司盖章）
2024年1月6日
经办人：诸待云

【资料 B】存货盘点表

存货盘点表

客户名称：<u>爱地股份有限公司</u>　　　　　　　　　　　制表人：<u>李玉</u>
期间：<u>2024-01-01—2024-01-10</u>　　　　　　　　日期：<u>2024-01-11</u>
项目：<u>存货</u>　　　　　　　　　　　　　　　　　　复核人：<u>张华</u>
　　　　　　　　　　　　　　　　　　　　　　　　　日期：<u>2024-01-11</u>

从实物到盘点表：

序号	品名	规格/件号	单价	金额	客户盘点数	实盘数量	差异	原因
1	原料01#				100	100	0	
2	原料02#				150	150	0	
3	原料03#				80	80	0	
4	原料04#				50	20	30	原因待查
5								
6								

从盘点表到实物：

序号	品名	规格/件号	单价	金额	客户盘点数	实盘数量	差异	原因
1	原料01#				100	100	0	
2	原料02#				150	150	0	
3	原料03#				80	80	0	
4	原料04#				50	20	30	原因待查
5								
6								

抽盘率：40%

抽盘人：<u>李梅</u>　　　　　　　仓管员：<u>刘成</u>　　　　　　　其他盘点人：<u>卢芝</u>
日期：2024年1月11日　　　日期：2024年1月11日　　　日期：2024年1月11日

【资料C】库存现金盘点表

库存现金盘点表

单位名称：<u>北方有限责任公司</u> 编制人：<u>张一山</u> 日期：<u>2024-01-25</u> 索引号：<u>D-02-12</u>

会计期间：<u>2023-01-01—2023-12-31</u> 复核人：<u>李保华</u> 日期：<u>2024-01-26</u> 页　次：<u>P147</u>

检查盘点记录			实有库存现金盘点记录		
项目	项次	人民币	面额	人民币	库存账实相符
				张	金额
上一日账面库存余额	1	18 310元	100元	166	16 600元
盘点日未记账传票收入金额	2	1 560元	50元	33	1 650元
盘点日未记账传票支出金额	3	980元	20元	17	340元
盘点日账面应有金额	4＝1+2-3	18 890元	10元	15	150元
盘点日实有现金金额	5	18 890元	5元	22	110元
盘点日应有与实有金额差异	6＝4-5	0元	2元	11	22元
差异原因分析			1元	18	18元
			5角		
			2角		
追溯至报表日账面结存额	报表日至审计日现金付出总额		1角		
	报表日至审计日现金收入总额		合计		18 890元
	报表日库存现金应有余额	18 890元	审计说明		
本位币合计		18 890元			

盘点人：李奇峰　　　　　　　监盘人：吴天　　　　　　　　复核：赵辰

【资料D】固定资产折旧计算表

固定资产折旧计算表，参见"任务一"中【实训案例】的【资料D】。

【实训要求】 判断上述背景单据中，实质性程序的时间选择上合理的有哪些。

判断结果：_____

简要说明理由：_____

任务三 实质性程序的范围

知识链接

评估的认定层次的重大错报风险和实施控制测试的结果是注册会计师在确定实质性程序的范围时的重要考虑因素。评估的认定层次的重大错报风险越高,需要实施实质性程序的范围越广。如果对控制测试结果不满意,注册会计师应当考虑扩大实质性程序的范围。

在设计细节测试时,注册会计师除了从样本量的角度考虑测试范围外,还要考虑选样方法的有效性等因素。例如,从总体中选取大额或异常项目,而不是进行代表性抽样或分层抽样。实质性分析程序的范围有两个方面:

(1) 对什么层次上的数据进行分析。注册会计师可以选择对高度汇总的财务数据层次进行分析,也可以根据重大错报风险的性质和水平调整分析层次。例如,按照不同产品线、不同季节或月份、不同经营地点或存货存放地点等实施实质性分析程序。

(2) 需要对什么幅度或性质的偏差展开进一步调查。实施分析程序可能发现偏差,但并非所有的偏差都值得展开进一步调查。可容忍或可接受的偏差(预期偏差)越大,作为实质性分析程序的进一步调查的范围就越小。于是,确定适当的预期偏差幅度同样属于实质性分析程序的范畴。因此,在设计实质性分析程序时,注册会计师应当确定已记录金额与预期值之间可接受的差异额。在确定该差异额时,注册会计师应当主要考虑各类交易、账户余额、列报及相关认定的重要性和计划的保证水平。

实训目的

熟悉注册会计师完成实质性程序实施的合理范围。

实训案例

【案例资料】 昆大有限责任公司提供的财务报表显示,截至 2023 年 12 月 31 日,公司应收账款明细如下列文件所示。

客户名称	年初应收账款余额/元	本期增加额/元	本期减少额/元	年末应收账款余额/元	备注
新华股份有限公司	50 000	0	0	50 000	已欠款 5 年
大江股份有限公司	2 000	1 000	0	3 000	交易量较少
明天股份有限公司	2 000	400 000	392 000	10 000	主要客户
春秋股份有限公司	3 000	7 000	0	10 000	有债务纠纷
立冬股份有限公司	20 000	5 000	2 000	23 000	子公司

假定，审计助理已经草拟出以下 5 份企业询证函。

[资料 A] 企业询证函 1

企业询证函 1

编号：410

新华股份有限公司：

　　本公司聘请的山茶会计师事务所正在对本公司 2023 年度财务报表进行审计，按照中国注册会计师审计准则的要求，应当询证本公司与贵公司的往来账项等事项。请列示截至 2023 年 12 月 31 日贵公司与本公司往来款项余额。回函请直接寄至山茶会计师事务所。

　　回函地址：昆明市盘龙区人民路 13 号　福海大厦六楼　山茶会计师事务所

　　邮编：650026　　　　　　　　　电话：0871-65674867

　　传真：0871-65686435　　　　　 联系人：钱加兴

　　本函仅为复核账目之用，并非催款结算。若款项在上述日期之后已经付清，仍请及时函复为盼。

（公司盖章）

2024 年 1 月 6 日

1. 贵公司与本公司的往来账项列示如下：

单位：元

截止日期	贵公司欠	欠贵公司	备注
2023 年 12 月 31 日	50 000.00	0.00	

2. 其他事项。

　无

（公司盖章）

2024 年 1 月 8 日

经办人：章强

[资料 B] 企业询证函 2

企业询证函 2

编号：412

大江股份有限公司：

　　本公司聘请的山茶会计师事务所正在对本公司 2023 年度财务报表进行审计，按照中国注册会计师审计准则的要求，应当询证本公司与贵公司的往来账项等事项。请列示截至 2023 年 12 月 31 日贵公司与本公司往来款项余额。回函请直接寄至山茶会计师事务所。

　　回函地址：昆明市盘龙区人民路 13 号　福海大厦六楼　山茶会计师事务所

　　邮编：650026　　　　　　　　　电话：0871-65674867

　　传真：0871-65686435　　　　　 联系人：钱加兴

本函仅为复核账目之用，并非催款结算。若款项在上述日期之后已经付清，仍请及时函复为盼。

（公司盖章）
2024 年 1 月 6 日

1. 贵公司与本公司的往来账项列示如下：

单位：元

截止日期	贵公司欠	欠贵公司	备注
2023 年 12 月 31 日	3 000.00	0.00	

2. 其他事项。
无

（公司盖章）
2024 年 1 月 8 日
经办人：张志强

【资料 C】企业询证函 3

企业询证函 3

编号：421

明天股份有限公司：

本公司聘请的山茶会计师事务所正在对本公司 2023 年度财务报表进行审计，按照中国注册会计师审计准则的要求，应当询证本公司与贵公司的往来账项等事项。请列示截至 2023 年 12 月 31 日贵公司与本公司往来款项余额。回函请直接寄至山茶会计师事务所。

回函地址：昆明市盘龙区人民路 13 号　福海大厦六楼　山茶会计师事务所
邮编：650026　　　　　　　　　　电话：0871-65674867
传真：0871-65686435　　　　　　联系人：钱加兴

本函仅为复核账目之用，并非催款结算。若款项在上述日期之后已经付清，仍请及时函复为盼。

（公司盖章）
2024 年 1 月 6 日

1. 贵公司与本公司的往来账项列示如下：

单位：元

截止日期	贵公司欠	欠贵公司	备注
2023 年 12 月 31 日	10 000.00	0.00	

2. 其他事项。

欠贵公司账款为 10 000.00 元。

[资料 D] 企业询证函 4

企业询证函 4

编号：415

春秋股份有限公司：

　　本公司聘请的山茶会计师事务所正在对本公司 2023 年度财务报表进行审计，按照中国注册会计师审计准则的要求，应当询证本公司与贵公司的往来账项等事项。请列示截至 2023 年 12 月 31 日贵公司与本公司往来款项余额。回函请直接寄至山茶会计师事务所。

　　回函地址：昆明市盘龙区人民路 13 号　　福海大厦六楼　　山茶会计师事务所

　　邮编：650026　　　　　　　　　　电话：087165674867

　　传真：087165686435　　　　　　　联系人：钱加兴

　　本函仅为复核账目之用，并非催款结算。若款项在上述日期之后已经付清，仍请及时函复为盼。

1. 贵公司与本公司的往来账项列示如下：

单位：元

截止日期	贵公司欠	欠贵公司	备注
2023 年 12 月 31 日	10 000.00	0.00	

2. 其他事项。

无

[资料 E] 企业询证函 5

企业询证函 5

编号：425

立冬股份有限公司：

　　本公司聘请的山茶会计师事务所正在对本公司 2023 年度财务报表进行审计，按照中国注册会计师审计准则的要求，应当询证本公司与贵公司的往来账项等事项。请列示截至

2023年12月31日贵公司与本公司往来款项余额。回函请直接寄至山茶会计师事务所。

  回函地址：昆明市盘龙区人民路13号　福海大厦六楼　山茶会计师事务所

  邮编：650026　　　　　　　　　电话：0871-65674867

  传真：0871-65686435　　　　　　联系人：钱加兴

  本函仅为复核账目之用，并非催款结算。若款项在上述日期之后已经付清，仍请及时函复为盼。

1. 贵公司与本公司的往来账项列示如下：

单位：元

截止日期	贵公司欠	欠贵公司	备注
2023年12月31日	23 000.00	0.00	

2. 其他事项。

无

【实训要求】　请选出较有可能发出的询证函。

A. 资料A　　　　B. 资料B　　　　C. 资料C　　　　D. 资料D　　　　E. 资料E

判断结果：_____

简要说明理由：_____

审计报告

项目一 审计差异认知

任务一 审计差异调整

知识链接

审计差异是注册会计师在审计过程中发现的被审计单位对交易与事项的确认、计量或列报与适用的会计准则及相关的会计制度不一致的地方。审计差异应根据重要性原则予以初步确定并汇总,并建议被审计单位进行调整。

审计差异内容按是否需要调整账户记录可分为会计核算错误和重分类错误。会计核算错误是因企业对经济业务进行了不正确的会计核算而引起的错误;重分类错误是因企业未按企业会计准则列报财务报表而引起的错误,例如,企业在应付账款项目中反映的预付账款、在应收账款项目中反映的预收账款等。

实训目的

理解审计差异产生的情形;掌握审计差异调整的原理及内容。

实训案例

【案例资料】 山茶会计师事务所接受云盛达科技股份有限公司全体股东的委托,对云盛达科技股份有限公司2023年度会计报表中利润表进行审计,利润为-6.25万元。审查后发现有下列情况:

(1)被审计单位当年结转产品销售成本212.5万元,而实际应结转193万元。

(2)12月30日,销售产品5万元,成本3.5万元,收到一个月的银行承兑汇票一张,发票、提货单已交付购货方。会计部门未予入账,该产品已经计入了期末盘存点存货内。

(3)被审计单位12月10日支付了12万元的下年度广告费,已计入当年的期间费用。

（4）外销商品一批，销售成本 15 万元，已于 12 月 26 日运出，该产品是到岸付款条件的在途运输的货物，会计部门以该商品销售确认收入 20 万元。

【实训要求】

（1）分析上述情况对云盛达科技股份有限公司该年度利润的影响差额，编制账项调整分录。

调整分录 1：_____

调整分录 2：_____

调整分录 3：_____

调整分录 4：_____

（2）审查并分析云盛达科技股份有限公司上述四笔业务对利润的影响额（含计算）：_____

（3）根据上述审定的金额，编制云盛达科技股份有限公司该年度简式调整利润表。

云盛达科技股份有限公司 2023 年度利润表（简式表）

单位：元

项目	未审数	调整数	审定数
主营业务收入	3 000 000		
主营业务成本	2 125 000		
主营业务利润	875 000		
期间费用	937 500		
利润总额	−62 500		
所得税（25%）			
净利润			

项目二 注册会计师审计报告

任务一 审计报告内容和格式

知识链接

审计报告是指审计人员根据审计准则的规定，在执行审计工作的基础上，对被审计单位财务报表发表审计意见的书面文件。

根据《中国注册会计师审计准则第1501号——对财务报表形成审计意见和出具审计报告》（2022年1月5日修订）的相关规定，一份完整的审计报告通常应当包括下列要素：① 标题；② 收件人；③ 审计意见；④ 形成审计意见的基础；⑤ 管理层对财务报表的责任；⑥ 注册会计师对财务报表审计的责任；⑦ 按照相关法律法规的要求报告的事项（如适用）；⑧ 注册会计师的签名和盖章；⑨ 会计师事务所的名称、地址和盖章；⑩ 报告日期。

实训目的

（1）熟悉审计报告的基本构成要素。
（2）掌握审计报告的类型和注册会计师审计意见及其关系。

实训案例

【案例资料】 已知一份完整的审计报告如下。

云赢会计师事务所

云赢审字〔2023〕第0001号

审计报告

云盛达科技股份有限公司全体股东：

一、对财务报表出具的审计报告

（一）审计意见

我们审计了云盛达科技股份有限公司（以下简称"云盛达科技公司"）财务报表，包括2022年12月31日的资产负债表，2022年度的利润表、现金流量表、股东权益变动表以及相关财务报表附注。

我们认为，后附的财务报表在所有重大方面按照企业会计准则的规定编制，公允反映了云盛达科技公司2022年12月31日的财务状况以及2022年度的经营成果和现金流量。

（二）形成审计意见的基础

我们按照中国注册会计师审计准则的规定执行了审计工作。审计报告的"注册会计师对财务报表审计的责任"部分进一步阐述了我们在这些准则下的责任。按照中国注册会计师职业道德守则，我们独立于云盛达科技公司，并履行了职业道德方面的其他责任。我们相信，我们获取的审计证据是充分、适当的，为发表审计意见提供了基础。

（三）关键审计事项

2021年度，云盛达科技公司销售光电产品确认的主营业务收入为人民币50 000.00万元，主要为国内销售产生的收入。云盛达科技公司对于国内销售的光电产品产生的收入是在商品所有权上的风险和报酬已转移至客户时确认的，根据销售合同约定，通常以光电产品运离云盛达科技公司仓库作为销售收入的确认时点。由于收入是云盛达科技公司的关键业绩指标之一，从而存在管理层为了达到特定目标或期望而操纵收入确认时点的固有风险，我们将云盛达科技公司收入确认识别为关键审计事项。

（四）管理层和治理层对财务报表的责任

管理层负责按照企业会计准则的规定编制财务报表，使其实现公允反映，并设计、执行和维护必要的内部控制，以使财务报表不存在由于舞弊或错误导致的重大错报。

在编制财务报表时，管理层负责评估云盛达科技公司的持续经营能力，披露与持续经营相关的事项（如适用），并运用持续经营假设，除非管理层计划清算公司、终止营运或别无其他现实的选择。

治理层负责监督云盛达科技公司的财务报告过程。

（五）注册会计师对财务报表审计的责任

我们的目标是对财务报表整体是否不存在由于舞弊或错误导致的重大错报获取合理保证，并出具包含审计意见的审计报告。合理保证是高水平的保证，但并不能保证按照审计准则执行的审计在某一重大错报存在时总能发现。错报可能由舞弊或错误所导致，如果合理预期错报单独或汇总起来可能影响财务报表使用者依据财务报表做出的经济决策，则通常认为错报是重大的。

在按照审计准则执行审计的过程中，我们运用了职业判断，保持了职业怀疑。我们同时：

（1）识别和评估由于舞弊或错误导致的财务报表重大错报风险；对这些风险有针对性地设计和实施审计程序；获取充分、适当的审计证据，作为发表审计意见的基础。由于舞弊可能涉及串通、伪造、故意遗漏、虚假陈述或凌驾于内部控制之上，未能发现由于舞弊导致的重大错报的风险高于未能发现由于错误导致的重大错报的风险。

（2）了解与审计相关的内部控制，以设计恰当的审计程序，但目的并非对内部控制的有效性发表意见。

（3）评价管理层选用会计政策的恰当性和做出会计估计及相关披露的合理性。

（4）对管理层使用持续经营假设的恰当性得出结论。同时，根据获取的审计证据，就可能导致对云盛达科技公司持续经营能力产生重大疑虑的事项或情况是否存在重大不确定性得出结论。如果我们得出结论认为存在重大不确定性，审计准则要求我们在审计报告中提请报表使用者注意财务报表中的相关披露。如果披露不充分，我们应当发表非无保留意见。我们的结论基于审计报告日可获得的信息。然而，未来的事项或情况可能导致云盛达科技公司不能持续经营。

（5）评价财务报表的总体列报、结构和内容（包括披露），并评价财务报表是否公允反映相关交易和事项。

我们与治理层就计划的审计范围、时间安排和重大审计发现等事项进行沟通，包括沟通我们在审计中识别出的值得关注的内部控制缺陷。

我们还就遵守关于独立性的相关职业道德要求向治理层提供声明，并就可能被合理认为影响我们独立性的所有关系和其他事项，以及相关的防范措施（如适用）与治理层进行沟通。

从与治理层沟通的事项中，我们确定哪些事项对本期财务报表审计最为重要，因而构成关键审计事项。我们在审计报告中描述这些事项，除非法律法规禁止公开披露这些事项，或在极其罕见的情形下，如果合理预期在审计报告中沟通某事项造成的负面后果超过在公众利益方面产生的益处，我们确定不应在审计报告中沟通该事项。

二、按照相关法律法规的要求报告的事项

无

中国·昆明

中国注册会计师：杨小迪

（签名盖章）

中国
注册会计师
杨小迪
430350256569

中国注册会计师：鲁一凡

（签名盖章）

中国
注册会计师
鲁一凡
430350256561

2023年2月28日

【实训要求】

（1）此份审计报告的构成要素包括：_____

（2）此份审计报告中管理层对财务报表的责任应包含：_____

（3）此份审计报告中注册会计师的责任应包含：_____

（4）此份审计报告中审计意见段应如何表述？

(5) 如何确定审计报告日?

任务二 审计意见类型与审计报告

知识链接

1. 审计报告的意见类型与审计报告的关系

注册会计师根据审计准则的规定,在执行审计工作的基础上,根据对审计证据得出的结论,以书面报告形式,清楚地对财务报表表达审计意见。如果认为财务报表在所有重大方面按照适用的财务报告编制基础编制并实现反映,注册会计师应当发表无保留意见。

无保留意见,是指当注册会计师认为财务报表在所有重大方面按照适用的财务报告编制基础编制并实现公允反映时发表的审计意见,表现类型包括两种:一种是无强调事项段的无保留审计意见,另一种是带强调事项段或其他事项段的无保留审计意见。如果发表的审计意见属于前一种,则由此形成的报告被称为标准审计报告。包含其他报告责任段,但不含有强调事项段或其他事项段的无保留意见的审计报告,也被视为标准审计报告。换句话说,标准审计报告,是指不含有说明段、强调事项段、其他事项段或其他任何修饰性用语的无保留意见的审计报告。

除了标准审计报告之外的审计报告,不管发表的是无保留意见还是非无保留意见,都被称为非标准审计报告。此类报告包括带强调事项段的无保留意见的审计报告、保留意见的审计报告、否定意见的审计报告、无法表示意见的审计报告,如图8-1所示。

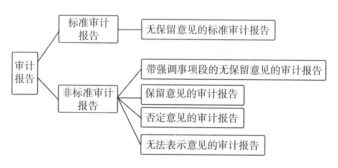

图 8-1 审计报告意见及类别

如果认为财务报表在所有重大方面按照适用的财务报告编制基础的规定编制并实现公允反映,注册会计师应当发表无保留意见。

当存在下列情形之一时,注册会计师应当按照《中国注册会计师审计准则第1502号——在审计报告中发表非无保留意见》的规定,在审计报告中发表非无保留意见:

(1) 根据获取的审计证据，得出财务报表整体存在重大错报的结论；

(2) 无法获取充分、适当的审计证据，不能得出财务报表整体不存在重大错报的结论。

2. 发表不同审计意见的基本条件与出具对应审计报告的格式特征

(1) 标准审计报告。

① 发表无保留意见的标准审计报告的条件。注册会计师经审计后如果认为财务报表同时符合下列条件，应当发表无保留意见：

a. 财务报表已经按照适用的会计准则和《××会计制度》的规定编制。

b. 财务报表在所有重大方面公允反映了被审计单位的财务状况、经营成果和现金流量。

c. 注册会计师已经按照中国注册会计师审计准则的相关规定计划和实施审计工作，在审计过程中未受到限制。

② 标准审计报告的格式。出具无保留意见的审计报告，应当以"我们认为"作为意见段的开头，并使用"在所有重大方面""公允反映"等术语，而不能使用"我们保证""我们确信"等字样。对财务报表反映的内容是否公允发表审计意见时，不能使用"完全正确""绝对真实"等太过绝对的词语，也不能使用"大致反映""基本反映"等模糊不清的词语。

(2) 带强调事项段的无保留意见审计报告。

① 强调事项段的含义。审计报告的强调事项段是指注册会计师在审计意见段之后增加的对重大事项予以强调的段落。强调事项应同时符合下列条件：

a. 可能对财务报表产生重大影响，但被审计单位进行了恰当的会计处理，且在财务报表中做出充分披露；

b. 不影响注册会计师发表的审计意见。

② 增加强调事项段的情形：

a. 对持续经营能力产生重大疑虑；

b. 重大不确定事项；

c. 其他增加强调事项段的情形。

③ 带强调事项段的无保留意见的审计报告格式。带强调事项段的无保留意见的审计报告格式和措辞，与无保留意见的标准审计报告的区别在于，注册会计师认为有必要对重要事项加以说明，因而在意见段后增加说明段（强调事项段）。

(3) 保留意见的审计报告。

① 发表保留意见的条件。如果认为财务报表整体是公允的，但还存在下列情形之一，注册会计师应当出具保留意见的审计报告：

a. 会计政策的选用、会计估计的做出或财务报表的披露不符合适用的会计准则和相关会计制度的规定，虽影响重大，但不至于出具否定意见的审计报告。在判断其影响是否重大时，应当考虑该影响所涉及的金额或性质并与确定的重要性水平进行比较。

b. 因审计范围受到限制，不能获取充分、适当的审计证据，虽影响重大，但不至于出具无法表示意见的审计报告。

注册会计师在判断重要性时，应当考虑有关事项潜在影响的性质和范围以及在财务报表中的重要程度。

② 保留意见审计报告的格式。当由于财务报表存在重大错报而发表保留意见时，注册会计师应当在审计意见部分说明：注册会计师认为，"除形成保留意见的基础部分所述事项产生的影响外，后附的财务报表在所有重大方面按照企业会计准则的规定编制，公允反映……"。

当无法获取充分、适当的审计证据而导致发表保留意见时，注册会计师应当在审计意见部分使用"除……可能产生的影响外"等措辞，并在注册会计师审计责任段中提及这一情况。

当注册会计师发表保留意见时，在审计意见部分使用"由于上述解释"或"受……影响"等措辞是不恰当的，因为这些措辞不够清晰或没有足够的说服力。

(4) 否定意见的审计报告。

① 发表否定意见的条件。如果认为财务报表没有按照适用的会计准则和相关会计制度的规定编制，未能在所有重大方面公允反映被审计单位的财务状况、经营成果和现金流量，注册会计师应当出具否定意见的审计报告。需要说明的是，只有当注册会计师认为财务报表存在重大错报会误导使用者，以致财务报表的编制不符合适用的会计准则和相关会计制度的规定，未能从整体上公允反映被审计单位的财务状况、经营成果和现金流量，注册会计师才出具否定意见的审计报告。

② 否定意见审计报告的格式。当出具否定意见的审计报告时，注册会计师应当在审计意见部分说明：注册会计师认为："由于形成否定意见的基础部分所述事项的重要性，后附的财务报表没有在所有重大方面按照适用的财务报告编制基础编制，未能公允反映……"。

(5) 无法表示意见的审计报告。

① 发表无法表示意见的条件。如果审计范围受到限制可能产生的影响非常重大和广泛，不能获取充分、适当的审计证据，以至于无法对财务报表发表审计意见，注册会计师应当出具无法表示意见的审计报告。只有当审计范围受到限制可能产生的影响非常重大和广泛，不能获取充分、适当的审计证据，以至于无法确定财务报表的合法性与公允性时，注册会计师才应当出具无法表示意见的审计报告。无法表示意见不同于否定意见，它通常仅仅适用于注册会计师不能获取充分、适当的审计证据。如果注册会计师发表否定意见，必须获得充分、适当的审计证据。无论是无法表示意见还是否定意见，都只有在非常严重的情形下采用。

② 无法表示意见审计报告的格式。当由于无法获取充分、适当的审计证据而发表无法表示意见时，注册会计师应当在审计意见部分说明注册会计师不对后附的财务报表发表审计意见，并说明："由于形成无法表示意见的基础部分所述事项的重要性，注册

会计师无法获取充分、适当的审计证据以为发表审计意见提供基础"。同时，注册会计师应当将有关财务报表已经审计的说明，修改为注册会计师接受委托审计财务报表。

在注册会计师对财务报表审计的责任部分，说明："注册会计师的责任是按照中国注册会计师审计准则的规定，对被审计单位财务报表执行审计工作，以出具审计报告。""但由于形成无法表示意见的基础部分所述的事项，注册会计师无法获取充分、适当的审计证据以作为发表审计意见的基础。"同时，声明注册会计师在独立性和职业道德方面的其他责任。

实训目的

（1）掌握发表各种审计意见类型的适用条件。
（2）能撰写与审计意见类型对应的审计报告。

实训案例

【案例资料1】以下列示了注册会计师张飞翔在审计中遇到的4种情况：

情况1：A公司正作为某诉讼案件的被告，一旦败诉，公司将要面临巨额赔偿。在咨询了律师后公司计提了一定的预计负债，并在财务报表附注中进行了适当披露。截至审计工作完成日，法院未对该项诉讼做出判决。

情况2：B公司为非银行金融机构，其遵照政府有关部门的规定编制财务报表，但某些项目与《企业会计准则》严重背离。这些项目所涉及的金额较大，被审单位管理层已在财务报表的附注中做了充分揭示。

情况3：C公司向其子公司以市场价格销售产品3 000万元，成本为1 800万元，C公司当年向其关联方销售的收入占全部收入的35%，其已在财务报表附注中进行了适当披露。

情况4：D公司未能于资产负债表日对存货进行盘点，金额为50万元，占期末资产总额的40%。注册会计师无法实施存货监盘，且无法实施替代审计程序。

【实训要求】假定上述情况对被审计单位财务报表的影响均是重要的，请分别就上述情况，判断注册会计师张飞翔应出具何种审计意见类型的审计报告，并说明理由。

根据情况1，给出的审计意见是：＿＿＿＿＿＿＿＿＿＿＿＿＿＿＿＿＿＿＿＿
简要说明理由：＿＿＿＿＿＿＿＿＿＿＿＿＿＿＿＿＿＿＿＿＿＿＿＿＿＿＿＿
＿＿＿＿＿＿＿＿＿＿＿＿＿＿＿＿＿＿＿＿＿＿＿＿＿＿＿＿＿＿＿＿＿＿＿＿

根据情况2，给出的审计意见是：＿＿＿＿＿＿＿＿＿＿＿＿＿＿＿＿＿＿＿＿
简要说明理由：＿＿＿＿＿＿＿＿＿＿＿＿＿＿＿＿＿＿＿＿＿＿＿＿＿＿＿＿
＿＿＿＿＿＿＿＿＿＿＿＿＿＿＿＿＿＿＿＿＿＿＿＿＿＿＿＿＿＿＿＿＿＿＿＿

根据情况3，给出的审计意见是：＿＿＿＿＿＿＿＿＿＿＿＿＿＿＿＿＿＿＿＿
简要说明理由：＿＿＿＿＿＿＿＿＿＿＿＿＿＿＿＿＿＿＿＿＿＿＿＿＿＿＿＿
＿＿＿＿＿＿＿＿＿＿＿＿＿＿＿＿＿＿＿＿＿＿＿＿＿＿＿＿＿＿＿＿＿＿＿＿

根据情况 4，给出的审计意见是：_____
简要说明理由：_____

【案例资料 2】ABC 会计师事务所接受云盛达科技股份有限公司（以下简称"云盛达"）全体股东的委托，对云盛达年度会计报表中的利润表进行审计。该事务所的委派注册会计师李宏、丁一，于 2023 年 2 月 5 日至 2 月 20 日对云盛达 2022 年度会计报表实施了外勤审计工作，并将于 2023 年 3 月 10 日提交审计报告。云盛达上年度审计前报表的资产总额为 20 000 万元，净资产总额 15 000 万元。根据会计师事务所的规定，采用固定比率法确定会计报表的重要性水平，确定的标准为：① 净资产总额的 1%；② 资产总额的 0.5%。

假定审计中出现了下列任何一种情况，被审计单位云盛达均未接受李宏、丁一会计师的调整建议。

（1）除注册会计师认为应收账款中的 20 万元已成坏账，云盛达未予调整外，注册会计师提请调整的其他 1 900 万元调整事项，ABC 公司已做调整。

（2）据云盛达财务报表附注十二所述，2022 年度云盛达全部化工装置继续停产，截至 2022 年 12 月 31 日，其相关资产处置工作以及职工安置工作均取得了良好的进展。存货的计价方法在 2021 年为先进先出法，2022 年度由于通货膨胀的因素变更为后进先出法，并且被审计单位已在会计报表附注中进行了披露。

（3）云盛达于 2022 年内将一项固定资产改良支出 400 万元计入当期费用。

（4）云盛达自 2023 年 1 月 1 日起将所有机械设备折旧方法由平均年限法改为双倍余额递减法，并已在会计报表附注中披露。

（5）云盛达称收到外地一家联营企业的投资收益 380 万元，并已经计入 2022 年的净收益 900 万元中，但李宏、丁一未能取得上述联营企业经审计的会计报表。受公司记录性质的限制，也未能采取其他程序查明此项投资收益的金额是否属实。

【实训要求】

（1）李宏、丁一应当确定的重要性水平为多少？
判断结果：_____
简要说明理由：_____

（2）影响注册会计师审计意见类型的因素有：_____

（3）根据（1）和（2），在云盛达科技股份有限公司年度财报审计报告中，管理当局的责任是：_____

意见段表述：_____

强调事项段表述：_____

（4）非无保留审计意见类型包括：_____

（5）根据（3）、（4）和（5），在云盛达科技股份有限公司年度财报审计报告中，注册会计师的审计责任是：_____

说明段表述：_____

意见段表述：_____